JN101847

人物叢書

新装版

尋尊

じんそん

安田次郎

日本歴史学会編集

吉川弘文館

尋 尊 肖 像（興福寺蔵，飛鳥園提供）

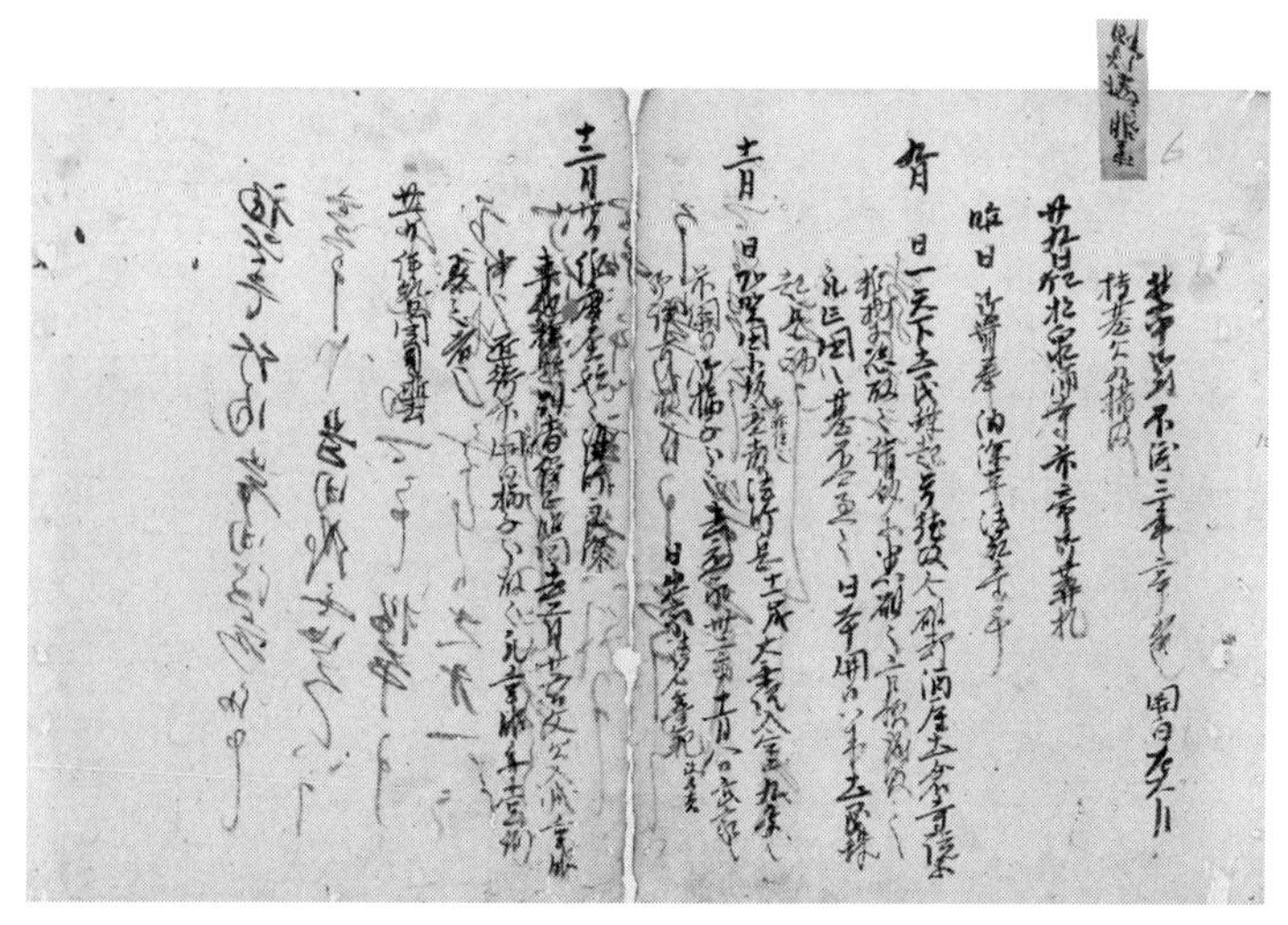

『大乗院日記目録』正長元年九月条（国立公文書館蔵）

釈文（九月日条、「はしがき」七頁参照）

九月　日、一天下土民蜂起、号徳政令破却酒屋・土倉・寺院等、
　雑物等恣(盗)取之、借銭等悉破之、官(管)領成敗之、
　凡亡国之基、不可過之、日本開白(開闢)以来、土民蜂
　起是初也、

はしがき

尋尊(じんそん)は室町時代の奈良興福寺(こうふくじ)の僧である。永享(えいきょう)二年（一四三〇）八月七日に京都で生まれ、永正(えいしょう)五年（一五〇八）五月二日、七十九歳で亡くなった。父は左大臣（のち摂政、関白）の一条兼良(かねよし)、母は権中納言(ごんのちゅうなごん)中御門宣俊(なかみかどのぶとし)の娘である。出生地は、南は一条大路、北は武者小路(むしゃのこうじ)、西は町通り、東は室町通りに囲まれた一条殿（花町殿）で、現在「一条殿町(いちじょうでんちょう)」という地名が残る。ここから東北へ一・五キロほどのところに御霊(ごりょう)神社（上御霊社(かみごりょうしゃ)）があり、自分は「五霊（御霊）の氏子なり」と尋尊は記している。

尋尊が生まれたとき、父は二十九歳、母は二十六歳、ふたりはすでに三人の男子とひとりの女子を儲けており、尋尊に摂関家のひとつである一条家の家督を継承する可能性はほとんどなかった。興福寺の大乗院(だいじょういん)に入室することになったのは偶然といえるが、いずれ京都あるいは奈良の寺に入って僧として一生を送ることは最初からほぼ決まっていた。

ところで、この人物叢書で取り上げられる人物は、優れた政治家、武将、軍人、教祖、思想家、学者、作家、芸術家、事業家などだろう。尋尊父の兼良は、高校の日本史教科書には必ずといっていいほど登場する有名人で、本叢書創設翌年の昭和三十四年（一九五九）に刊行された永島福太郎『一条兼良』にその一生が「五百年来の学者」「古典学者」として描かれている。まさに「日本の歴史の上に大きな足跡を残した人」（『人物叢書』刊行の辞）のひとりである。

それに対して、尋尊は教科書に名前が出てくることはまずなく、一般にはほとんど無名の存在である。しかし、いわゆる英雄や偉人とは違うが、尋尊もある意味で「歴史の上に大きな足跡を残した」のである。尋尊が生きたのは、時代や社会が大きく室町時代から戦国時代に転換した時期である。本書でも時代の画期とされる応仁（おうにん）・文明（ぶんめい）の乱、明応（めいおう）の政変についてみることになるが、尋尊は、半世紀にわたる克明な日記『大乗院寺社雑事記（だいじょういんじしゃぞうじき）』をはじめとして、この時代の政治、経済、社会、文化を解明するために欠かすことができない膨大な史料を書き残してくれたのである。その日記や著述物、また彼が書写・編纂したものなどは、現在東京竹橋の国立公文書館、御茶ノ水の石川武美記念図書館（旧お茶の水図書館）、東京大学史料編纂所、興福寺、広島大学文学部など各所に所蔵されており、まだきちんと解読されていないものも多い。これらが活用されれば、さらに奥行きのある豊かな歴史が描かれるだろう。最近では遺跡や遺物、絵画、地名、伝承など多様な史料が駆使されて歴史研究は行なわれているが、文献がもっとも雄弁な史料であることに変わりなく、尋尊の功績は計り知れない。

　尋尊の名前が教科書に載っていることはまずないが、彼が書いたことは多くの教科書に使われている。読者のなかには、正長（しょうちょう）元年（一四二八）の徳政一揆を、

　日本開白（開闢）以来、土民蜂起是（こ）れ初めなり、

という史料（口絵参照）とともに記憶している方がおられるだろう。この印象的な一節は、尋尊が歴代門主の日記などをもとに編纂した『大乗院日記目録』から引かれたものである。もうひとつ、教科書によく採用されている史料がある。応仁・文明の乱後に南山城に出現した山城国一揆に関するものである。

　今日山城国人集会す上は六十歳、下は十五六歳と云々、同じく一国中の土民等群集す、……但し又下極上のいたりなり、

乱後も争いを続ける畠山政長（はたけやままさなが）と同義就（よしひろ）の両軍を、南山城の国人と土民とが連合して追い出し、それを尋尊が下剋上（げこくじょう）と捉えたことを記録した『大乗院寺社雑事記』文明十七年（一四八五）十二月十一日の記事の一部である。半世紀以上も前のことになるが、高校の教室で

私はこの史料に即して、中世では十五歳から六十歳までが一人前の男なのだと教わった。山城国一揆を「下極上のいたり」と捉えることの是非に関しては本文で検討する。

　本叢書は「日本の歴史の上に大きな足跡を残した人」とならんで、「ある時代、ある階層を代表するような人物」も対象とする。尋尊はこちらのタイプにも相当する。尋尊は「いずれ京都あるいは奈良の寺に入って僧として一生を送ることは最初からほぼ決まっていた」と述べたが、このような人は当時、少なくなかった。家督を継ぐ男子以外の子は家族を形成せず、僧や尼となることが多かったのである。天皇家、将軍家、摂関家も例外ではなく、これら高貴な家の出身者は京都や奈良の大寺院の門跡に入室した。門跡は延暦寺の妙法院、青蓮院、三千院、園城寺の聖護院、実相院、円満院、興福寺の一乗院、大乗院などがよく知られているだろう。足利義持や義教の政治顧問を務めた醍醐寺三宝院満済の日記『満済准后日記』には、そのほかにも仁和寺御室、大覚寺、曼殊院（延暦寺）など二十前後の門跡が登場する。女性は尼門跡に入った。一条兼良は二十六人の子を授かったが、後にもみるように、そのほとんどは出家している。

　さて、尋尊がマニアックといえるほど筆まめだったのは、父兼良の血をひいているからという見方もあるが、それ以上に彼が置かれた立場、環境によるだろう。彼が入室した大乗院は、さまざまな危機のなかにあった。その最大のものは、荘園領主としての危機である。社会の基礎をなした荘園制は大きく揺らいでいた。大乗院は大和国の内外に多くの荘園と国内にいくつかの末寺を持っていたが、時代が戦国へと向かうなか、それらをつなぎ止めておくことは容易なことではなかった。

門主としての尋尊に課せられた役割は、大乗院をできるだけ本来の姿で次の世代に引き渡すことであった。中世は先例が重んじられた時代で、「新儀非法」という言葉があった。新しいことはほとんど法に背くことであり、先例のあること、古いやり方こそ正しいことであった。したがって、古いことを多く知り、先例として蓄積し、必要に応じて引き出して対抗者に突きつけることは有効な方法だった。そのために尋尊は日々筆を執ったのである。

尋尊が日記をはじめとして多くのことを毎日筆記したのは、押し寄せる荒波から大乗院を守るためであり、必ずしもあったことを忠実に記録して後世に残すためというわけではないとすれば、尋尊の書き残した記事のなかには、大乗院の不利になるようなことは省かれ、あるいは都合よく書き換えられたものもあるかもしれないと考えなければならない。実際、尋尊の日記を読んでいくと、前後矛盾したり他の史料と一致しなかったりして、これは虚偽だとわかることがいくつか出てくる。そのような場合は、虚偽が書かれるにいたった背景にとくに留意してみていきたい。そこにこそ、尋尊の苦労や苦悩が集約されていると考えられよう。

本書は、「門跡繁昌」のために超人的な努力を重ね、その結果として貴重な史料を膨大に残してくれた僧の一生を、その日記を主な材料にして描こうとするものである。中世の日記はひとに読まれることを前提に、いや読ませるために、書かれる。そのような文献からその人物を描き出すことができるのか、虚像をつかまされるのが落ちではないかという懸念は終始つきまとった。その不安を少し和らげてくれたのが先代門跡経覚の日記である『経覚私要鈔』、大乗院門徒でありながら尋尊に批判的だった学賢房宗芸の日記（『多聞院日記』巻一、二）、尋尊弟子政覚の『政覚大僧正記』などである。同時代の史料がこれだけ残されているのは幸運といわねばなるまい。できるだけ周囲の目や評価にも留意しつつ、尋尊の生涯を追ってみたい。

二〇二一年六月

安田次郎

目次

口絵

尋尊肖像

『大乗院日記目録』正長元年九月条

挿図

挿表

第一　一条若君

一　父母、兄弟姉妹

室町幕府の第四代将軍足利義持は、子の五代将軍義量が十九歳で夭折したあと、将軍位に復することなく室町殿として政権を運営した。義量のほかに実子のいなかった義持が後継指名を拒否して急死したあと、弟で天台座主（比叡山延暦寺の住持）を務めたこともある青蓮院義円が石清水八幡宮の神前で引かれた籤によって後継者となり、還俗して義宣と名乗った。その一年余りのち、義宣は義教と改名して幕府の第六代将軍となった。尋尊が生まれたのは、義教が「公方」として威勢をととのえはじめたころである。

兼良の雌伏期

父の一条兼良は、左大臣まで順調に昇進した。摂政あるいは関白まであと一歩の地位である。しかし、そこで高い壁に阻まれ、文安四年（一四四七）にれっきとした関白になるまで十数年の雌伏を余儀なくされる。「れっきとした」というのは、その間にいちど兼良は摂政に就任するが、それはきわめて短期だったからである。つぎのようなことがあった。

摂政就任は短期

正長元年（一四二八）七月に十歳で践祚した後花園天皇は、永享五年（一四三三）正月に元服することになる。その際、後小松上皇の元服が嘉例として踏襲されることになった。後小松の元服は、至徳四年（一三八七）正月に摂政太政大臣二条良基を加冠役、左大臣足利義満を理髪役として行なわれた。この例にならうために、永享四年七月、まず摂政の二条持基が太政大臣に、足利義教が内大臣に任じられた。そして翌八月、左大臣の兼良が摂政となった。しかし、兼良の摂政就任は、左大臣の席を空けさせて義教を任じるためのもので、十月には持基が摂政に復帰した。兼良は摂政として拝賀（天皇に任官の喜びと謝意を表明する儀式）も出仕もすることなく、表舞台から排除されて前摂政となった。伏見宮貞成親王（後花園天皇の父、後崇光院）は「一条拝賀に及ばず、無念の事なり」と兼良の心中を思いやった（『看聞御記』永享四年十月二十六日条）。一条家の人間を摂政太政大臣、足利将軍を左大臣としてそれぞれ加冠役と理髪役に確保するためのやむを得ない異動だったという側面もあるが、その後も持基は兼良の上に重しのごとくに存在した。ただし、短期とはいえ兼良が摂政の座に就いたことは、大きな意味を持つことになる。

代表作は応仁・文明の乱中や乱後

兼良は学者としても雄飛する前だった。宮中の年中行事などの由来を説いた『公事根源』は兼良の代表作のひとつとして教科書にもよく載っている。これを書いたのは兼良

東御方は正妻格

が二十歳前後のこととされる。また尋尊誕生三年後の永享五年には、北野社法楽一日一万句連歌の序文の作成を義教に命じられている。このようにすでに頭角を現してはいたが、学者の第一人者とひろく認められるのは、永享十年の『新続古今和歌集』の真名序・仮名序によってだろう。『新続古今和歌集』は最後の勅撰和歌集で、永享五年、義教の発意によって事業が始められ、同十一年に完成した。のちに詳しく見るが、兼良は応仁・文明の乱で奈良に疎開する。そしてそこで『源氏物語』の注釈書である『花鳥余情』を、乱後京都で政道書である『文明一統記』や『樵談治要』などの代表作を著すことになる。

『花鳥余情』（公益財団法人阪本龍門文庫蔵，奈良女子大学学術情報センター画像提供）

　兼良には生涯、少なくとも四人の夫人がいた。尋尊の母は応永十二年（一四〇五）の生まれで、同三十年には長子の教房が生まれているので、遅くとも十七、八歳ころには兼良の妻となっていた。二十年以上にわたって兼良の寵愛を独占し、教房や尋尊らを含めて男子を十人、女子を五人授かった。末子でのちに梅津（京都市右京区梅津）是心院の尼となる了高が生まれたときは、四十歳を超えていたと考えられる。『大乗院寺社雑事記』には当初、廊御方として登場し、寛正元年（一四六〇）冬から東御方と称されるようになる。廊御方や東御方は女房名で、正室の呼称ではない。正室であれば北政所と呼ばれ、何子という名前が残ったはずである。当時、摂関が正室を持たないのは珍しいことではなかったが、教房が長禄二年（一四五八）十二月に関白に就任したので、東御方はほぼ正室として遇されたと考えられる。

母との贈答

後に詳しくみるが、永享十年十二月、九歳になった尋尊は京都から奈良に下向し、興福寺の大乗院に入室する。大乗院の院務を執るようになるのは文安二年、十六歳以降のことだが、大乗院領荘園に対する支配権を握ると、尋尊は越前国河口荘溝江郷（福井県あわら市大溝付近）の年貢のうちから毎年年末に十五貫文を母親に進上するようになる。十五貫文は、一貫文（千文）を十万円として、現在の約百五十万円である。年末以外にも折に触れて一、二貫文の銭や、夏には大和の名産である瓜などを贈っている。母親からは年末に帯一本と金筆（カネ筆、金付筆とも。鉄漿筆、鉄漿付筆、お歯黒をつけるための筆）が十本、年始には合香（薫き物）が三貝、贈られてくるのが通常だった。

東御方は、応仁・文明の乱を避けて奈良に下向する。経覚の日記『経覚私要鈔』には

「禅定院僧正（尋尊）母儀中御門宣俊息女」「一条廊御局」「関白殿室家号東御方」などと記されている。東御方は経覚の使者を引見したり、京都から得た越前の情報を経覚の側近に伝えて対策を促したりしている（『経覚私要鈔』応仁元年九月十日、二年五月二十二日条）ので、気さくで行動的なひとだったのかもしれない。乱中に奈良からさらに美濃に避難し、そこで亡くなる。没後は墓所の少林寺（小林寺とも）にちなんで少林寺殿と呼ばれる。

東御方の子どもたち、つまり尋尊と同母の主要な兄弟姉妹についてまず簡単に見、ついで異母の弟妹たちについても触れておこう。巻末の系図を適宜参照していただきたい。

兄の教房

長兄の教房は尋尊より七歳年長で、一条家の後継者である。叙爵（五位に叙されること。摂関家の嫡子は正五位下が多い）が十六歳のときでやや遅いように思われるが、その後は順調に昇進し、すでに述べたように長禄二年の年末、三十六歳の時に関白になり、四年余りの間その地位にあった。のちにも見るように、応仁・文明の乱を避けてまず奈良に下り、さらに土佐に赴き、その地で没する。

姉の尊秀

五歳離れた姉の尊秀は、尋尊が文明十四年（一四八二）の秋頃に作成した摂家系図（東京大学史料編纂所蔵）では「八幡一乗院」と注記されているが、『大乗院寺社雑事記』では「八幡殿」「菩提院殿」と記されている。菩提院は現存せず、正確な所在地は不明であるが、京都と奈良の中間に位置する八幡（京都府八幡市）にあった唐招提寺流の律院（戒律を習学する寺院）である。その長老（院主）だったと思われる。

兄の教賢

教賢は三歳ほど年上の兄で、醍醐寺宝池院の院主だったが、宝徳三年（一四五一）四月六日、二十五歳前後で早世した。『大乗院日記目録』同日条に「宝池院大僧正教賢入滅」とある。「大僧正」が間違っていなければ、はやい昇進である。また尋尊は教賢を「満済の御弟子分なり、また義賢の弟子となる」（『大乗院寺社雑事記』文明十六年七月一日条）と記している。教賢の生年と満済の没年（永享七年）を考えると、満済が教賢を弟子として指導したとしても、それほど長くない。実質的には義賢の弟子、満済にとっては孫弟子だったと考えられよう。

弟の厳宝

厳宝は三歳違いの弟。兄弟姉妹のなかで尋尊ともっとも親しい。伯父の随心院祐厳が享徳元年（一四五二）三月に七十一歳で亡くなったのをうけ、その跡を継承するために同年十月に出家した（『大乗院日記目録』享徳元年条）が、このときすでに二十歳だった。祐厳の年齢を考えれば、もっと前に弟子入りさせるのが当然だろう。ここまで出家が引き延ばされたのは、教房やその子の政房に万一のことがあったときに厳宝を一条家家督とすることが想定されていたからではなかろうか。なお随心院は、このころ山科の小野ではなく、東山の毘沙門谷（東山区今熊野南谷町付近）にあり（『経覚私要鈔』長禄四年十一月二日条など）、ふだん厳宝はここにいたと思われる。「九条随心院（坊）」といわれた里坊は九条唐橋にあった。

妹の秀高

秀高は八、九歳ほど年下の妹。父兼良の姉が住持した嵯峨の恵林寺に入った。恵林寺は禅宗の尼寺で、京都五山のひとつ。応仁・文明の乱で「寺家滅亡」（『桃花蘂葉』群書類従）したという。

弟の良鎮

良鎮（もと良澄）は十一歳年下の弟。兼良には良忠（のち経輔、後弘誓院）という二十歳ほど歳の離れた兄がいたが、応永十八年に権大納言を辞し、同二十三年には出家しているので、病弱で三十代前半で亡くなったと思われる。この伯父に曼殊院門主で天台座主まで登り、准后（功労のあった皇族、公卿、僧らに授与される称号）となった良什という息があったが、良鎮はその弟子である。曼殊院の門主は北野社（現北野天満宮）の別当を兼ねたことでも知られている。良鎮は応仁・文明の乱に際して本坊（左京区一乗寺竹ノ内町）を出て無動寺（滋賀県大津市坂本本町）に難を避け、ついで美濃国の曼殊院門跡領芥見荘（岐阜市芥見付近）に下向する。そして良鎮の留守中に伏見宮貞常親王（後花園天皇の弟）の息である良厳が曼殊院本坊に入り、良鎮の後半生は良厳との対立と融和を軸として展開することになる。

弟の桓澄

桓澄（もと桓覚）は十二歳年下の弟。従兄で山門（延暦寺）系の実乗院の門主である桓昭の弟子。権僧正まで昇進するが、師の桓昭に先だって奈良で亡くなる（後述）。なお桓昭は、尋尊作成の摂家系図に「兼良の子となる」と記されているので、おそらく父良忠の致仕あるいは没後に、叔父である兼良の猶子（養子）となった。

妹の慈養

慈養は二条直指院（直志院）の院主となる。先行研究では男子と考えられたこともあるが、尼である。上洛したとき、尋尊は直指院に泊めてもらうことがままある。

妹の了高

了高は、すでにみたように、東御方の末子である。是心院は本来二条家の女性が継承する寺だったが、二条良基娘（「椿山大姉」）と良什との間に「契諾の儀」があって了高が入室することになったという（『桃花蘂葉』）。応仁・文明の乱が勃発するとまもなく、奈良に短期の滞在後、了高は是心院領の美濃国市橋荘（岐阜市市橋付近）に避難する。

督殿とその子供たち

さて兼良は、了高が生まれる少し前から加賀国の国人である芝山氏出身で、督殿（守殿、上殿）、屋女房などと呼ばれた女性を二番目の妻として迎える。地方の国人（武士）の娘が京都の貴族に奉公に上がるのは珍しいことではない。兼良はこの女性との間に、了高の誕生以前にふたり、以後にひとりの子どもを得ている。

光智は嵯峨にあったと思われる法華宗（日蓮宗）香台寺（光台寺とも）の住持になる。同寺は応仁・文明の乱が始まるとまもなく焼失し、兼良は「頗る有名無実なり」（『桃花蘂葉』）とするが、文明十四年十月、再建がなったのだろうか、光智は翌春に嵯峨にもどると尋尊に報告し、あわせて援助を要請している（『大乗院寺社雑事記』文明十四年十月二十三日条）。

恵助は伏見宮貞成親王の猶子となり、皇族の入室する仁和寺相応院の門主となる。応仁・文明の乱が始まると、相応院は門跡をあげて越前の河合荘（福井市北部付近）に移転する（同・文明元年六月二十七日条）が、朝倉氏と甲斐氏の争いに巻き込まれて恵助はさらに豊原寺（福井市丸岡町豊原）に移り、乱が終息するころ、二十八歳で亡くなる（同・文明九年六月十六日条）。

左衛門督殿の子供たち

右の恵助が生まれてからのことと思われるが、兼良は一条家家司（職員）源康俊の娘を三人目の夫人にした。左衛門督殿、ついで近衛殿と呼ばれたこの女性との間には四人の女子が生まれる。尊秀は、当初秀賢という名で異母姉秀高の弟子だったが、奈良法花寺に入室する際に改名したと思われる。長姉の八幡菩提院殿と同名だが、「門徒各別」だからかまわないと尋尊は書いている（摂家系図）。経子は鷹司政平の北政所になる。尋尊の姉妹のなかでただひとり、夫と子を持った。尊好は奈良にいたときに尋尊を戒師として出家し、了高の弟子、美濃少林寺の主となる。宗方は七歳のときに「花山院之内桂林寺」に入り、十六歳のときに「桂林寺殿」として出家する（『大乗院寺社雑事記』寛正六年七月三日、文明六年十二月二十日条）。

権中納言局とその子供たち

兼良の四番目の夫人も、家司である町顕郷の娘である。のちに「故禅閤（兼良）老後の愛物」（『実隆公記』延徳二年十月十日条）といわれた女性で、『大乗院寺社雑事記』では権中納言局、三条局、三条殿、南殿と呼ばれている。長子の冬良は教房の猶子として一条家の家督となる。政尊は花頂門主（円満院の院主）となるが、十七歳で早世する（『大乗院寺社雑事記』文明十三年六月十六日条）。応仁・文明の乱中、奈良で生まれた女子ふたりは、いずれも日野富子の猶子となり、姉は「代々武衛（斯波氏）の後室の寺」（同・文明十七年七月十七日条）とされる本光院に入り（同・文明十四年十一月三日）、妹は南御所（大慈院、富子の子、将軍義尚姉）の弟子となる（同・八月三十日条）。

二　興福寺と大乗院

伯母に育てられる

尋尊は伯母に育てられた。西洞院殿あるいは西洞院禅尼などと呼ばれた良忠の未亡人が、五十歳を過ぎてから尋尊の養育に当たるようになったのである。良忠が壮健で摂関家の家督として順調に歩んでいれば、摂政・関白夫人として何不自由ない生活を送ったことと思われるが、夫の死によって人生が暗転し、子供の養育係として一条家当主となった兼良に仕える身となったのだろう。

伯母を偲ぶ

この伯母に慈しまれて尋尊は育ったようで、その死を二箇月余り経ってから知らされたとき、日記に「西洞院殿入滅、九十二歳なり、去る三月朔日の事なり、天台座主良什准后の御母儀なり」（『大乗院寺社雑事記』文明四年五月七日条）と記しただけでなく、二箇月前の三月一日の日記を引っ張り出し、記事の行間に「後弘誓院左大臣後室・天台座主准后良什母、近衛局と号す、西洞院殿と号す、丹波国出雲庄において円寂（逝去）、九十二歳、後日これを聞く間、これを書き入るるものなり」と書き込み、あらためて追慕している。また晩年に至るまで命日には故人に思いを馳せ、「予養育の仁なり」「予扶持の公なり」「予の母の如し」「予一向彼の御方に養育せられ人と成り了んぬ」などと日記に書いて祈りを捧げている。

伯母の庇護を離れて奈良に下った尋尊は、どのような世界で生きていくことになるのか、少し長くなるが、まずそのことについて見ておこう。

興福寺は平城京の外京（左京の東側に張り出した地域）に八世紀初めに創建された。官寺としての性格をあわせ持つ藤原氏の氏寺で、摂関期から院政期にかけて中世寺院として転生

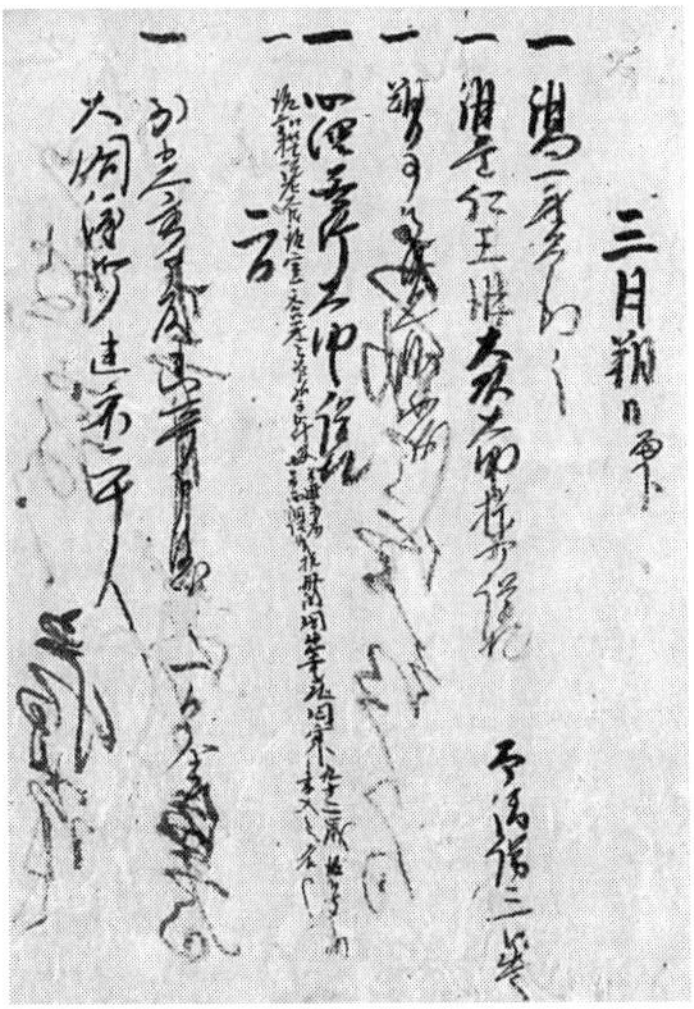

『大乗院寺社雑事記』文明四年三月一日条（国立公文書館蔵）

院、院家とは

していく。その推進力のひとつとなったのが、寺域の内外における院家の創設である。院あるいは院家とは、僧侶の居所である坊（房）のなかでも規模の大きくて立派なものをいい、おもに貴族出身僧の居所をさす。坊の主を坊主というように、院の主を院主という。また院家は、院主を頂点として形成される組織や機構をさすこともある。興福寺の各院家は、それぞれ本寺とは別に本尊や堂舎、経典や経蔵などを備え、所領を持った。大きな寺に所属する中小の寺と考えると想像しやすいかもしれない。

大乗院と禅定院

次ページの興福寺境内図は江戸時代のものであるが、明治に境内の大半が官公庁の敷地や公園になる前の様子や雰囲気を多少とも感じ取ることができよう。なお、大乗院が図の位置に移転するのは、十四世紀半ばのことである。本来は寺中に、中院（勧学院）を間に挟んで一乗院の東側、現在の奈良県庁辺りにあった。平安末期の平氏の南都焼討ちによって寺内にあった大乗院は焼失し、元興寺の禅定院に移転して禅定院＝大乗院になったと説かれることが多いが、観応二年（一三五一）の一乗院との衝突のなかで攻撃を受け破却されたのが原因である。本書では、組織や機構をさすときには大乗院、おもに場所を問題とするときは禅定院と書き分けることにする。

初期の院家

話を本筋にもどそう。のちに興福寺でもっとも大きな院家となる一乗院の創建は早く、十世紀末のことであるが、院家が簇生するのは十一世紀末から十二世紀初めにかけての

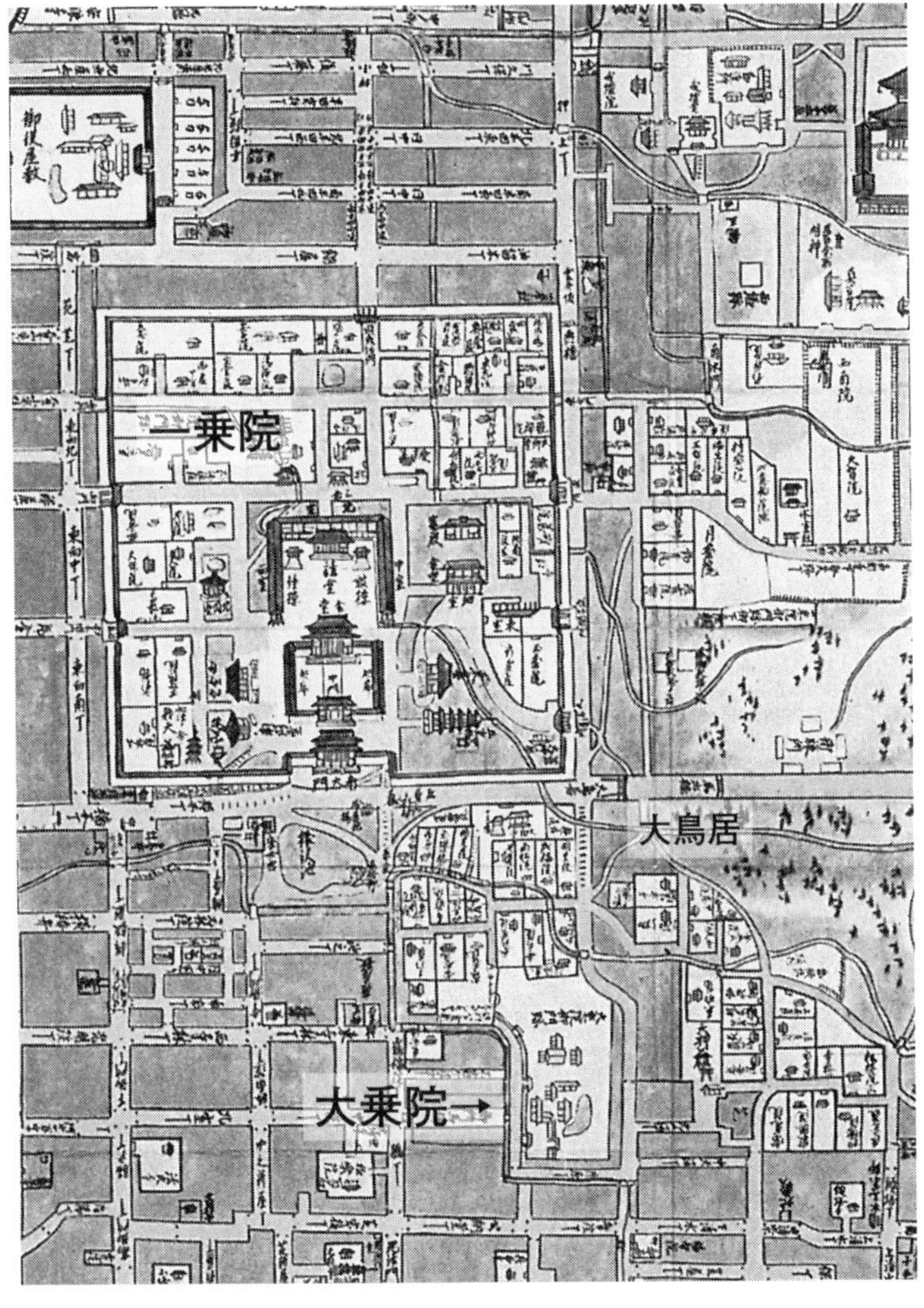

江戸時代の興福寺

(「和州奈良町絵図」〈天理大学附属天理図書館蔵〉による)

ことと思われる。荘園制の確立とともに、荘園を経済基盤として寄進できるような貴族出身僧を本願（創立者）としてつぎつぎに院家が建てられた。一乗院についで有力院家となる大乗院は、隆禅という中級貴族出身の僧が寄せ置いた十七箇所の荘園を根本所領として寛治元年（一〇八七）に発足している。初期の大乗院には院主を頂点として供僧、輪転衆、三昧衆などといわれる僧集団が編成、組織された。

優秀な弟子が継承

当初、院家は院主の弟子に継承された。院主クラスの僧は原則として妻帯しないので子を持たない。したがって世襲はない。師である院主の教えをよく受け継いだ優秀な弟子が後継者に選ばれた。一乗院は本願の定昭から弟子の定好へ、定好からその弟子の真範へ、真範からその弟子頼信へと引き継がれた。定昭は「藤原氏、左京の人」、定好は「大和国平群郡の人、義俊従儀師の子」でふたりの間に血縁関係はなさそうである。真範は「平氏、播磨守生昌の子」、頼信は「藤原氏、甲斐前司頼経の子」だった（『大乗院寺社雑事記』文明二年四月二十五日条）。

一乗院と大乗院が強大化

ところが一乗院においては十一世紀後半から、そして大乗院では十二世紀初めになると摂関家の子弟が京都から下向してきて連続的、排他的に院主の地位を継承するようになる。院主からその弟子へという点では変わらないが、その弟子はじつは院主の甥であるなどということになった。こうして摂関家の権威を背景に両院家は他の院家に優越する存在として発展し、やがて「門跡」とよばれるようになる。本来門跡は、門流とか法流、あるいはその門流や法流を継承した門徒や院坊を意味したにすぎないが、格の高い院家や院主をさして使われるようになるのである。院主を「門主」と言うこともある。本書ではどちらかといえば組織、機構をさすときは門跡、院主を意味するときは門主ということにする。

両門体制

両門跡は、他の院家を兼併したり系列下に編成したりして巨大化していった。大乗院についてみると、興福寺では龍花院・発志院・法乗院・喜多院二階堂などを、他寺の院家では禅定院（元興寺）・伝教院（薬師寺）・正願院（菩提山正暦寺〈奈良市菩提山町〉）・宝峰院（同）などを支配下におき、その所領を大乗院領として取り込んでいった。一乗院は宝積院や花林院をはじめとして大乗院よりさらに多くの院家を従えた。こうして十三世紀になると興福寺では一乗院・大乗院の両門跡を頂点とする体制が成立した。

摂関家と両門跡

京都の摂関家は、鎌倉初期に近衛家と九条家の二家に分かれた。それにともなって、若干の紆余曲折はあったが、近衛家が一乗院を、九条家が大乗院を掌握するようになる。鎌倉中期に近衛家から鷹司家が、九条家から一条家と二条家とが分出して五摂家が成立すると、近衛家・九条家から男子が入室できないときは、それぞれの分家筋である鷹司家から一乗院に、一条家または二条家から大乗院に男子が入室した（のちには鷹司家息が九条家の猶子〈養子〉として大乗院に入ることも）。両門跡とも多くの荘園を持ち、坊官や北面などの職員を擁する存在だったので、門主の背後に控えた摂関家では門跡からさまざまな奉仕が期待できた。門跡の継承、掌握は、政治的・経済的に大きな意味を持ったのである。したがって、門跡をめぐって激しい戦いが繰り広げられたこともある（「永仁の南都闘乱」）。地方の所領が武士などによって次第に浸食されていくなか、興福寺の門跡は京都の摂関家にとって軽視できない存在になっていた。

興福寺の僧集団

つぎに院家、門跡から離れて興福寺を全体として俯瞰してみよう。本来僧は相互に平等で、年齢や出家してからの年数による階梯があったにすぎないが、やがて世俗の身分が寺内に持ち込まれるなどして、ひとまとまりの大衆として存在した僧たちは分化していくつかの集団を形成するようになる。室町時代の興福寺は、衆徒・堂衆・学道の「三輩」から構成されていた。衆徒は武力と呪力をもって仕える下級僧で、僧に姿を変えた武士と言ってよい。寺住衆徒もいたが在地に活動拠点を持つ田舎衆徒が多くなっていて、彼らは筒井順永や豊田頼英のように地名（家名）と法名で呼ばれた。衆徒のうち二十人が衆中を形成し、「官符」「棟梁」などと称されたその時々の実力者のもとで奈良の検断などに従事した。堂衆は、東西両金堂の法会を中心として寺内の諸行事に参勤するとともに、大峰山系を廻る山岳修行（「峰入り」）を本務とする僧、つまり山伏だった。

難行苦行を通して獲得した験力(げんりき)をもって興福寺と民衆をつないだ。学道は、老衆の学侶(がくりょ)と若衆の六方(ろっぽう)からなる一般学問僧で、興福寺の中心的な存在である。寺門(じもん)という言葉は興福寺全体を指して使われる場合と学侶・六方の意味で使われる場合とがあるが、それは学侶・六方が興福寺の中核的な存在、集団だったことを示していよう。

門徒

室町時代の大多数の興福寺僧は、衆徒、堂衆、学侶あるいは六方のいずれかの集団に所属する存在だった一方で、その多くは一乗院あるいは大乗院の門主と主従制的な関係を結んで門徒としても活動した。僧たちのそのような両属形態が、分立的・分権的な構造を持つ興福寺をひとつの寺として存続させた。

表1　大乗院に仕えた人びと
（文明元年ころ）

良家（出世）	仏地院以下	9人
坊官（世間）・侍	清賢以下	9人
上下北面	良祐以下	19人
院仕	教観他	2人
御童子	千松丸以下	6人
力者	正陣以下	7人
牛飼	千代松他	2人
坊人（衆徒・国民）	古市以下	39人
その他（「別給輩」）	慶英以下	16人

興福寺と大和国

興福寺と朝廷や幕府との関係もついでにみておこう。古代律令制のもとでは諸国に国司が派遣されて一国を治めた。しかし、十二世紀前半になると大和の国司は国務を執れなくなり、名ばかりの存在となる。国内に興福寺や東大寺などの大寺院の所領（荘園）や寺僧などの私領（寺僧領）が増え、それらがいわば治外法権の地と化したからである。国司が本来の権限を保持していれば国衙（国庁）に結集したはずの武士たちは興福寺に集まり、僧に姿かたちを変えて活動する者も少なくなかった。朝廷はなんどか大和の再把握を試みるが興福寺の大衆の抵抗にあって失敗する。十二世紀末に成立した鎌倉幕府も、大和には国ごとに任命した守護を原則として置かず、守護権を事実上興福寺に委ね、室町幕府もそれにならった。要するに興福寺は、中世に大和一国を支配する存在となったのである。このことについて興福寺は、十三世紀後半から「大和国の国司や守護の権限は、むかし興福寺に寄付された」と説明するようになるが、これについては後に触れることにする。

春日社

なお興福寺に隣接する春日社は藤原氏の氏社で、中世には興福寺の指揮下にあり、同寺の一部局のような存在だった。神主と正預が両惣官とよばれて春日社を率い、若宮社の若宮神主を含めて三惣官と称されることもあった。

摂関家の男子不足

話を十五世紀に戻そう。尋尊が生まれたころ、一乗院では鷹司家出身の昭円が、大乗院では九条家出身の経覚が門主の地位にあった。一乗院門主は、十三世紀半ば以降、ひとりの例外を除いてずっと近衛家出身者によって占められてきたが、昭円の先代である良兼が亡くなったとき、近衛家には奈良に下向させることができる男子はいなかったようで、鷹司家から昭円が近衛忠嗣（もと良嗣）の猶子として入って一乗院を継承していた。

大乗院でも猶子という方法がとられたことがあったが、経覚にいたるまでおよそ一世紀にわたって形の上では九条家による相承が続いた。しかし、このころ摂関家の子息が不足する事態が続いており、雲行きが怪しくなってきていた。九条家や経覚にとって望ましい後継者は、当主で前関白である満教（みつのり）（満輔（みつすけ）、満家（みついえ））の子息だったが、このころ満教には男子はひとりしかいなかったようである。もちろんこの子には九条家を継いでもらわなければならず、奈良に下向させるわけにはいかない。そこで、九条家の血をひく男子ということで経覚がなんとか探し出してきたのが、二十数年前に亡くなった兄教嗣（のりつぐ）の孫だった。

経覚肖像（興福寺蔵，飛鳥園提供）

教嗣は兄忠基の猶子となって九条家の家督としての道を歩んでいたが、右大臣だった応永十年（一四〇三）六月に奈良に下向し、まもなく内山（うちやま）永久寺（えいきゅうじ）（天理市杣之内町、廃寺）に隠遁し、翌年そこで亡くなった。隠退の理由は不明で、不吉の例とされたのだろうか、九条家歴代当主のうちには数えられていない。教嗣のあとの九条家の当主には満教がなった。

入室の資格

教嗣には僧や尼になった七人の子があったが、そのうち加賀国小坂荘（石川県河北郡）在住で元禅僧の実厳にはふたりの息子があり、そのひとりを経覚は自分の後継者として選んだ。しかし、これには問題があり、大乗院だけでなく一乗院の門徒も反対した。その問題というのは、「禅僧と比丘尼の息が門跡に入室することはとんでもない珍事」であり、「摂関家において氏の長者にならなかった人の息は入室できない掟がある」ということだった。「禅僧と比丘尼の息」はこの場合でなくても問題視されそうであるし、鎌倉時代から「（両門は）氏の長者を経た人の息が相承」するとされていた。

猶子という便法

そこで経覚は、実厳息を満教の猶子として奈良に迎えるという方法をとった。氏の長者の地位は摂関とセットであるので、もちろん満教は経験ずみである。また資格や氏素姓が問われそうな子を誰々の猶子として門跡に送り込むことは、京都でも珍しいことではなかった。経覚は幕府に信頼されていた兄の厳中周噩（鹿苑院主）を動かして工作し、南都の門跡人事に不案内な将軍義持の承認を取り付け、両門徒の不満を押さえつけて入室を強行した。こうして大乗院はひき続き九条家の人間によって相承されることとなったのである。加賀から南都にやってきた実厳息は出家して法名を尊範とし、ついで尋実と改名した。

三　経覚の失脚

京都で尋尊が生まれた永享二年（一四三〇）前後、経覚は大乗院門主として順調な日々を送っていた。弟子の尋実は東大寺で受戒し、興福寺の方広会で竪義を勤めるなど僧としてのエリートコースを歩み始めていた。経覚も永享三年八月に興福寺別当に再任され、同時に大僧正に昇進をはたした。

満済と経覚

将軍や幕府と良好な関係を築いていた経覚は、三宝院満済の『満済准后日記』にたびたび登場する。満済は経覚より十七歳年長だったが、ふたりは馬が合ったようである。たとえば、つぎのようなことが記されている。永享三年三月二十一日、経覚は満済が京都で活動拠点としている法身院（「京門跡」）にやってきた。このころの満済は、幕府に敵対的な行動をとり続ける鎌倉公方足利持氏の使者に将軍義教が会うべきかどうかという、義教の意向と幕府重鎮たちの意見が対立する微妙で厄介な政治の真っただ中にいた。そのような強い緊張のなかで経覚の顔を見て気持ちがほぐれたのだろうか、満済は不意に連歌を楽しみたくなったようで、連歌仲間の玄阿と祖阿、それに弟子の宝池院義賢らを招集して一折張行した。そのあとで「高祖大師（空海）の影供（肖像に供え物をしてまつる行事）の日なり、もっての外不可説（けしからぬ）の事、自今以後、ゆめゆめ件の日、かくの如き興遊張行に及ぶべからざる事なり」と、遊興にふけっていい日ではなかったと反省している。

経覚も長く満済の恩顧に感謝している。満済の忌日には勤行を沙汰し、満済のことを日記『経覚私要鈔』に繰り返し「恩人なり」と記している。先に触れた永享三年八月の別当再任と大僧正への昇進は、満済が義教に「内々執り申し入」れた結果だったが、このような後援を何度も得ていたのだろう。寛正三年（一四六二）四月に醍醐寺を訪れたときにも墓前にぬかずいている（『経覚私要鈔』寛正三年四月二十三日条）。

経覚は義教のおぼえもめでたかった。正長二年（一四二九）に幕府が大和国宇陀郡の国人である澤・秋山両氏を討伐したとき、経覚は積極的に大乗院門徒を動員して協力した。義教は上洛した経覚に対面して「御感の色を表」し、馬一頭、剣一腰、盆、香合、盆に緞子三端、練貫十重ねなどの「引物（引出物）」を与えた（『満済准后日記』正長二年二月十三日条）。兼良が序文を書いた永享五年二月の北野社万句連歌の人数にも加えられ、四月に糺河原の勧進猿楽を義教が桟敷を構えて見物したとき、経覚も桟敷を設営して参上している。さらに義持の仏事である等持寺八講の一座証義を五年と六年の両年にわたって勤めている（『大乗院日記目録』）。経覚は義教のことも日記の中に「恩人」と記し、その月忌である二十四日には祈りをささげている。これは、つぎに述べるように、経覚が義教によって門主の地位を追われたことを思えば少し不思議な気がするが、南都を統括し代表する存在として経覚が義教から期待され優遇されていたことはまちがいない。

義教、尹子のために延年を命じる

しばしばいわれるように、幕府重鎮の畠山満家(みついえ)・斯波義淳(しばよしあつ)・満済それに山名時熙(ときひろ)らが亡くなると義教の暴走が増えるが、興福寺は満済存命時の永享六年にすでに義教の癇癪(かんしゃく)を経験していた。この年正月、義教夫人の三条尹子(ただこ)が奈良に旅行することになった。尹子の奈良での宿舎は、一乗院の坊官である内侍原(なしはら)（奈良市内侍原町）の屋敷だったが、義教はそこで延年(えんねん)を催すことを興福寺の大衆に要求した。

延年は、辞書などでは「延年舞の略」とされることが多く、そして「延年舞」の項をみると、「寺院芸能の一つ。僧侶、稚児たちが行なった歌舞。平安中期に起こり、鎌倉、室町時代に盛んに行なわれた。比叡山の延暦寺、奈良の東大寺、興福寺その他の大寺院で、大法会（だいほうえ）のあとの遊宴の席で、余興として演じられたもの。（以下略）」（小学館『日本国語大辞典』）と説明されるが、この解釈は狭すぎる。延年は歌舞だけではないし、法会終了後に遊宴として催されるだけではない。将軍や勅使などの賓客の接待・歓迎行事としても行なわれたし、歌舞だけではなくひろく僧や児(ちご)が中心となって行なった芸能の総称、またその会のこととらえるべきだろう。永享元年九月に義教は奈良にきて寺社を巡礼し六泊してから帰京したが、この間に義教の宿舎となった一乗院では三回延年が開催された。このときの延年が気に入ったのだろうか、義教は夫人の尹子にもみせてやってくれと要求したのである。

学侶の屈服と昭円の失脚

これに対して、興福寺の学侶は評定のうえ、「女中御下向に寺僧等その興を催すこと、その例なし」、つまり女性の来訪を延年の開催でもって歓迎したことはないとはねつけてしまったという。現代の私たちは、義教といえば恐怖政治を行なった暴君と習っているが、当時の奈良の僧たちは義教が癇癪持ちであることを知らなかったのかもしれない。義教は学侶の返事に腹を立て、それならば京都で延年を行なえと命じた。大がかりな準備を必要とする延年を京都に上ってやるくらいならば、無理をしてでも奈良で開催したほうがましと判断したのだろう、学侶は急遽内侍原で延年を行なって尹子をもてなした。

ところが義教の怒りは収まらず、かさねて京都での開催を命じたのである。こうして二度目の延年が三月十五日に室町殿で開催された。仏地院・北戒壇院・東北院・松林院・西南院などの院主たちは別当の経覚にしたがって上洛したが、一乗院昭円は延年の場において大乗院より上位の位置を要求したにもかかわらず義教の裁許によって下位に位置づけられ、その結果出仕を拒否し、義教の勘気を蒙って失脚するというおまけまで付いてしまった。

このように、経覚は義教の危険性を十分知っていたはずである。それにもかかわらず、失敗してしまうのである。永享九年十月、後花園天皇が方違えのために将軍邸に六日間、滞在することになった。その間、天皇の無聊を慰めるために二度にわたって演舞の会が開かれた。先例にしたがって各方面にその費用の分担が求められ、南都の一乗院、大乗院にも舞人や伶人（音楽の奏者）への手当の支給が命じられた。その額は五十貫文で、現在の約五百万円ほどである。もちろん、小さな額ではないが、南都の門跡にとってなんとか工面できないものではないと思う。実際、一乗院は奈良市内の一乗院領の家々に地口銭（家の間口にかける臨時課役）をかけて調達したという。

ところが経覚はこの費用を納入しようとしなかった。翌永享十年四月になって京都に呼び出されて催促された経覚は、南都伝奏（南都関係の事項をとりつぐ役）中山定親の詰問に対して、「天下大儀連続その沙汰を致す旨」、つまりこれまでいろいろと負担してきたことと大乗院が困窮していること（「門跡計会の事」）をあげて拒否した。これによって義教の怒りを買ってしまったのである。

八月の初め、つぎのような烏丸資任の奉書が南都に到来した。

> 大乗院前大僧正ならびに付弟尊範禅師等の事、不義の子細につき御門徒として条々申し入れられ候の趣、披露候い了んぬ、凡そ上意に違背申さるる仁に候上は、

御門徒申請せらるるの旨に任せらるべく候、新門主においては、近日御計らいあるべきの由、仰せ下され候、この旨、御門徒中に御伝達あるべきの由候なり、恐惶謹言、

八月三日　資任

仏地院僧正御房

（『大乗院寺社雑事記』文明五年九月十五日条）

師弟追放

大乗院の門徒が経覚と尊範（尋実）に関して「不義の子細」を義教に申し入れた、経覚は上意に背いた人物なので門徒の申請通りに罷免する、新門主は追って定めるということが大乗院の筆頭門徒である仏地院孝俊に通知されてきた。門徒らが本当に「不義の子細」を申し入れたのか、申し入れたとしてもそれはじつは義教側からの働きかけがあったからではないかという疑念が湧くが、本来門徒らは尋実の入室に反対だったことを想起すれば、門徒側からの自主的な申請があったことも十分に考えられよう。

己心寺へ

こうして経覚は禅定院を追われ、七日の夜に大安寺の己心寺に入った。大安寺は大乗院の西南、直線距離で二キロ少々のところに位置する古刹で南都七大寺のひとつである。中世には興福寺の末寺となっていた。己心寺は大安寺内の律院で、大乗院の祈願所になっていた。つまり、経覚は目と鼻の先にある関係先に立ち退いたのである。

昭円のおのき

さきに一乗院の昭円が義教の勘気を蒙って門主の地位を追われたことに触れた。この

とき昭円はひとまず実家である鷹司家に謹慎したが、「鎌倉辺に羅斎」するといううわさが義教の耳に入った。義教を怖れて京都から関東に下り、乞食坊主として生きていくというのである。あわれに思った義教は、昭円を一乗院末寺の慈恩寺（奈良県桜井市慈恩寺、廃寺）に住まわせて一乗院領から隠居料所を割くように下知したところ、なにを思ったか昭円は鷹司家を出奔して一時行方不明になるという騒ぎがあった（『満済准后日記』永享六年五月十二日条）。

宝寿寺へ

混乱して恐怖におののくような昭円の行動と較べると、経覚の己心寺への退避はいかにも鷹揚である。これまでの義教との良好な関係から、大したことにはならないと考えていたのかもしれない。しかし、それは勘違いだった。己心寺に居住することを義教は許さず、経覚は五日後に河内国との国境に近い立野（三郷町立野）の宝寿寺（廃寺）に追われた。候人（門跡に仕える坊官・侍）の供は許されず、童子と遁世僧を各ひとり伴っただけの質素な姿だった。後日、現地の武士である立野に経覚の「守護」（監視か）が命じられた。経覚の追放と同時に弟子の尋実も奈良を去り、京都を経て加賀国に戻った。

四　入室と院務

南都下向

追って定めるとされた後任の門主には当初、鷹司房平息が候補となったという（「後五大院殿御伝」）。房平はこのとき摂関の地位をまだ経ておらず、その息が候補になったことが事実であれば、それは誰かの猶子としてだろう。しかし、それ以前に「御幼稚」という理由で見送られ、かわって「一条殿若君九歳」に決定したという。これが尋尊である。兼良には不本意な体験だっただろうが、永享四年（一四三二）の摂政就任がここで活きたのである。経覚が宝寿寺に入った八月十二日に、中山定親は義教から「大乗院門主人躰の事」について命じられることがあり、二十三日には義教から兼良に通知されたようである（「薩戒記目録」）。大乗院坊官の清俊法眼と清祐法橋は二十五日に京都から帰ってきた松林院貞兼からこの決定を知らされた。一説に尋尊は義教の猶子として入室したというが、これは義教の肩入れが並々ではなかったことから生じた誤解だろう。

評定衆と奉行の院務

三箇月余り後の十二月八日、一条若君は先陣を衆徒の古市、後陣を国民（国人）の楊本に守られ、殿上人の民部少輔藤原経仲や大乗院の坊官らの供を従えて奈良に下った。大乗院では孝俊や貞兼らが迎えた。のちに尋尊は、この日のことを、

第卅四院主法務大僧正尋尊永享十年十二月八日門主となる、（『大乗院寺社雑事記』文明二年四月二十五日条）

と記録し、この日に大乗院第三十四代院主に就任したとしているが、九歳の少年門主が実際に院務を取り仕切ることはできない。義教は孝俊と貞兼、それに清俊と清祐の四人を評定衆、その他三人の僧を奉行として院務に当たらせることにした。若君は十四日に春日社に社参始めを行ない、十八日には上洛して中山定親の申次によって義教にお目見えし、百貫文の礼銭を献上して二十六日に奈良に戻った（「後五大院殿御伝」）。

出家

翌永享十一年十一月、貞兼を師範として三十頌を伝受し、翌十二年十一月晦日に出家した。尋尊と名乗るのはこれ以後のことである。十二月には東大寺で受戒をはたした。十三年二月には宗信と訓営の二人が尋尊の「同学」に選任された。同学は、語感から同世代の学友、同窓と受け取られやすいが、そうではなく門主の勉学を支援するために選任された優秀な学僧で、年齢もずっと上である。宗信は七十一歳、訓営は五十六歳だった。ついで尋尊の院務初めの儀が執り行なわれたが、これは形式的なもので、さきの評定衆や奉行人らがひき続き院務を執行した。

嘉吉の乱

こうして尋尊が僧として歩み始めた時、大事件が起きた。将軍義教が赤松満祐によって殺された嘉吉の乱（嘉吉元年〈一四四一〉）である。伏見宮貞成親王が「仰天周章、中々是非なし」「将軍かくの如き犬死、古来その例を聞かざる事なり」と記したように、この事件は社会に大きな衝撃をもたらしたが、心中ひそかに喜びをもって迎えた人びとも少なくなかった。横死した義教は、虫の居所が悪ければ大した理由がなくても廷臣や武士や僧を追放しており、ある貴族によるとその数は二百を超える。これらの人びとに復活のチャンスが訪れたのである。

経覚の復帰

嘉吉の乱後、経覚は三箇月ほどの間様子をうかがっていたが、十月二日に上洛し、満済の後継者である三宝院義賢を通じて赦免を幕府にはたらきかけた。尋尊は後年、このとき経覚は処分解除と大乗院門主への復帰を申請したが門主職については叶えられず、したがって「御隠居分」と決まって下向したと記している。これに対して、南都伝奏となっていた権大納言万里小路時房（ごんのだいなごんまでのこうじときふさ）は、経覚は「隠居之分」として復帰できるように取りはからってほしいと希望してきたので、その通りに沙汰したと記している（『建内記』嘉吉元年十一月二十五日条）。経覚の要求の内容が尋尊と時房では食い違うが、大乗院には尋尊が新門主として入っており、経覚がいきなり門主への復帰まで請願することはないと思われるので、時房の記述のほうが正確と考えられる。

罪を許されて京都から立野に戻った経覚はただちに移動の準備を始め、十月八日に己心寺に入った。尋尊によるとここが「御隠居の地」で、龍花樹院前大僧正という称号と隠居料所を経覚の申請通りに許可したという。

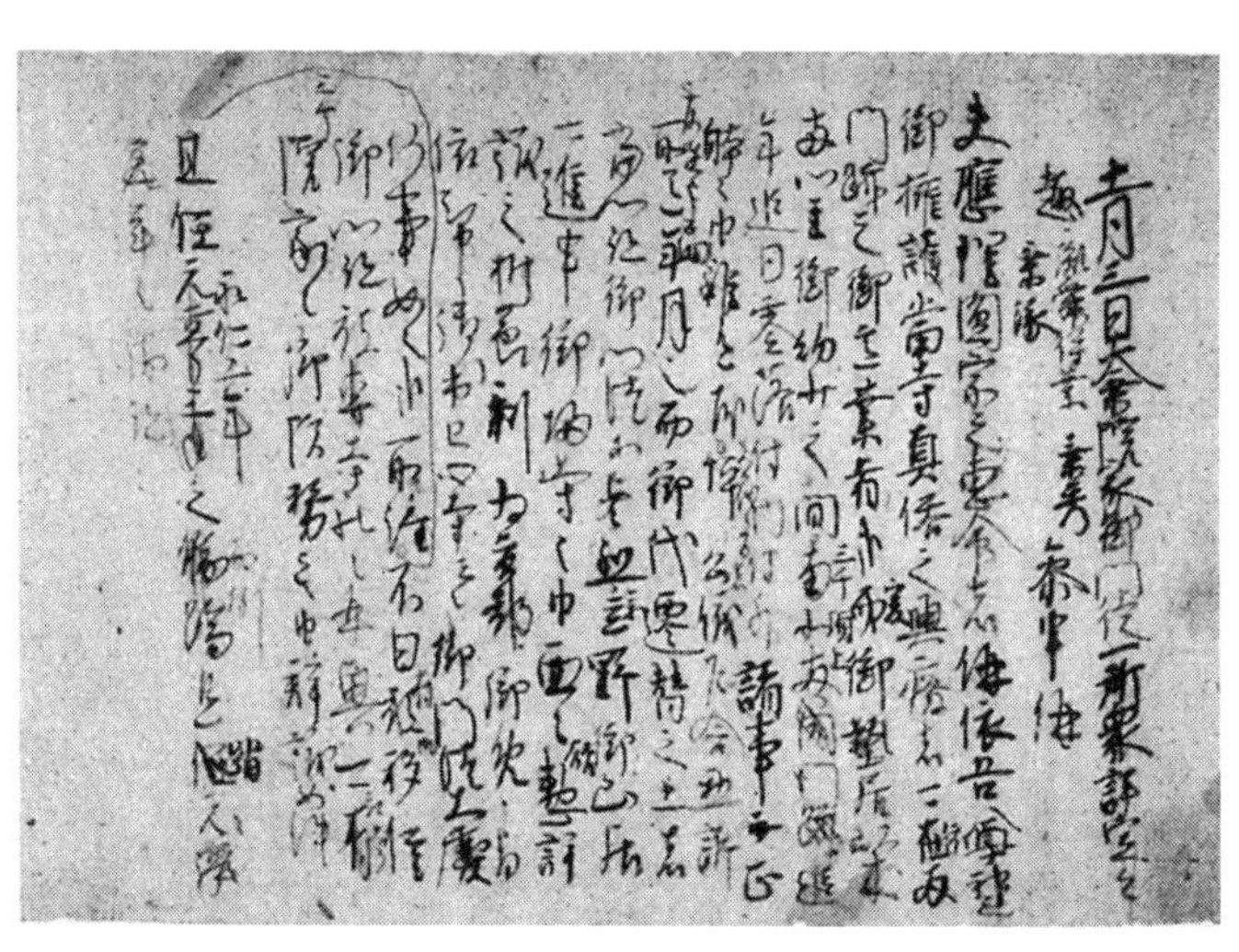

（嘉吉元年）十一月三日　大乗院門徒評定事書土代（山田家所蔵福智院家文書）

しかし、経覚はそれに満足したわけではなく、門主への復帰を狙っていた。それには大乗院門徒の支持が必要だったが、これに関してつぎのような内容の事書（ことがき）（僧集団の上申文書）の土代（どだい）（草稿）が残っている（『福智院家文書　第二』九二号）。

経覚が立野に蟄居（ちっきょ）して以来、一乗院、大乗院両門主が幼少なので両門跡は零落した。しかし、義教が将軍のときにはいかんともしがたかった。将軍が代わった今、大乗院門徒等は立野に烈参して経覚に帰寺を勧める評議をしようと思ったが、その矢先に京都のお許しがあって己心寺に移られた。これは門徒の大慶である。ただちに門跡に移住され、大乗院をはじめとする三箇院家（さんかいんけ）（大乗院、禅定院、龍花院）の院務を執行されるように群議した。

経覚の筆跡

この事書を素直に読むと、大乗院門徒は経覚の門主としての復帰を切に願っていたということになるが、筆跡をみるとそうとも言えなくなる。この土代の執筆者は、じつは経覚その人なのである。門徒になりすまして作成し、さらに何箇所か推敲を加えた跡がみられる土代から、経覚の門主復帰への執念のほどが感じられよう。

一所衆

もう一点、この事書の書き出しが「大乗院家門徒一所衆（いっしょしゅう）評定之趣」となっていることに注意したい。「一所衆」とは、ある集団の構成員の一部、いわゆる有志や分派などを指して、あるいは一味や仲間などの意味合いで使われる言葉である。事書は「大乗院家門徒評定」、つまり門徒の総意としてではなく、一部の門徒の評定として草稿されているのである。これは経覚の門主復帰に反対する門徒がいたこと、彼らの存在を無視し門徒の総意として事書を幕府に提出することが憚られたことを示していよう。

経覚の還住

この下書きが清書されて京都に提出されたかどうか定かではない。下書きの冒頭に「十一月三日」と一所衆評定の日付と思われるものが記されているが、その十日余り後の十五日に経覚は越智以下の武士を率いて禅定院への復帰を強行した。これについて万里小路時房は「門跡に乱入し還住（げんじゅう）せらる」、「公儀に違背し、嗷々（ごうごう）乱入」、あるいは「上裁を伺われざるの条、嗷々に似るか」などと記しているので、幕府から承認を取り付けた上での復帰ではなかった。時房は、「幼少の門主を扶持して付弟となし、その上で門主への復帰を願い出ればよかったのに」と軽挙を惜しみ、「智者の一失か、始終の沙汰のさま、もっとも測りがたき事なり（賢い人なのにしくじった。していることがまったく理解しがたい）」と批判している。

経覚と尋尊、師弟となる

幕府から承認された現門主と武力を誇示して戻ってきた前門主。ふってわいた難局に大乗院の門徒たちは困惑したが、彼らは経覚と尋尊を師弟とすることで乗り越えようとはかった。ときに経覚は四十七歳、尋尊は十二歳。賢明な対応で、まるで京都の時房のつぶやきが奈良の大乗院門徒に聞こえたかのような措置である。経覚の強行復帰一箇月後の十二月十四日に時房のもとに参上した評定衆の清俊は、「前大僧正先日帰住、新門主悦喜」と述べた。尋尊が本当に悦喜したかどうか怪しいが、大乗院では事態が収拾されていると報告したのである。あらためて幕府から経覚の処罰が行なわれるようなことはなく、経覚は幼少の新門主の師として院務を執り、事実上の門主に復帰した。

このときのことを尋尊は、つぎのように記録した。

第卌五院主大僧正経覚嘉吉元年十門主となる、（二脱）月十五日

経覚、門主を正式に承認される

しかし経覚は、幕府によって地位が正式に認められたわけではなく、黙認されたにすぎない。したがって、幕府から正式の承認を得ることが課題として残った。経覚は管領(かんれい)

の畠山持国に「門跡安堵」を願い出たが、嘉吉三年六月八日、急いで上洛するようにという連絡がきた。翌日上洛した経覚は、十二日に十歳の将軍義勝の見参に入り、門主の地位を正式に承認された。これにはもちろん多くの費用を要し、幕府では申次の伊勢貞勝に銭五十貫文、太刀一振り、持国には銭五十貫文、太刀一振り、それに月毛の馬を一頭贈った。馬は九条満教の秘蔵の名馬で、経覚がとくに懇請してもらい受けたものだった。幕府に参上するときに使用した張輿を貸してくれた三宝院義賢には「重衣、綾ケサ」を、細川勝元には銭二十貫文を贈った。挨拶とお礼をその日にうちに精力的にこなした経覚は翌日奈良にもどり、名実ともに門主に復帰したお祝いを各方面から受けた。

河上五箇関

ところでこのころ、奈良では河上五箇関の代官職をめぐって争いが起きていた。河上五箇関とは重要な交通・流通路である大阪湾および淀川水系に設置された五つの関所のことで、摂津の兵庫（神戸市兵庫区）、神崎（尼崎市）、渡辺（大阪市北区）、河内の禁野（大阪府枚方市）、それに山城の淀関（京都市伏見区）のことである。関所では通過する船から関料が徴収された。その関料は幕府から興福寺に堂舎の修造費用として宛がわれ、現場の実務を執行する代官職は成身院光宣が持っていた。光宣はこのときは六方で、大和永享の乱では幕府の支援を得た甥の筒井覚順を補佐して戦った。乱さなかの永享二年八月、覚順は将軍義教から「河上関の事」を「拝領」したが、覚順の戦死後に光宣が代官職を引き継いだのだろう。興福寺が受け取るべき年貢（修造料）は、毎年六千九百貫文（約六億九千万円）という巨額に上ったと思われる。

直務か代官支配か

嘉吉二年十一月、興福寺は「河上五箇関務代官職の事、年貢無沙汰の間、光宣の手を召し放ち、寺門直務（じきむ）すべき事」、つまり光宣がきちんと年貢を納めないので代官を罷免し、興福寺が関所を直轄支配したいと幕府に申し入れた。ところが寺内には光宣を支持する勢力もあり、これに筒井の分裂と永享の乱以来の国内武士の抗争が絡み、大和国内は戦闘状態に陥った。

反筒井方の頭目

経覚はこの争乱で反筒井方の頭目的存在となってしまう。そして戦いが筒井方に有利に展開すると、身の危険を感じるようになった。文安元年（一四四四）二月には評定衆にあとを託して禅定院を逃れ、一時嵯峨の教法院に避難した。四月に奈良に戻ると、奈良中から延べ数千人の人夫をかり出して禅定院敷地内の鬼薗山（きおんやま）に城を築いて移住した。鬼薗山に城を作ることは、以前から反筒井方の勢力が許可を申請していたが、鬼薗山は「当坊（禅定院）の頭上」にあたるとして経覚は渋っていた。しかし、そんなことを言っておられなくなったのである。

経覚の没落　尋尊の院務

経覚が鬼薗山に移住して約一年がたった文安二年九月、反筒井方は何人かの有力者の戦死によって戦力を低下させ、鬼薗山城（南都城、奈良城とも）を維持できなくなった。経

鬼薗山と旧大乗院庭園鳥瞰
（奈良文化財研究所，公益財団法人日本ナショナルトラスト提供）

覚らは城に火をかけて行方をくらました。自焼(じやき)没落(ばつらく)といわれるこの撤退の作法は、家や陣屋や城などを「敵方に利用させないため」と説明されるが、居住した施設を敵の手にかけさせない、屈服しないという意志を表す方法でもある。この後、かわって筒井方が鬼薗山に築城して拠点とした。「七人衆」とよばれた反筒井方の僧たちは奈良南郊の古市まで退去し、古市胤仙(いんせん)を頼んで鬼薗山の筒井方と対峙することになるが、経覚は遠く南の葛城郡(かつらぎぐん)の安位寺(あんいじ)（御所市櫛羅、廃寺）まで逃れた。鬼薗山の城が焼かれたとき、幸いなことに禅定院は類焼を免れ、一時よそに避難していた尋尊は無事に帰院をはたした。このとき尋尊は十六歳、経覚のいなくなった禅定院で評定衆の力をかりて院務を執行するのは可能な年齢だった。このことをのちに、

第卅六院主法務大僧正尋尊（文安二年九月以来門主となる、）

と記している。ここにようやく尋尊は大乗院門主としてその歩みを始めたのである。

五　若年の門主

安位寺へ

経覚が避難した安位寺は、南河内との国境に位置する葛城山の中腹にあった興福寺末寺である。経覚の日記には、浄土院・塔南院・文殊院・蓮台院など十前後の院坊の名前が登場し、僧たちは学衆（がくしゅ）と禅衆（ぜんしゅ）の二つの集団に分かれていたことなどからかなりの規模の寺だったことがわかる。現在寺の跡地は山林に戻り、その上を葛城山ロープウェイが通っている。

古市迎福寺へ

大和盆地を望むことができる安位寺の客坊で、経覚は奈良や国内外の情報を精力的に収集し、復帰のタイミングを見はからった。日記には「門跡院務の事、厭却（えんきゃく）（嫌って退ける）の心これ在り」と、門主の地位にもはや未練はないかのようなことを書き綴っているが、それを額面通りに受け取るわけにはいかない。山上に滞在すること二年足らずの文安四年（一四四七）四月十三日、経覚は安位寺の門を出、途中を古市の若党や一族、それに豊田らに護衛されて奈良南郊の古市の迎福寺に入り、古市胤仙に迎えられた。経覚は

「中風療治のため」、尋尊は「七人衆内々申し勧む」と書いている。

翌五月の三日、経覚は日記に、つぎのように記している。

> 三蔵絵召し寄す、貞兼僧正に預け置くものなり、よって面々一見了んぬ、

三蔵絵とは現在国宝として大阪市都島区の藤田美術館に所蔵されている絵巻玄奘三蔵絵のことである。これを預けた松林院貞兼僧正のもとから取り寄せて、皆で見たというのである。法相宗の開祖である玄奘のインドでの活動や、仏典・仏像の中国への招来を描いたこの絵巻は、鎌倉後期に作成され、いつからかは不明であるが「重宝」として代々大乗院門主に継承されてきた。鬼薗山を没落して安位寺に逃れるとき経覚はこれを貞兼に託し、その後も尋尊に移譲することはなかったのである。このことは、経覚が門主の地位を簡単に放棄したわけでないことを示していると考えていいだろう。

しかし、現実には経覚に門主復帰のチャンスはもはやなかった。古市までは戻ったものの、さきに触れたように、禅定院背後の鬼薗山城を筒井方が拠点としていた。したがって経覚は禅定院に近づくことができず、門主復帰を断念せざるを得なかっただろう。経覚が鬼薗山を退いて安位寺に没落してからのことを尋尊は、「以後十余年の間、日々夜々古市と鬼薗山、合戦に及び了んぬ、南郷在々所々、放火」、あるいは「日々夜々十年ばかりは合戦に及ぶ、南市以下の南郷、野に成り了んぬ」と記しており（後述）、繰り

返される合戦によって大乗院領が点在した南郷は荒廃し、鎌倉時代末に立てられた南市も廃絶した。

院中を出さざる絵

門主のもとにあるべき三蔵絵は、まもなく尋尊に渡されたと考えられる。経覚は宝徳二年（一四五〇）八月二十一日の日記につぎにように書いている。

> 東南院珍覚僧都、状を賜う、返報を遣わし了んぬ、三蔵絵、一見を所望の志これありと云々、尋尊禅師定めて進らすべからざるか、院中を出さざるの絵なり、法を破り申すべき条、斟酌の由、仰せ遣わし了んぬ、

東大寺東南院の珍覚は、かつて経覚の弟子だった尋実の弟である。兄同様、九条満教の猶子となり、東大寺の東南院に入室していた。その珍覚が三蔵絵をみたいと経覚に手紙で言ってきたのであるが、尋尊は貸してくれまいと経覚は判断し、三蔵絵は大乗院の外に出さないことになっているので、そのルールを破ることはできないと回答した。つまり、この時点ですでに三蔵絵は尋尊のもとに移っているので、経覚は古市に入ってから二、三年で三蔵絵の移譲をはたしたと思われる。翌年の十二月には経覚のもとにあったが、これは禅定院が十月に一揆の襲撃を受けて焼けたとき（後述）、緊急避難として古市に運ばれたからと考えられよう。

継承をめぐる虚偽

なお三蔵絵を継承した時期について、尋尊はつぎのように記録している。経覚は「隠

居」した永享十年（一四三八）八月に「門跡相承の玄奘三蔵絵十二巻」を清祐と貞兼に預け置き、自分は院務初めの同十三年二月にそれを継承したと（『大乗院寺社雑事記』文明元年四月一日条）。しかし、ここまでにみたように、これは事実に反する。なぜこのような虚偽を日記に記したかについては後章で触れる。

こうして尋尊は、「日々夜々合戦」の十年間に門主としての経験をかさね、また南都僧としての階段を昇っていくことになるが、この「日々夜々合戦」が実際にはどのようなものだったのか、また多感な青年期であるこの十年間に他にどのような出来事を見聞きし、あるいは体験したのか、このことは尋尊の世界観や人格の形成に小さからぬ影響を及ぼしたと思われるので、簡単にみておこう。

にらみあいの十年

古市と鬼薗山間の争いを「日々夜々合戦」というのは、じつはかなり大げさな表現である。実際に日夜絶え間なく戦闘が行なわれたわけではなく、にらみあいの状態が長い。奈良と古市間の連絡や通交が遮断されたわけではなく、奈良にも古市にもそれなりに平穏な日常があった。

矢入

断続的に残っている経覚の日記には、「矢入（やいれ）」と記録された交戦が多い。矢入れは「戦いの初めに、まず矢を射入れて敵の動静を探ること。やあわせ」と説明されるが、矢入れのあとにつねに本戦があったとは限らないようだ。「矢入れのために奈良城に向かう勢、甲百ばかり。出合うに及ばざるの間、即時引退了んぬ（矢入れのために鬼薗山城に向かった兵は甲冑を着けたものが約百人。敵は出てこなかったので、すぐに撤退した）」のように、ほとんど一方的な矢入れだけで終わってしまったと考えられる場合も少なくない。ただし、「矢師」「矢軍」と記されていることもあり、この場合には双方の矢が飛び交ったのだろう。

太刀打

白兵戦ももちろんあった。文安四年八月九日の戦いはふだんより激しいものだったのだろう、経覚はやや詳しい記事を残している。それによると、この日、古市胤仙は内衆百人余りと加勢の十二、三人を率いて「奈良」を攻め、「大刀打」が三箇所であった。古市方は敵方の「要害」を破り、五、六人の敵を打ち取った。それによって「敵方散々に成りて、門跡内えにけ（逃げ）入」った。古市勢の「振る舞い、鬼神の如く」で、楯、槍などを「数十帖」を奪い、古市方の負傷者は二、三十人だったという。激戦と思われる衝突でもこの程度である。いちどに何百という死傷者が出るような合戦ではない。

古市と奈良の間

尋尊は筒井方の視線や圧力を背中に感じていたと思われ、経覚は古市方の中心のひとりだったので、両者は和平が実現するまで互いに訪問しあうことはなかったが、興福寺の一般の僧や寺官などどちら方でもない者は、自由に奈良と古市の間を行き来したようである。大乗院に北面として仕えた僧たちは尋尊と経覚の間を往復し、同院関係の人事や荘園の所務などに関する両者の相談や連絡を仲介し、また季節の贈答品を届ける使者などとして働いている。児たちも行き来した。興福寺の法会や春日社の神事などはほぼ通常通り行なわれ、古市でも連歌会や茶会が開かれ、春には花見が行なわれ、盆には風流（仮装や山車などの行列、群舞など）が村々を行き交った。

経覚の関与

こうした日常がある一方で抗争も十年間絶えなかったわけであるが、反筒井方の陣営で経覚がはたしていた役割は確認しておくべきだろう。経覚は身の危険を感じて嵯峨や安位寺に避難したが、摂関家出身の貴種僧として担がれただけの存在であれば、それほどの危険はなかっただろうと思う。しかし、そうではなかったのである。経覚は武将たちと同様に実戦に深く関与していた。

経覚の日記をみると、古市胤仙と合戦について話し合ったとか、来たるべき奈良城攻めの大将を豊田頼英に命じたとか、胤仙と小泉重栄に頼英との軍議を指示したとか、越智家栄に奈良攻撃を要請したとかの記事がみられる。言い逃れができないほどに経覚は戦闘に深く関与していた。

従者の戦闘参加

経覚の従者の戦闘への参加も記されている。文安六年二月十六日の戦いでは古市方に七人の戦死者が出たが、そのうちのひとりは経覚に仕える上野房という者だった。享徳二年（一四五三）三月十一日の夜明けの戦いでは、光宣弟の掌善院尊覚律師が戦死したが、尊覚を討ち取ったのは三位房という経覚の従者だった。尊覚と経覚は旧知の仲で、敵味方に分かれながらも両者の交流は続いていた。三位房が討ち取ったのが尊覚であることは、敵方の「楯突（矢を防ぐ楯を持つ役割の兵士）」から聞いたという。経覚は衝撃を受けたが、命のやりとりをする戦場で三位房はどうすることもできなかっただろう。

大将としての経覚

軍議を主導し従者が戦闘参加しただけではない。経覚自身が大将として出陣したこともある。

> 予今日の大将分たるの間、卯の刻、岩井川の得美須辺に出で了んぬ、夜明け時分、越智、布施勢、小泉、豊田以下馳せ付き了んぬ、神妙、神妙、そのほか語らう勢ども馳せ付くの間、甲七、八百これありと云々、（『経覚私要鈔』享徳二年四月十三日条）

この日の大将なので早朝に奈良と田舎の境目である岩井川に出陣し、越智勢以下の後続の合流を待ち、甲を着用した兵が七、八百の軍勢になったという。実際の戦闘が始まる前に経覚は古市に戻ったが、武将と変わらぬ行動といわねばならない。

弓矢を取るにあらず

これに先だって経覚は戦勝祈願の願文を草し、清書されたものに衆徒・国民らとともに署判を加えている。みずから「先規ははなはだ有り難きものなり（先例はないだろう）」（同・八日条）ともらしているように、これもまた高位の僧としては逸脱した行動である。経覚のこれらの振る舞いを尋尊が懐疑の目で見ていたことは間違いあるまい。後年、応仁・文明の乱が始まったとき、西軍の斯波義廉(よしかど)らと親しかった経覚は上洛の気配をみせた。東軍の光宣がそれを察知し、そのような行動を取れば累は大乗院に及ぶと尋尊に警告してきた。尋尊の申し入れを受けて経覚は上洛を断念したが、「愚老、弓矢を取るにあらず、合力(ごうりょく)すといえども何の子細あるべきか（私は弓矢を取る者ではない。斯波らに協力したとして何の問題があるというのか）」（同・応仁元年六月二十二日条）と不満を記している。光宣と尋尊が経覚の「私は弓矢をとる者ではない」という主張を聞いたら、どんな顔をしただろうか。

東大寺攻撃

「日々夜々合戦」以外の出来事についても触れておこう。文安四年九月には春日社造替棟別銭(むなべちせん)の東大寺領への賦課をめぐっての対立から興福寺が同寺を攻撃し、東大寺の年預五師が自害に追い込まれ、山城の国人衆ら四十人ほどが戦死した。興福寺は、筒井方と反筒井方に分裂していたにもかかわらず、東大寺攻撃に際しては別部隊ながら両方が参戦していることが注目される。

神木動座

宝徳三年九月には、兵庫関を興福寺から収公しようとした幕府に抗議して、春日社の神木がまず移殿(うつしどの)に、ついで興福寺の金堂前に動座するということがあった。しかし、神木の入洛は康暦(こうりゃく)元年（一三七九）以降なく、今回も「永代南都領とする」との御教書(みぎょうしょ)が出されて神木は金堂前から本社に帰座した。

禅定院焼亡

尋尊にとってより大きな事件が翌月十月に起こった。さきに少しふれた禅定院の焼亡である。徳政と称して蜂起した土一揆が元興寺近辺に押し寄せ、町の小家に放たれた火が強風によって猛火となって元興寺の金堂などを、さらに禅定院を焼いた。尋尊は坊官居所の成就院に仮寓することになり、三年近く後に竣工した小御所に戻るが、丈六堂、天竺堂、弥勒堂などの堂塔の修造再建は長引き、尋尊生涯の課題として残ることになった。

以上、おもに大乗院門主としての尋尊についてみたが、興福寺の僧としての側面もみておこう。経覚が安位寺に避難する前、つまり大乗院の院務を執る以前に尋尊は方広会の竪義を勤めている。経覚が安位寺に逃れて院務を掌握した翌年には法華会の、そして経覚が古市に入った翌々年には慈恩会の竪義を勤めた。方広会などはいずれも興福寺の十二大会のひとつで、教義に関する論議・問答を中心にして挙行された。これらの行事の竪義とは、探題（出題者）や問者（問題提起者）の出す論題や疑問に対して、教理を踏まえて自己の見解を主張する（義を立〈竪〉てる）役割の僧である。いわば口頭試問を受ける受験生のようなもので、合否が精義という役割の僧によって判定された。慈恩会竪義に先行して同会の竪問役（竪義に対して問を立てる役。問者）も経ている。そして禅定院が焼けた翌年、興福寺の最重要行事である維摩会で竪義を勤めて上臈といわれる身分の仲間入りをした。二十三歳のときだった。一般の学問僧（「住侶」）にはより多くの試業が課され、それらを突破して中臈になるのが三十歳前後だったので、摂関家出身貴種の特権は際立っている。

第二　興福寺別当

一　維摩会講師

少僧都に

維摩会の研学竪義を勤めてまもなく、享徳二年（一四五三）の暮れに尋尊は少僧都に任官した。このころの南都僧の僧位僧官は、下から法師、大法師、已講、法橋、律師、法眼、権少僧都、少僧都、権大僧都、大僧都、法印、法印権大僧都、法印大僧都、権僧正、僧正、大僧正となっていた。そして貴種は、法師から法眼までを飛ばしていきなり権少僧都、あるいは少僧都から昇り始める特権を持っていた。尋尊は、経覚がそうだったように、少僧都からスタートした。

ライバル

このことは一乗院教玄に対する尋尊の微妙な感情を表出させることになった。教玄は尋尊よりひとつ年上で、前門主昭円の失脚を受けて六歳のときに鷹司家から一乗院に入室していた。十一歳の時に出家して教玄となるが、「教」の字は将軍義教の名前からもらったもので、尋尊同様に、あるいはそれ以上に南都への入室に際して義教の関与、後

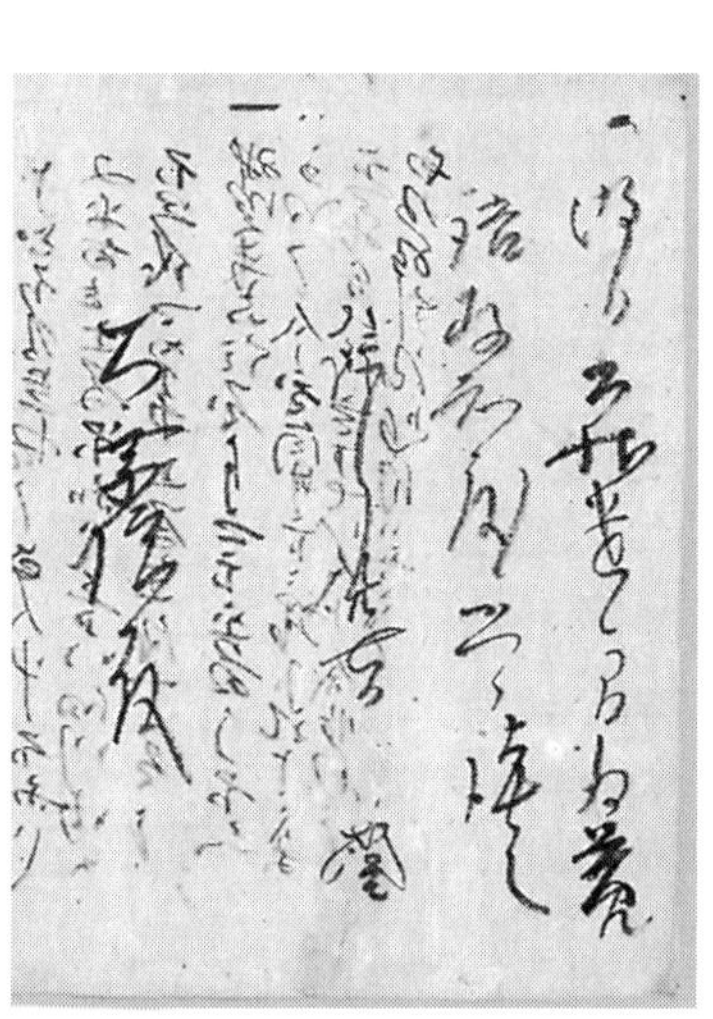

一乗院教玄花押（中央日付けの下）
（『大乗院寺社雑事記（第十五冊）』紙背文書，国立公文書館蔵）

援があったと考えられる（後述）。幼少の門主だったので、もちろん当初は一乗院の評定衆が院務をみたと思われる。一乗院や大乗院ではそれぞれ傍流の家出身の門主という点でも教玄と尋尊は同じだった。尋尊が教玄をライバル視したのは、両者がこのように非常によく似た存在だったからだろう。

　尋尊が少僧都に任命されたことを知って教玄は驚いた。教玄はそのひとつ下の権少僧都に任命されていたからである。これまで尋尊はつねに教玄の一歩あとを歩んできていた。年齢や入室、受戒の順を考えると当然のことである。ところが突然尋尊が一歩先にでたのである。経覚も尋尊も少僧都に直任されたのになぜ教玄だけが権少僧都だったのかは不明だが、教玄はただちに少僧都への昇進を申請し、短時日のうちに承認された。

　このことを尋尊は、

一乗院、少僧都に任ずと云々、元権少（ごんのしょう）、予正任（しょうにん）の故（ゆえ）なり、

と記している。一乗院が少僧都に任命されたという。もと権少僧都である。私が少僧都になったからだと。簡潔な記述でそれ以上のことは何も記していないが、教玄の狼狽ぶりを想像して楽しんでいるようにも感じられよう。教玄に対する尋尊のこのような対抗意識とやや屈折した感情は、その生涯を通じて見え隠れする。

教玄、別当に就任

少僧都に昇進してまもなく教玄は興福寺の別当に就任した。このころの別当は在任期間二、三年ということが多く、持ち回りの名誉職のようなものになっていたと思われるが、それでも貴種として一度はついておかなければならない地位だった。

維摩会講師

教玄のあとにぴたりとついて昇進してきた尋尊は、次期別当は自分だと考えたと思われるが、別当になる前にまだいくつかすませておくべきことがあった。そのひとつが維摩会の講師である。すでに触れたように、維摩会は興福寺十二大会（じゅうにだいえ）のうちでももっとも重要なもので、七世紀に藤原氏の始祖である鎌足（かまたり）の病が維摩経（ゆいまきょう）の講説によって平癒したことにちなんで設けられた七日間の講会である。藤原氏や興福寺にとって重要な行事だっただけでなく、朝廷から勅使が派遣されてくる国家的な法会でもあった。ふるくは維摩会で講師の役を勤めることが、律師以上の僧綱位（そうごうい）に昇るための条件となっていた。一時中断したことがあるが、平安時代から鎌倉時代を通じて原則として毎年行なわれて

遂講の準備

門主一代の大儀

維　摩　会（「春日権現験記絵」巻第十一，宮内庁三の丸尚蔵館蔵）

きた。十四世紀半ばの両門跡の武力衝突以後、開催が断続的で不安定になり、尋尊のころには開催されないこともままあったが、依然として興福寺の最重要行事だった。

教玄が講師を勤めた享徳二年の維摩会において、次回の講師は尋尊ということが確認されたと思われる。翌三年の二月七日、鎌倉末から南北朝期にかけての維摩会に関する記録十八帖を、尋尊は己心寺（こしんじ）から進上されている。十八帖のうち興福寺に現存する十二帖の奥書（おくがき）に、「当年の講師として御用あるべし」「御大切たるべし」と考えた己心寺から贈られたと尋尊は記しているが、先例を調べてできる限りの準備をしておきたいと考えた尋尊のほうから所望した可能性もあるだろう。

講師として必要な知識や作法の習得と平行し

て、費用の調達も行なわれた。大乗院の荘園には維摩会講師反銭、末寺や坊人らには御用銭・御訪（おとぶらい）銭（せん）などがかけられて約四百貫文、禅定院造営費用の流用で約三百貫文、それでも足りない分は借金などで賄われて合計約九百五十貫文（約九千五百万円）が集められた。このような費用調達は今回が初めてというわけではなく、尋尊が方広（ほご）会（え）・法華会・慈恩会・維摩会の竪義、そして維摩会帰丁衆（かえりちょうしゅ）（聴衆）を勤めた年などにも行なわれた。「門主一代の御大儀」に際しては、大乗院領の荘民、末寺、坊人らは、いわば臨時税をかけられたのである。

法会の開催費

門主が法会に出仕する場合には門跡の格にふさわしい容儀を調えねばならず、相応の費用がかかることは想像できよう。しかし、千貫文に近い巨額の銭は、尋尊ひとりが出仕するためだけの費用ではあるまい。十五世紀に興福寺の十二大会は、当該行事で講師や竪義などの主要な役割を勤める僧が、行事全般の費用を分担することで開催されるようになっていたと思われる。維摩会に関していえば、至徳（しとく）三年（一三八六）に一乗院の良昭（りょうしょう）が講師を勤めたときに一乗院領荘園に反米（たんまい）がかけられた記録が残っているので、遅くとも十四世紀末には講師に負担を求めるようになっていたのだろう。本来費用を負担すべき藤原氏や朝廷また興福寺は力をなくし、門跡や富裕な僧個人に寄りかかって行事が維持されていたのである。講師や竪義などを勤仕することは、僧の官位や資格の上昇につながったので、受益者負担とみることもできるかもしれない。

経覚らの指導

維摩会当日までの経過を簡単にみておこう。四月二十六日、尋尊は上洛し、翌二十七日、九条顕行院において経覚から「当年講師用表白ならびに因明大疏等」を伝授された。七月二十日には「応永八年分維摩会講師」を「存知せしめ給うべし」と命じる長者宣を奈良で受け取った。南北朝期以降、維摩会は開催されない年が珍しくなくなっていた。この年の維摩会は「応永八年分」で、実際の年次とは五十年余りもずれていた。

八月十九日には東北院俊円を師範として迎え、俊円が「維摩会縁起」を読み上げたあとで「一献(小宴)」があり、以後連日にわたって教えを受けた。八月二十五日には本番に備えての修学活動である加行のうち「心加行」に入り、さらに十一月七日には「正加行」を開始した。こうしてこの年の維摩会は十二月二十日に開白を迎え、同二十六日に結願をはたした。なおこの間の六月、維摩会には直接関係がないが、すでに触れたように尋尊は小御所が再建された禅定院への移住をはたしている。

経覚、興福寺に行く

尋尊の遂講は、経覚にとってもひとつの転機となった。筒井方と反筒井方の争いは、享徳二年六月の古市胤仙の死によって反筒井方が瓦解し、和与にいたっていた。しかし、経覚はなお用心し、奈良や興福寺に出ることなく古市に籠もっていた。わざわざ上洛して九条顕行院で尋尊に遂講のための「申合」せや表白、因明大疏などの伝授を行なったのは、経覚が依然として筒井方に対する警戒を解いていなかったことを示していよう。

尋尊は、かねてより経覚の来訪と筒井との和解を勧めていたが、維摩会の最中に経覚を興福寺に呼び出すことに成功する。どうしても来て欲しいという尋尊の講師房（こうじぼう）（維摩会開催中の講師の詰所（つめしょ））からの要求に応じ、経覚は「困った。最近は必要もないので、付衣（ふえ）、袈裟などもない」「みっともない格好で講師房に向かった。恥辱の至りだ」などとぼやきながらも文安（ぶんあん）二年（一四四五）の安位寺への避難以来はじめて興福寺に入り、尋尊の出仕と第二夜の行事を見守り、講師房での一献に参加してから丑（うし）の刻（午前二時前後）に古市に戻った。

経覚、光宣に対面

こうしてこの年の維摩会に出仕した経覚は、さらに結願日に成身院光宣（じょうしんいんこうせん）と対面することになる。これもまた尋尊の画策によると思われる。前日から講師房に詰めて尋尊を見守り、ときには重鎮として指示を出していた経覚は、坊官から光宣が挨拶にやってきたと取り次がれると「祝着（しゅうちゃく）（喜びに思う）」と応答するが、対面については「斟酌然（しか）るべきものか（差し控えるのがいい）」と一度は拒否する。しかし、尋尊の「いろいろ所存を残すの条、然るべからず（あれこれ思いを残すのはよくない）」との進言を容れ、光宣と、筒井方の中心人物のひとりだった六方衆の舜玄（しゅんげん）に対面した。光宣と舜玄はそれぞれ用意してきた折紙（銭の贈与を約束した文書）を進上し、これに対して翌日、経覚は光宣に絵一幅、盆一枚、香炉ひとつ、舜玄には綿一屯と唐水指を贈った。

経覚と尋尊の協調

尋尊があれこれ苦心して経覚を古市から引っ張り出し、筒井方との和与を勧めたのは、経覚がさまざまに尋尊の遂講を支援したことに対する返報の意味もあったのではないかと思われる。尋尊の父一条兼良は、のちに『桃花蘂葉』のなかで「家門（一条家）と魚水の如し」と記し、経覚を信頼していたように思われる。しかし、身近に経覚の行動の始終を見ていた尋尊は、警戒の目を向けていたはずである。にもかかわらず、遂講前後、尋尊はしばしば経覚を頼っている。たとえば、勅使が奈良への下向を渋って経済的な援助を要求したとき、尋尊は九条家の家司を勅使として下向させることを経覚に依頼している。これに対して経覚は、被官人を上洛させて尋尊の要請に応じようとしている。

経覚はまた尋尊からの借用の依頼に応じて「屏風一双、盆一枚、建盞一、唐台二、硯文台」を貸し（『経覚私要鈔』享徳三年十二月二十日条）、さらに尋尊の維摩会第六日の別当坊および勅使坊への出仕に際しては、その行列をいっそう華やかにするために、「衆人目を驚かす」ほど美麗に装った上童の一行を古市から派遣している。門主が上童を従えるのは、「代々の儀」だったが、費用がかさむので尋尊は省略するつもりでいた。それを聞いた経覚がサプライズとして贈ったものである。上童の装束は、経覚が急遽、京都から取り寄せたものだった。さらに維摩会中に寺内で起きた訴訟騒ぎを、「貴種の遂講」に支障をきたすものとして抑え込んでいる。

古市迎福寺に赴く

経覚が光宣に絵などの引物を贈った翌日、尋尊は初めて古市の迎福寺に経覚を訪ね、銭十貫文を贈ってこの間の指導と支援に感謝の意を表した。経覚は尋尊を風呂と酒肴でもてなし、さらに酒海（酒を入れる容器。茶碗）などを引出物として贈った。こうして経覚と光宣・筒井との間の緊張は緩和され、また尋尊と経覚が師弟として協調していく態勢も調えられた。

二　別当就任

栂尾開帳

尋尊は維摩会の第四日に大僧都に昇進し、翌享徳四年（一四五五）三月には栂尾開帳をはたした。栂尾開帳とは、貴顕や維摩会講師を終えた南都僧の申請に応じて、高雄（京都市左京区）の高山寺石水院の春日・住吉両大明神御影図が公開される行事である。「願主」「施主」としての貴顕や南都僧による御影拝見と神前での講問のあとに、御影は一般の人びとにも七日間公開された。これは維摩会の講師を終えた僧がつぎに遂げるべき先途（昇進過程）として南都では位置づけられていた。経覚と、尋尊の弟である曼殊院良鎮が石水院に同行し、神影を拝した。一般公開に際しては、奈良からだけでも「社家、禰宜、院家衆、そのほか奈良地下町人等、数万人参詣」するといわれる盛大な行事だった。

尋尊は栂尾開帳の翌月四月に法印に、そして七月には僧正に昇進した。残す階梯は大僧正だけとなり、このころから興福寺別当への就任を具体的に検討し始めたと思われる。

別当就任へ

この年（改元して康正元年）の十二月、尋尊は動き出す。一乗院教玄が別当になって一年と九箇月経っていた。先代別当の喜多院空俊もその前の西南院重覚も約二年で退任していた。教玄もそろそろ退任を考えるだろうと尋尊が判断したとしても不思議ではない。尋尊が教玄に打診したところ、教玄は「まず京都の事、御劬労あるべく候、その左右に随い、御辞退あるべし（さきに朝廷や幕府の承認を得て下さい。承認が得られ次第、私は辞任します）」と回答したという。尋尊は「御扶持の至り（何よりの支援だ）」と喜んだ。

義政の兼約

ところがじつは、教玄の次の別当には将軍義政の「御兼約（前もっての約束）」を得ていた権別当（副長官）の修南院光政（のちに光憲と改名）が内定していた。光政には空俊と教玄の二代の別当の下で約四年間、権別当として仕えてきた実績があった。年齢も四十半ばで二十七歳の尋尊よりはるかに年長、別当としてなんら問題なかった。

しかし、教玄に水をあけられたくなかったのだろうか、尋尊は強引に割り込みをはかったのである。尋尊は京都の兼良に幕府への工作を依頼し、それだけでは十分ではないと思ったのだろう、門徒と衆中には尋尊の別当就任を要求する事書（ことがき）の提出を要請した。門徒と衆中への働きかけを命じられた側近の隆舜（りゅうしゅん）は、「御兼約」の破棄を将軍に迫ることになる尋尊の姿勢に不安を感じたのだろう、つぎにようなことを述べている。

ともかくご機嫌を損なわないように、尋尊様から穏便に将軍に申し上げられるのがいいと思います。御房中（門徒）から事書を提出するなどのことは、少し嗷訴（ごうそ）めいているので、そのことは尋尊様は御存知ないことにしておき、当然の道理だからとだけ主張されるのがいいでしょう。心の奥底には強い気持ちをお持ちになりながらも、表面は穏やかにしておられるのがいいでしょう。（『大乗院寺社雑事記紙背文書　第一巻』三八号）

兼良の工作

興福寺の別当に義政が実際にどの程度関心を持っていたのかはわからないが、側近の日野勝光や南都伝奏で前内大臣の万里小路時房らがこの件に関わった。尋尊は「門跡においては、権官（権別当）を閣（さしお）き補（ほ）せらるるの跡（あと）十一箇度（門主が権別当をさしおいて別当に補任されたのは十一回）」の先例を注進し、それに対して光政は「両門跡を閣き、補せらるるの跡廿箇度」と主張した。時房は「先例繁多につき権官（ごんかん）理運（先例の数が多いので光政に理がある）」と考えた。尋尊が先例の追加報告などの対策を考えていたところ、「女中（女官、夫人）の縁」を通じて義政に訴えていた兼良の工作が実を結び、時房を通じて執奏が行なわれて尋尊を別当に任命する「宣下」が康正二年二月十日付けで行なわれた。光政はもう一任、権別当の地位にとどめ置かれることになったのである。「宣下」がなされたことを経覚に報告する手紙のなかで兼良は、「以前から一乗院は心にかけていてくれたので、宣下があった今、すぐに辞任してくれるだろう」と楽観的なことを述べている。

教玄の怒り

しかし、経覚が兼良の手紙を読んだ翌日、教玄が別当を辞めないと言っていることが判明する。「まだ辞表を出していないのに、（尋尊は）強引に宣下をもらい、（私は）面目を失った」というのがその理由だった。「宣下」をうけて発給される藤原氏の長者宣を尋尊は十七日に禅定院で受け取ったが、教玄はこれを非難して「（別当の地位を表す）印鎰（印章と鍵）を返納する前に長者宣を受け取った先例はない」と主張した。

この主張を容れて長者宣の返却がいったん兼良に命じられたが、尋尊が京都に持参したと思われる「先の寺務（別当）辞退以前に宣下を成さるる例」が認められ、この命令はすぐに撤回された。このたった一件の先例は、経覚が四百年分近くの「旧記」を調べてなんとか該当しそうな事例を探し出したものだった。こうして尋尊は義政との対面をはたして奈良に戻ったが、その後も教玄は譲歩する気配を見せず、両門主から工作の依頼を受けた要人らが入り乱れて動きまわり、幕府は有効な手を打つことができなかった。

軍勢が馳参ずる

そんなとき一乗院の北面法師が殺害される事件が奈良であり、非常を報せる称名寺

（奈良市菖蒲池町）などの早鐘がつかれた。奈良中が大騒ぎになり、古市などから軍勢が禅定院に馳せ参じたために、いよいよ合戦かと両門跡の関係者は「動用（揺）し肝を消」したという。上洛した尋尊の要請で大乗院の留守を預かっていた経覚は偶発的な衝突を怖れて、「面々が馳せ参じてきたのは神妙（殊勝）であるが、早く帰れ」と武士たちに命じた。両門跡の対立が危ない局面に達していたことが窺えよう。

経覚らの仲裁

この後もさまざまに調停が試みられたものの、解決までにはさらに一箇月以上の時を要した。解決に向かうきっかけになったのは、経覚と衆中がまとめた以下のような折中（折衷）案だった。折中とは、どちらの言い分に道理があるかを判断せず、両者の言い分を平等に取り入れた仲裁のことである。

一　唯識講の廻請（廻覧形式の出席要請状）は当月分はすでに新別当である尋尊の花押（サイン）が加えられているので、同講を執行する。ただし、「折中の儀」により、三十日間開始を延期する。

一　三十日間は両方とも別当として振る舞わない。

一　三十日後は一乗院は速やかに辞表を出し、印鎰を奉納する。

一　三十講の廻請は、今回は権別当の花押だけで執行する。

一　七郷人夫のこと。

最後の七郷人夫の条目を別とすれば、三十日間、双方とも別当として行動してはならないという第二条が全体の趣旨である。第一条や四条にみえる廻請は、法会など寺内の行事へ僧を招請する廻覧形式の文書であるが、第一条はすでに別当として花押を加えた廻請の有効性を認めつつも執行を延期することによって尋尊に譲歩を求めたものである。第三条はもちろん教玄に譲歩と確約を迫るものである。以後この案およびその修正案を軸として両方の説得が試みられた。

経覚の説得に応じる

尋尊はこの案にもその修正に対してもかたくなな態度を示し続けた。経覚も調停に努めつつ教玄側に立った時房の修正案を突き返すことがあった。さじを投げたのだろうか、時房が南都伝奏を辞任するということもあった。しかし、最後は尋尊が経覚の「老言」を尊重し、説得に応じた。教玄を別当として十五日以内に仏生会を開催することを認める代わりに教玄が印鎰を奉納するということでようやく決着がつく。

別当就任

こうしてまず四月八日には仏生会が執行された。当日の日記に経覚は「仏生会これあり、先の寺務一乗院の判をもって始行と云々、先ず珍儀なり、比興、比興（仏生会があった。前別当の教玄の命で執行されたという。ともかく妙なことである。ひどい、ひどい）」と記し、折中を試みた当事者でありながら納得できない気持ちを吐露している。ついで十一日に教玄は辞状を提出し、十四日には印鎰を奉納し、ひき続き三綱として勤める一乗院方の僧三

日記の書記形態

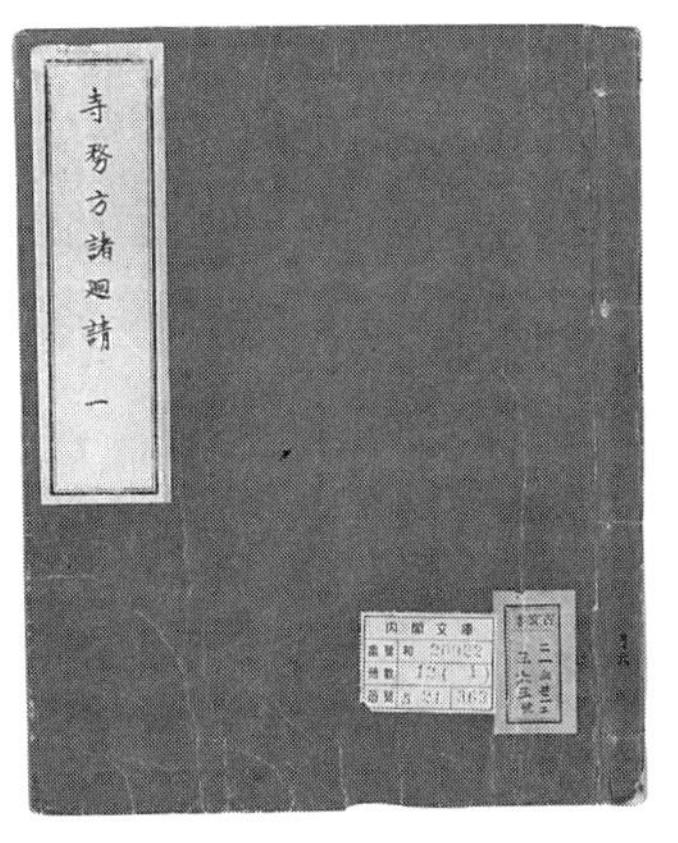

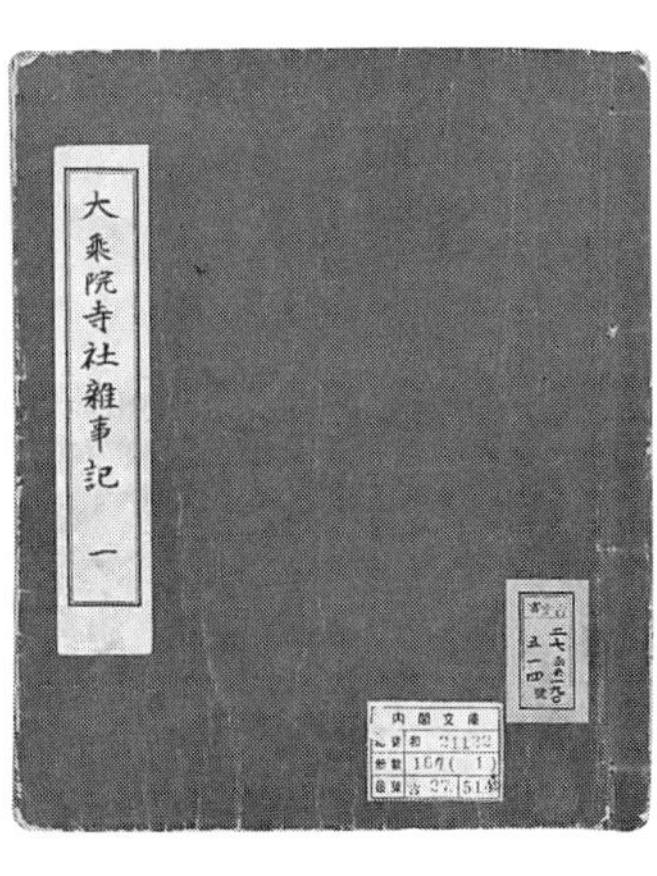

寺務方諸廻請と寺社雑事記（国立公文書館蔵）

人を尋尊のもとに参上させた。こうして以後ほぼ三年の間、尋尊は興福寺の長官を務めることになる。

尋尊の日記『大乗院寺社雑事記』は、尋尊が別当になる六年前の宝徳二年（一四五〇）正月から始まる。別当になる前と別当在任時の分は「寺務方諸廻請」として、別当を辞めてからの分は「寺社雑事記」と題されて、現在あわせて百六十七冊が公文書館に国の重要文化財（二〇〇二年指定）として所蔵されている。

別当になる前の記事は少なく、内容も簡略である。別当就任を機に本格的に書き始めたが、別当就任前後の尋尊は、日記をどのように書いていくべきか、つまり日記の書記形態について試行錯誤を重ねていた。その痕跡は、「寺務方諸廻請」の最初の二冊に認められるし、なにより現在東京大学史料編纂所には尋尊が康正三年の年始には当時のカレンダーである具注暦（の裏）に日記を書いていたことを示す史料が所蔵されている。まもなく尋尊は、自分のもとに届けられた書状（手紙）の裏に、具注暦には書き切れないほどの記事を連日のように書くことになるが、このような形態が確定するのは康正三年正月下旬以降のことである。

尋尊記の作為

ところで、『大乗院寺社雑事記』をみると、康正二年の別当就任をめぐるトラブルについて尋尊はあまり詳しく書いていない。先述した教玄の印鎰奉納までの過程は、じつはほとんど経覚の日記『経覚私要鈔』によったものなのである。一般に、経覚の日記の記事は短くて簡潔、尋尊のそれは長く詳しい。したがって、同じ事柄について両者が記事を残している場合、尋尊の書いたことのほうが使いでがあり、依拠しやすい。しかし、尋尊の別当就任をめぐるトラブルに関しては話がまったく反対なのである。とくに尋尊は、光政とのトラブルについては、ほとんど記述していない。また、経覚の支援や仲裁については『大乗院寺社雑事記』から窺うことは一切できない。これはどうしてだろうか。

尋尊が隠したかったこと

先述したように、別当就任前後の尋尊は日記の書き方について試行錯誤を繰り返していた。そのせいかもしれないが、「寺務方諸廻請」第一冊を清書するときに、もとの記事を編集・削除した可能性のほうが高いのではないかと私は思う。教玄とのトラブルは隠すほどではないが詳しい記事を残す必要はない、光政とのことや、最終的には経覚の説得に応じて事態が解決されたことなどは書き残したくない、このように尋尊は考えて現存の清書本を作成したのではなかろうか。

そうだとすれば、簡略とはいえなぜ教玄とのトラブルは書き残したのか、なぜ光政とのことは削ったのか説明する必要があるが、今のところよくわからない。しかし、経覚の貢献を一切記述していないことについてはだいたい想像がつく。のちにも見るように、尋尊は経覚との関係をできるだけ隠そうとする時期や場面がある。現存の清書本は、尋尊がそのような態度をとっていた時期に作成されたものではなかろうか。もし今日、尋尊の『大乗院寺社雑事記』しか残されていなかったとしたら、尋尊の別当就任にあたって経覚がはたした大きな役割は、尋尊の思惑通り後世に知られることはなかっただろう。

三 「康正の鉾楯」

長谷寺の舞台供養

康正(こうしょう)二年(一四五六)四月二十二日、尋尊は長谷寺(桜井市初瀬)の舞台供養の導師を勤めるために同寺に下向した。長谷寺は大乗院の末寺である。したがって、別当就任後に初めて迎えたこの大仕事は、別当ではなく大乗院門主としてのものだったが、新別当のお披露目の機会ともなっただろう。奈良を出発した行列は、先陣を国民の楊本範満と十市遠清の代官八田遠成が騎馬で、後陣を豊田（頼英か）らが勤めた。尋尊の乗った輿の前を坊官の清賢と縁舜の一行が進み、後から弟子の藤千代（後の尊誉）、松林院兼雅、清承が従った。尋尊の行列の後を経覚の行列が続いた。清賢らお供衆にもそれぞれ中間や力者などの従者が伴ったので、尋尊と経覚の行列の総勢は二、三百人になったのではないかと思われる。盛装した一行を見ようと人びとが群集し、経覚は「見物の者済々（見物人が多数）」「道路大略人なり」と記し、「比興の行粧その痛みあり」と自らの行列人数が少ないことを気にしている。

経覚の指導

長谷寺では翌二十三日の夕刻に供養の「ナラシ」（習礼、リハーサル）が行なわれた。尋尊はかねてから「長谷供養祈句」などに関して経覚の指導を仰いでいた。また供養で読み上げる願文は経覚が清書したものだった。尋尊は「ナラシ」への経覚の臨席を求めたが、与喜社参詣の疲れを理由に経覚は断っている。二十四日、早い時間から飲んでいたのだろうか、経覚は俊円や兼雅との酒宴で「酔気」が「事の外」だったという。しかし、翌日の尋尊の「所作」が「心もとなく」思われたのでその宿舎に向い、作法や願文の読み方などを指南した。さらに尋尊とともに観音堂に移動し、「雑人群集」したため実演してみせることはできなかったが、堂への「出仕の様」を口頭で指導した。酔っていたなら休みたかっただろうと思われるにもかかわらずである。前日「ナラシ」の場に出向かなかったことの埋め合わせだったのかもしれない。

二十五日、朝降っていた雨は間もなくやみ、供養は尋尊を導師、兼雅を読師として無事挙行された。翌二十六日には観世三郎（音阿弥）の猿楽を鑑賞し、尋尊は二十七日に長岳寺（天理市柳本町、長岡寺、釜口とも）を経て禅定院に戻った。

上洛参賀

七月十八日には後花園天皇の土御門新造内裏への遷幸、将軍義政の右大将拝賀行列を見物するために上洛した。一般に、見物といえば楽しみとして行なうもの、つまり娯楽であるが、尋尊のようにそれなりに地位や身分がある者が何人もの供を従えて行なう見物には業務、あるいは上位者に対する奉公としての側面があったと思われる。行事や儀式は、見物の存在によって華やかに、あるいは賑やかになる。尋尊が上洛したのは、必ずしも彼が物見高かったからではなく、遷幸や拝賀の盛儀化のために見物を期待あるいは要求されたからだろう。二十八日には室町殿に参上して義政にお祝いを言上し、翌八月四日に奈良に戻った。

上総荘の帰属問題

尋尊の別当時代はこうしておおむね順調に始まったが、康正二年から翌三年にかけて、一乗院との合戦に発展していたかもしれない事件が勃発する。上総荘（天理市上総町）の帰属問題である。上総荘は十四世紀半ばの興福寺の田数帳に大乗院の荘園として登録されている。そこに登録された田数は九町二段半である。この面積は、反米や反銭(たんせん)など臨時税の賦課対象となる数値で、荘園の実際の広さはその二倍から三倍前後だったと思われるが、小さな荘園である。近世には上総村として石高を三一三石余とされている。

両門の御房中集会

きっかけは、尋尊が維摩会で探題(たんだい)を勤めるための費用として門跡領荘園に反銭を賦課したことである。反銭は、土地一反当たりいくらという形でかけられる臨時税で、百文の例が多い。何箇所かの荘園は応じなかったので催促の使者を派遣したところ、上総荘は一乗院領だとして衆徒の井戸が使者を追い返したという。これに対して、大乗院の御房中は「言語道断の次第」と憤り、一乗院方でこの件を奉行した寛貞(かんじょう)を処罰する、具体的にはその住宅を破却すると決議した。大乗院の御房中とは、同院の門徒のうち門主管領の法会に供僧として出仕する僧数十名によって構成された組織・集団で、つねに門主の意向通りに動くとは限らなかったが、尋尊のころには門主に従属的だった。

教玄、ふりだしに戻す

これに対して一乗院でも御房中集会が開かれ、寛貞は一乗院門主の候人身分の者なのでその住宅破却は差し障りがあり、かわりに一乗院御房中として寛貞の所従の住宅を破却すること、寛貞には「告文(こうもん)」(ここでは詫び状)を書かせるので、その旨を尋尊に取り次いでほしいとの申し入れが大乗院御房中に行なわれた。処罰対象者自身の住宅ではなく、その被官の住宅が代わりに破却されることは当時それほど珍しくない。

一乗院御房中からの申し入れは穏当なもので、大乗院御房中も尋尊もこれを受け入れることはできたと思われる。ところが門主の教玄が、寛貞所従の住宅破却も告文もかまわないが、上総荘の帰属は未解決だと言い出して事態をこじれさせた。もちろん大乗院側は、帰属は未解決と主張するならば、なぜ住宅破却と告文の提出を容認するのか、「その意を得ず（納得できない）」と非難した。

合戦の準備

康正三年二月、大乗院方は御坊人（配下の衆徒・国民）を招集して晦日に寛貞住宅の破却を決行することにしたが、まず越智から延期の申し入れがあり、ついで幕府から経覚を通じて「鉾楯を停止」して将軍の成敗を仰ぐようにという指示が下された。これらによって大乗院の動きはひとまず止まることになったが、四月の下旬ころからふたたび不穏な動きが始まった。四月二十二日、衆徒の豊田頼英が奈良にやってきて尋尊と「条々仰せ談ずる事」があった。豊田は以前寛貞の住宅破却が決議されたとき、すでに一度軍勢とともに奈良に招集されたことがあった。二十六日には古市、豊田、小泉がやってきて「条々仰せ合」わせた。翌二十七日には東山内（大和盆地東方の山岳地域）から国民の深川が参上し、大乗院の坊人に加えられた。深川は「自然相応の事、仰せを蒙るべし（必要な時は仰せ付け下さい）」と上申している。そして翌二十八日、尋尊は「次いであるによ

一乗院方

り」として以下の記事を日記に記した。

一一乗院家御坊人の名字、次いであるによりこれを記す、
筒井　龍田（大乗院ニ兼参）　山田　同戊亥　井戸　菅田　櫟原
小南　高樋　杉本東　六条　岸田　唐院　秋篠尾崎
同南　鷹山奥　小泉次郎　池田下司　郡殿東下司
同西下司　幸前下司　木津執行　以上衆徒分、
越智　布施　万歳　箸尾　高田　岡　片岡
細井戸　金剛寺　佐味　中村　嶋　桐谷　曽歩々々
平郡（群）新　兼殿庄屋　簀川下司　御陵（大乗院長川党内）　超昇寺下司（同）
吹田　同豊田　鳥屋　子嶋　宇賀尾　箸尾大門
岡今井　万歳南　同北井　以上国民、

大乗院方

一大乗院方御坊人名字、
古市　小泉　同尾崎　番条　丹後庄　松立院
知足院　鞆田　同室　見塔院　法花寺奥　瓜生
北院　大安寺向　箕田　庵治辰巳　鳥見福西
今市新　森本　山村　椿井　窪城　辻子

豊田　萩別所　福智堂　井上　長谷寺執行
　　　　　　　以上衆徒、
十市　八田　楢原　十市新賀　立野　同吉井
同松岡　倶志羅　目安　出雲庄西下司　同中下司
同兵庫　同松田　吉備　楊本　南郷
小林　三嶋　窪　牟山　三谷　深河　辰市堀
長谷川一党上下　同糸井庄衆　山田　以上国民、
炭竈山城国住　土橋同

坊人の名前が一乗院、大乗院の所属別に、また衆徒・国民の身分別に記されていることの記事は、いわば大和の武士一覧である。大変便利なので、昔からよく使われる有名なものである。しかし、尋尊が「次いであるにより」とさりげなく書き出していることもあってか、なぜこの時点で大和の武士たちがリストアップされたのか、従来あまり意識されたことはないだろう。

一覧作成の背景

四月下旬、尋尊は寛貞の住宅破却を決意した、そして一乗院との合戦に発展するかもしれないと考え、彼我の戦力を検討した、その結果がこの坊人リストとして残った、そういうことではなかろうか。幕府が両門跡の「鉾楯」を怖れたのは、決して杞憂ではなかった。

衝突を回避

しかし、越智と経覚の仲介によって衝突は避けられることとなった。寛貞所従の住宅を一乗院御房中の責任で破却する、寛貞は事情を知らずに奉行したので御免を蒙りたいと大乗院に申請する、一乗院は主張を裏付ける書類があれば二十日以内に提出するという仲裁案を尋尊が承諾してひとまず事態は落ち着いた。一乗院と大乗院は、鎌倉後期の永仁年間（一二九三〜九九）に門跡の継承をめぐって武力衝突している。永仁の南都闘乱といわれる事件である。さらに南北朝期の観応年間には院家の所属をめぐってふたたび熱い戦争になっている。これを観応の確執という。今回もひとつ間違っていたら「康正の鉾楯」とでも記憶される三度目の悲劇を招いていたかもしれない。

大僧正への昇任をめぐって

この上総荘問題とほぼ同時に、尋尊と教玄との間にはもうひとつ問題が起きていた。尋尊の大僧正昇任をめぐる確執である。

五月二十九日条に尋尊はつぎのように記している。

京都に条々仰せ上せ了んぬ、予転大の事、家門に申し上げ了んぬ、

「転大」とは、僧正から大僧正に転任、昇進することである。尋尊は大僧正になりたいとして京都の兼良に朝廷への働きかけを要請したのである。

後花園天皇口宣案

これに対して、兼良はすぐに返事を送ってよこした。

転大の事、申し御沙汰あるべきの由、家門より仰せ出され候、畏(かしこ)まり入るものなり、「申し御沙汰」する、つまり朝廷に取り次ぐと兼良は回答してきた。それに対して尋尊は「畏まり入る」、ありがたいと記している。そして、その四日後には尋尊の大僧正への転任を認める後花園天皇の口宣案(くぜんあん)が奈良に送られてきた。

（端裏書）
「口　宣案」
上卿　万里小路中納言（冬房）
康正三年六月二日　宣旨
僧正尋尊
宜しく大僧正に転任すべし、
蔵人左少弁藤原宣胤（中御門）奉
（『広島大学所蔵　猪熊文書　二』四一四頁）

教玄より上位を要求

これは清賢の奉書をもってただちに興福寺の別会五師(べちえごし)および供目代(くもくだい)に通知され、以後、廻請など一寺の公的な文書は今回の転任を踏まえて作成、発給されるように要求された。寺内の僧たちの名前が文書に列記されるとき、大僧正昇任に応じて尋尊の名前をしかるべき位置に記してほしいということである。

教玄の主張

少僧都任官のときと同様、尋尊はこれで自分の名前が教玄の上に書かれるとほくそ笑んだことと思われる。しかし、しばらくして尋尊は別会五師から意外な連絡を受け取ることになった。

> 別会五師、代官これを進らす、一乗院、去月廿八日転大と云々、然れども大乗院大転の上は前の大僧正たるべきの由、兼円の奉書にて仰せ出され候、諸廻請の事、如何すべき哉と云々、予返事して云わく、一乗院転大の上は上首たるべき条勿論の由、これを仰す、口宣案、昨日到来と云々、

別会五師からの使者は、教玄が五月二十八日に大僧正に昇任したこと、したがって、尋尊が大僧正になったのならば教玄は前大僧正であるということ、この二点を側近の兼円を通じて教玄が主張していると告げ、廻請などに載せる序列がその通りでいいかと尋尊に照会してきたのである。それに対して尋尊は、教玄が転大していれば、もちろん教玄が尋尊より上首であると返答した。大僧正の定員は一名なので、尋尊の転大とともに教玄は前大僧正となり、依然として尋尊の上首であるということを尋尊は素直に受け入れたかに見える。

教玄の主張を疑う

しかし、そうではなかった。尋尊は、「口宣案は昨日（十日）到着したという」と記していたが、これはじつは「口宣案の到着が遅すぎる」と尋尊が教玄の主張に疑いを持っていたことを示す記述である。実際、尋尊の場合、口宣案は発給から三日で奈良に来ていた。二十八日に発給された文書の奈良到着が翌月の十日というのは確かに遅い。

官務に照会

そこで尋尊は、太政官庁の実務を取り仕切る小槻長興に教玄の転大について照会した。こんなことをするとは念が入っている。

一乗院転大の事、官の長者長興宿禰に相い尋ぬる処、未到、但し当門跡と同日に宣下のように申し沙汰すべきの由、中山中納言音信すと云々、然らば去る十一日、一乗院の出世奉行兼円の書状、去月廿八日に転大の由別会に下知せしむる条、虚言のものなり、

官務の回答

長興に尋ねたところ「未到」だという。「未到」は「官牒未到」とか「宣下未到」とかのように、尋尊の日記では京都から来るべき文書がまだ到来していないときに使われる言葉である。それを文書を発給する立場にある長興が使うのは妙なので、「出していない」という長興の返答を尋尊が奈良にいる者の立場で言い直したものだろうか。その辺はよくわからないが、教玄の転大に関する口宣案を長興は作成していない、発給していないということだろう。ただ、担当公卿の中山中納言（親通か。ならば「大納言」が正しい）から、尋尊の転大と同日付きで宣下が行なわれるように取りはからうという旨の連絡は長興になされていた。「同日宣下」は教玄の工作の結果、朝廷側で採用された善後策と思われるが、それはともかく、そうであれば、教玄が前月の二十八日に大僧正になったと兼円が十一日付書状で別会五師に下知した内容は虚言だ、と尋尊は日記に記した。そ

して、

年戒の次第においては、一乗院は上首勿論この間の如くたるべきなり、先官・当官は任日の前後によるべきは、公家の官といい、四箇大寺等の僧事といい、沙汰に及ばざる事なり、

というように、僧としての年数でみれば教玄が上首であることにはかわりないが、前官であるか、現任であるかは「任日の前後」によることは貴族の世界でも僧の世界でも変わらない、したがって自分が前大僧正であると色めき立っている。

教玄の主張がウソであると判断した尋尊は、してやったりと思っただろうが、ここでも経覚が長老としての貫禄を見せて事態を収拾した。経覚はつぎのように尋尊に教訓したという。

継舜権上座をもって門跡に仰せ遣わして云わく、宣下の日限においては、前後□論すべきに非ず、肝要は一乗院上首たるの間、前の大僧正たるべし、当門跡下臈たるの間、大僧正とすべし、

宣下の日付の前後などとやかく言うべきことではない、肝心なことは、教玄のほうが上首であるので前大僧正、尋尊は下臈なので大僧正だ、ということである。経覚にとって、教玄が上首で尋尊が下臈ということはすでに定まっていることだった。おそらく年

臈、年戒（受戒後の年数）が経覚の上下判断の規準である。したがって、任官日付の多少の前後など問題とならないというのだろう。四の五の言わせない明快な主張であるが、息巻いている人間相手に本当にこんな言い方をしたとは思えない。

説得の論理

尋尊の日記によれば、説得の論理はかなり異なる。尋尊は、「大僧正になってから一度も廻請に載らずに前の大僧正となるのは先例もないし不吉でもある」、「一乗院を前の大僧正とするのはやむを得ない」という経覚の説得に応じたと記している。こちらのほうが現実的だろう。尋尊は東北院俊円から「下位の者が昇進したとき、申請によって上位者が日付を遡らせた辞令をもらうことがある」と聞かされたこともあってか、つのる不満を抑えて経覚の説得を受け入れた。

しかし、経覚が今回の尋尊の行動に批判的だったことはまちがいない。

> 一乗院僧正上首たるの処、別当僧正転大せしむるの間、即時京都に申し転大せしめ畢（おわ）んぬ、一向礼節に及ばず昇進の間、一乗腹立（ふくりゅう）と云々、只今転昇（ただいまてんしょう）何事哉、卅（さんじゅう）未満転大、尤（もっと）も恐るべき事か、如何（いかん）、

尋尊は横紙破り

教玄は尋尊より上首であるのに尋尊が転大したので、ただちに申請して転大した、尋尊の昇進は「礼節に及ばず（ぶしつけに）」決行されたので教玄が腹立したのだ、そもそも三十歳になる前に大僧正に昇進するのは問題だ、これが経覚の感想である。経覚が尋

尊に対してつねに批判的だったとか冷たかったとかいうことはないので、どうやら尋尊には横紙破りの一面があったと判断してよさそうである。

四　別当退任

神国大和の危機

　転大や上総荘をめぐる問題と前後して、他にもいくつか重要な問題が持ち上がっていた。そのひとつが「神国大和」の根幹に関わる訴訟である。応仁・文明の乱につながる畠山家の内訌はすでに始まっていたが、弥三郎（持国の甥）方に味方した筒井や箸尾らは、康正元年（一四五五）八月に義就（持国の子）に攻められて逐電し行方をくらました。そしてその旧領は将軍義政の御料所とされ、代官として義就に預けられることになったのである。

先例なき寺訴

　これに興福寺の学侶たちは危機を感じた。彼らは「衆徒・国民の闕所（跡地）を将軍が知行した先例はない」、また「大和の所領を武家の輩が知行したことはない」として代官の職務を大和の人間に仰せ付けてほしいと訴えたが、その願いは容易には聞きいれられなかった。寺官（使節）二名を立てただけの訴訟では埒があかないと判断した南都伝奏の日野勝光は、僧綱たちの列参を学侶に提案した。それを受け、学侶は一乗院・大乗院の両門主の参加を求めてきた。しかし、両門主が寺訴の先頭に立つということは今までなかったことであり、教玄も尋尊も学侶の思わぬ要求に困惑した。

訴訟の成功

ここでも尋尊が頼りにしたのは経覚だった。尋尊は古市に足を運び、経覚の判断を仰いだ。経覚の意見は「上首である教玄が上洛するのであれば、やむをえない」というものであり、尋尊は経覚の助言を得て準備を整え、学侶と密接に情報交換、打ち合わせを重ね、康正三年（長禄元年）九月に上洛した。勝光の病のために土壇場で烈参が延期になるアクシデントがあったが、両門主を初めて先頭に押し立てた訴訟は成功し、筒井らの所領は興福寺に寄付され、一乗院方衆徒の秋篠尾崎と大乗院方衆徒の豊田に年貢納入と下地成敗（現地の管理）が命じられた。教玄と尋尊をはじめとした興福寺の僧綱は、室町殿に参上してお礼を言上し、万疋（百貫文、約一千万円）の折紙と榼（酒）三十荷を進上した。将軍以外の関係者にも「今度の契約分」として百貫文余りが贈られた。これについて経覚は「寺門訴訟、かくの如き契約等の事、先代未聞の事か、比興、比興」と記しており（『経覚私要鈔』長禄元年十月十九日条）、異例ずくめの訴訟だった。学侶は奈良に戻った尋尊に使者を送り、寺訴の無事達成を謝した。

勾玉の帰京

翌長禄二年（一四五八）には神璽の入洛があった。三種の神器のひとつである神璽（勾玉）は、嘉吉三年（一四四三）九月に南朝の残党が内裏を襲って炎上させたあと、行方不明になっていた。それが吉野にあることがわかり、吉野に勢力を持つ国民の小川が回収した。八月三十日、神璽は注連（しめ）を三重に引かれた「白長櫃（ながびつ）」に収められ、代官ではなく「各自身罷（まか）り出」た衆徒・国民ら二百騎に供奉（ぐぶ）されて京都に戻った。

尋尊の別当在任時、注目すべき出来事としてはたとえば以上のようなことがあった。ここに取り上げた二件は、今日の我々の感覚からすれば、いずれも一寺の長官、一国の責任者にとっては喫緊の問題である。「神国大和」の将来に関わる最初の問題はいうまでもなく、神璽の件も尋尊自身「一国の大儀、これに過ぐべからず」と記している。

別当の役割

ところがいずれの問題も、別当がその手腕を期待されたり、責任を問われたりするものではなかった。確かに筒井・箸尾等跡の返還問題では尋尊は上洛したが、それは別当としてではなく門主としてだったし、そもそも訴訟を主導したのは学侶だった。寺訴とはいうものの、別当はほとんど蚊帳の外という感じすらする。神璽入洛でも幕府からの命を受けたのは衆徒・国民などであり、別当ではない。別当が一寺を代表する存在であることはその通りであるが、興福寺は内部にさまざまな僧集団を抱えて分立的・分権的な在り方をしており、幕府や朝廷などとの回路も複数存在した。長官としての別当が一寺を統括、統率する場面は意外に少ない。さきに「持ち回りの名誉職のようなもの」と述べたが、尋尊の日記を見る限り、廻請など諸種の発給文書の最高位に署判を加えるのが別当としてのもっとも重要な職務だったようにもみえる。

尋尊おろし

それでは尋尊は別当時代を平穏無事、心安らかに過ごすことができたのかといえば、そうでもない。就任後一年余り、筒井・箸尾等跡返還要求訴訟で上洛する直前に、「尋尊降ろし」とでもいえる動きが学侶のなかに起きている。学侶と尋尊の対立点はいくつかあったようであるが、おもなものは元興寺郷（大乗院領）に居住する寺番匠、寺鍛冶に対する人夫役の賦課だった。興福寺所属の職人は原則として公事免除だったと思われるが、尋尊は先例ありと主張して賦課した。それに対して学侶は「非理非法の御沙汰」と言い、対立した。どちらの言い分が正しいのか、にわかには判断しかねるが、最終的には「只今の事においては、先ずもってご無沙汰これあり（今回はとりあえず賦課しない）」と尋尊が引き下がっているので、尋尊の言い分に無理があったように感じられる。

御房中への工作

康正三年八月十二日、尋尊は学侶のスポークスマンである供目代から「予の進退に付き沙汰に及ぶこと（尋尊の別当辞任、門主退任を求める空気がある）」があると聞かされる。退陣要求の理由は、尋尊は学侶の要請をことごとに拒絶する、畠山義就の大和「乱入」に肩入れしているというものだった。これに対して尋尊は、「何れもその儀なし」「希代の空事」と反論し、「以ての外の事か」と憤った（『大乗院寺社雑事記』康正三年八月十三日条）。そして対策として大乗院御房中集会を開催させ、大乗院所属の学侶に、

誠に門跡の事、正体なき子細これあらば御房中として申し入るべし、その時衆儀に

違(たが)うべからず候、また空事を申しつけ、無理の事を寺門として申し付くる事候わば、御房中として申し抜(ひら)くべし、（同十四日条）

（本当に私が無理無体なことを主張しているのであれば、御房中として諫言(かんげん)せよ。そのとき私は衆議に逆らうことはない。その反対に、寺門〈学侶〉が無理を押し通そうとするのであれば、大乗院の御房中としてその旨を申し立てよ）

と命じた。尋尊のこの命に大乗院方の学侶たちは応じ、議事録に残された。

御房中を味方として確保しただけでは安心できなかったのだろう、尋尊は経覚を訪ねて助言を仰ぎ、さらに大乗院の「院中上下、近日緩怠(かんたい)を致す（身分の高い者も低い者も最近不届きだ）」という「口遊(くちずさみ)（うわさ）」があることに配慮して十二箇条の条規を定め、門徒たちから告文(こうもん)（遵守の誓約書）を徴した。このとき禁止されたことをみると、当時の大乗院の規律がどのように緩んでいたのかが窺える。院内で大声で話したり念仏を唱えたりする、これといった酒宴でないときも笛、尺八、鼓など吹き鳴らす、不適切な衣服で出仕するなどのことが横行していたようである。風紀弛緩とは別問題であるが、第八条は、「口喧嘩や悪口があったとき、縁者・親戚だからと言って仲裁に入ったり加担してはならない。理非は公方（尋尊）が糺明する」というもので、これは門徒たちの裁判権を尋尊がまだ掌握していなかったことを示していよう。第十条は「尋尊が寝に就く前に門戸を閉じて引き籠もってはならない」というもので、出仕する者たちが尋尊にかまわずさっさと退勤してしまうことを禁じているのだろう。尋尊は、門主としての権力も権威もまだ確立していなかったと考えられ、院中すら統率できていないという批判をかわす必要があったのだろう。

不正を疑われる

その一年余り後の長禄二年十月、ふたたび排斥運動が表面化した。春日社では毎日不退一切経といわれる行事があったが、この行事に参加する供僧（経衆）に支給される供料、衣服に尋尊が「違乱を成（不正を行なった）」したといううわさが寺内にたった。毎日不退一切経は康和年中（一〇九九～一一〇四）に白河法皇の御願に基づいて始められた行事で、大宮の東廊（「一切経御廊」とも）を会場とし、一番あたり二十人、五番に編成された計百人の一切経衆が交代で毎日国土安穏、武運長久などを祈って一切経を読誦する行事である。代々の大乗院門主が行事を統括する検校所を務め、経衆の人事権と行事のために法皇から寄進された越前国河口荘（福井県あわら市、坂井市）の支配権を握った。経衆には毎年供料、衣服として各人に七貫文余り（供料として四貫五百九十九文、衣服料として絹代一貫八百文、綿代九百文）が河口荘の年貢の内から支給されたが、これに関して尋尊は「違乱」を疑われたのである。

反尋尊勢力

この供料、衣服違乱のうわさをひとつの背景としていると思われるが、大乗院門徒を含み、身分としては門主につぐ良家である松林院兼雅、修南院光憲（もと光政）、仏地院任俊、東院兼円らが加わった「別心の衆共」が尋尊の罷免を求めて京都に訴え出るという動きがあった。彼らが担ぎ出そうとするのは経覚だという情報もあり、尋尊はこの動きに関わらないように経覚に要請し、京都の兼良や幕府にも工作し、さらに大乗院内を固めようとしている。尋尊にとって気になる動きは、この年の末になっても収まっていない。

辞任しない理由

尋尊が別当の地位に恋々としたのは、まだ春日八講と淄州会を勤めていなかったからである。「大乗院初度の寺務においては、春日社御八講、淄州会等、必ず遂行せらるるの後、辞退申さるべ」しといわれ、初めて別当に就任した門主は、春日八講や淄州会などを勤めてから辞任するという先例が大乗院にはあったようである。淄州会は興福寺十二大会のひとつで、淄州大師（慧沼、中国唐の僧）の忌日にあたる十一月十一日に観禅院で行なわれるものだが、尋尊の在任時には結局開催されなかった。春日八講とは、春日社の直会殿（八講屋）で春季と秋季の二季、各五日間にわたって行なわれた法会で、法華経を八座に分けて講讃する行事である。起源については、村上天皇の天暦元年（九四七）説と、後一条天皇の寛仁元年（一〇一七）説とがある。天暦は早すぎると思われるが、寛仁元年説も翌年から十九年間断絶し、長元八年（一〇三五）になって四月九日と九月四日の両

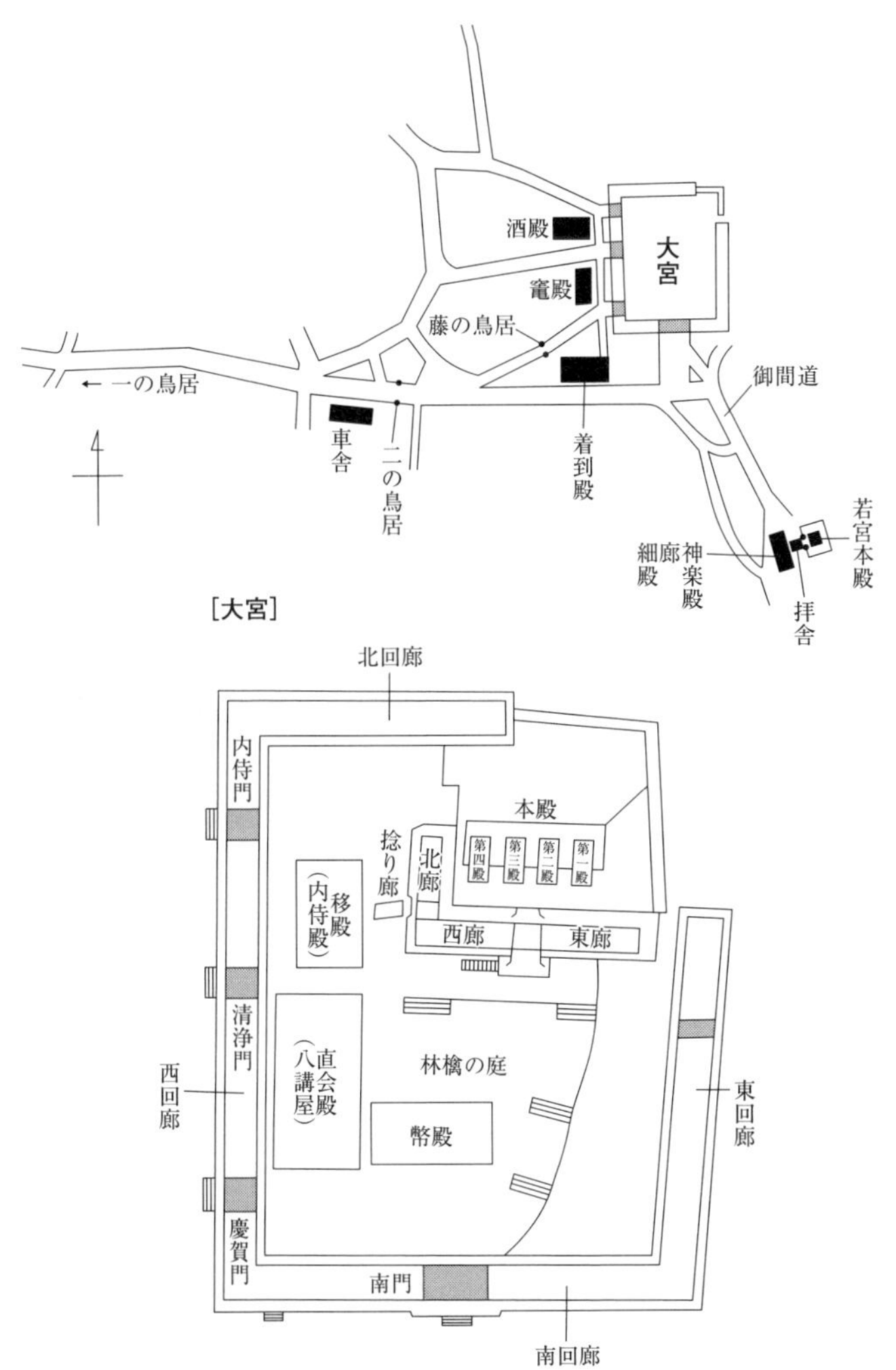

春日大社社殿配置図

（五味文彦『『春日験記絵』と中世：絵巻を読む　歩く』淡交社，1998年，84頁の図による）

日に式日が定まったとするので、実質的には長元八年が始まりの年とみていいだろう。頼通が藤氏長者だったときである。

引物の分配

この行事には大量の銭・米・布・紙、さらに絹や衣服などの引物（曳物）が準備され、それらは三日めの「引物の日」に僧や神官らに配分された。たとえば尋尊の時には別当（政所）分としてつぎのような上申がなされている。

注進　御八講第三日曳物事
一、被物　四重
一、被物　三領
一、取被物　一重
一、単衣　一
一、蘿箱　一合
一、紙　一積
一、牛　一頭
一、馬　一疋
右、政所御分、注進件の如し、
長禄三年三月六日　季行事順清

ただし、このころには現物ではなく、「被物　四重」は四貫文、「被物　三領」は五貫文、牛は一貫文、馬は二貫文などと換算され、実際には銭で十八貫文（約百八十万円）余りが支給された。権別当は別当の半分前後で、一般の学僧や神官の額はさらに少なかったと思われるが、鎌倉期の史料によれば、五百人以上の僧らが支給対象となっている。春日八講は、興福寺・春日社に属する広範な人びとに、少なからぬ収入をもたらす行事だった。

季　頭

その米銭や物資の多くを負担、調達したのが季頭（季行事とも）と呼ばれた興福寺の学侶僧である。「随分の寺役」「大儀」といわれた季頭は当初は一人だったが、学僧たちは時代の下降とともに経済的に没落し、ひとりでは季頭勤仕が困難になったので十四世紀半ばに四人制が出現し、十五世紀初めには六人によって勤仕されるのが一般的になった。さらに尋尊のころには、行事自体が三年（六季）に一回程度しか開催されなくなっていた。

堂衆の季頭

さて、尋尊が春日八講を遂げたいと思ったとき、問題は季頭を引き受ける学侶がいるのかということだったが、多額の費用を負担しなければならない役割をはたそうという学侶はそう簡単にはみつからない。そこで学侶以外にも季頭の候補者が求められることになり、西金堂衆（禅衆）で大乗院三昧供衆の良現房順清に白羽の矢が立った。あらかじめ根回しはされていたと思われるが、尋尊に召された順清は「六人の沙汰分」を一手に引き受ける「一人季頭」を承諾した。順清は「その器用（能力、財力）」がある、つまり裕福だったのだろう。順清が学侶ではなく禅衆であるという資格に関する疑義は、鎌倉時代の仁治二年（一二四一）の例が参照されて退けられた。八講開催に先行して順清は大法師から権律師に昇進した。

長禄三年（一四五九）三月二日、尋尊は春日社に参籠し、八講は翌々日の四日から始められて八日に無事終了した。後夜（夜半から朝までの間）になって禅定院に歩いてもどった尋尊は、「御八講といい、七箇日参籠といい、一事の違乱なく取り行ない了んぬ、承悦極まりなきものなり」と日記に記した。

そして二十二日、経覚に文案を作ってもらった辞表を京都の日野勝光に提出した。

寺務の事、御扶持によりその職を黷すの条、面目の至りに候、しかれども既に数年に及ぶ事に候、仍って辞し申し入れ候、然るべきのよう御披露あるべく候、恐々謹言、

三月廿二日　　尋尊

日野殿

翌二十三日には印鎰を寺庫に奉納して退任に関わる業務を終えた。そしてこの日の日記に「予寺務中、四箇年に及ぶ、一事として違乱なく、皆もって喜びと為すと云々」と

誇らしげに記した。

後任は対抗勢力

尋尊の後任には権別当の光憲が昇格してようやく念願をかなえた。権別当には東院兼円がなった。尋尊を京都に訴え出る「別心の衆共」のなかに数えられた、あの光憲と兼円である。尋尊の別当在任中は康正二年と長禄二年の二度、維摩会が開催されたが、光憲はいずれにも出なかった（『三会定一記』）。また八講が終了したとき、経覚は「今度の修中、別当僧正は四箇日出仕、権別当光憲僧正は一日も出仕せずと云々。自由無法の至りなり」と日記に書き留めている。光憲は八講もサボったのである。兼円は慈恩会出仕や維摩会の探題勤仕をめぐって尋尊と激しくやりあったことがあった。あしかけ四年の任期中「一事として違乱」がなかったと尋尊はいうが、すべてが順調に運んだわけではなかろう。後任の顔ぶれをみると、尋尊は対抗勢力によって別当の座から引きずりおろされたという見方もできるかもしれない。

第三　門跡の経営

一　田楽頭役

おん祭りと大和

十二世紀前半に大和国の国司が国務をみなくなったことはすでに述べた。かわって興福寺が一国を管掌するようになるのであるが、それは興福寺が朝廷から国司の権限を移管、あるいは委任されたから、というわけではない。のちに興福寺は、「一国の吏務（職務）」が寄付されたからと説明するようになるが、それは事実ではなかろう。実際には摂関家の権威や大衆の力を背景にして、なし崩し的に国司を有名無実の存在に追い込んでいったのだと思われる。そしてそれと平行して、興福寺は一国を支配するためにいくつかの手を打っていた。そのひとつが春日若宮祭礼、通称おん祭りの創始、執行である。

流鏑馬と田楽

春日社には大宮（本社）と、その少し南に若宮がある。二月と十一月の二季、大宮を中心に行なわれる春日祭は朝廷・藤原氏の祭礼である。それに対して、若宮のおん祭りは興福寺の祭礼といえる。若宮の神が現在の場所に祀られるようになったのは保延（ほうえん）元年

（一一三五）のことで、翌保延二年から興福寺の大衆によっておん祭りが毎年行なわれるようになった。おん祭りでは、若宮神に東遊・競馬・流鏑馬・田楽・猿楽・細男・倭舞・舞楽などのさまざまな芸能が披露・奉納されたが、なかでも流鏑馬と田楽が重要なものである。

頭役制

流鏑馬は当初、河内や山城の興福寺領荘園の武士たちによっても勤仕されたが、やがて大和国内に六つの武士団が組織され、もっぱら国内の武士によって流鏑馬頭役として勤仕されるようになった。頭役（当役とも）とは、集団内で当番、順番によってはたす役割のことである。田楽も頭役制によった。おん祭りには本座・新座の二座の田楽法師が出仕したので、毎年興福寺の学侶以上の僧のなかから二名が選出されて田楽頭役を勤めた。

興福寺支配の浸透

田楽頭人の役割は、田楽法師十三人の衣装を新調して下げ渡すことである。田楽装束に関しては、平安時代からくり返して華美や贅沢の禁令が出されたが、室町時代になっても相変わらず豪華絢爛なものが好まれ、ひととおりのものを準備するだけでも多額の費用を要した。これを個人が負担することはほとんど不可能で、頭人は親族はもとより、友人知己など何らかのつながりのある多数の人びとから「助成（援助）」を得て頭役を勤めた。このことを逆の方向からいうと、自分となんらかの縁、つながりのある僧が頭役

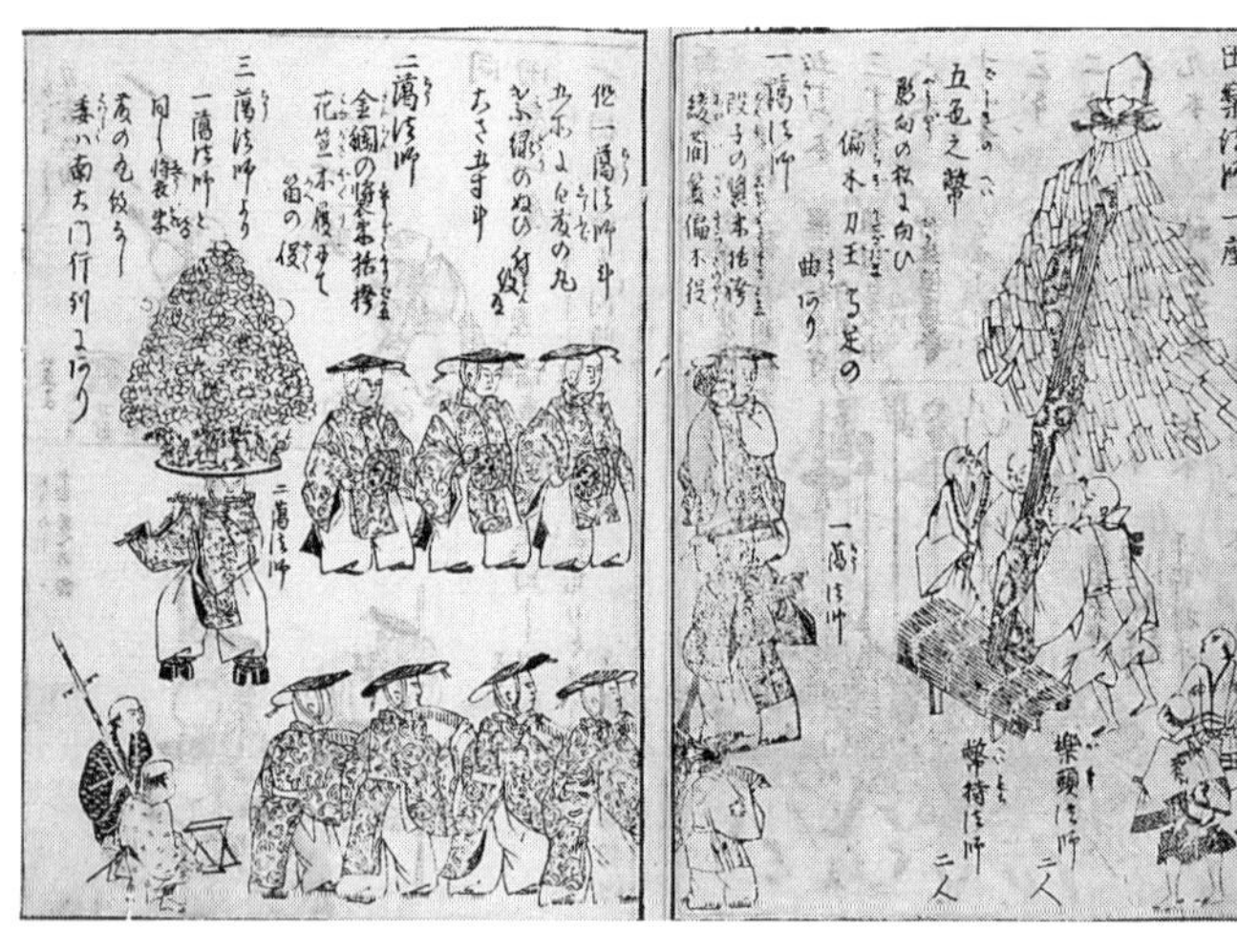

田楽法師（近世，『春日大宮若宮御祭礼図』国文学研究資料館蔵，クリエイティブ・コモンズ 表示 4.0 ライセンス CC）

を勤仕することになった場合、人びとは応分の負担を覚悟しなければならなかったということである。神に奉納される田楽は神事であり、神事への援助を拒否することは難しい。門主が頭役を勤めるときには門跡の荘園・末寺・坊人などに田楽頭反銭・御用銭・有徳銭などの名目で臨時の賦課が行なわれた。役割分担や費用負担を求め毎年執行する祭礼に多くの人を巻き込んでいくことを通じて、興福寺はその支配を浸透させていった。

　さて門主の田楽頭役は、「いつ勤めるかは決まりがない。維摩会の講師を勤める前のこともあるし、別当を退任したあとのこともある。門主の意向次第である。ころ合いを見て衆中から申し勧めるのが先例である」（「長禄四年若宮祭田楽頭記」）と尋尊は記している。衆中は康正三年（長禄元年〈一四五七〉）に尋尊に頭役勤仕を申し入れてきた。それは翌長禄二年、三年と続き、それに対して尋尊は、他に大役を抱えているとか、荘園から反銭をとれる見込みが立たないなどの理由をあげて逃れている。しかし、三年の冬にはもはやこれ以上先延ばしはできないと考えたようで、あれこれ準備を始めた。

長禄四年六月一日、衆中から四度目の申し入れがあった。

衆中沙汰衆書状

当年の若宮祭礼田楽御頭役の事、御勤仕候わば目出べきの由、御披露あるべきの旨、

評定候なり、恐々謹言、

六月一日　　沙汰衆俊弘

按察寺主御房

衆中沙汰衆（衆中の事務局）から坊官の清賢あての連絡である。今回は承諾せざるを得ないと尋尊は観念していたが、実際に衆中からの書状を前にすると「門跡の事、未作の事といい、頭役といい、大儀成立如何（禅定院は再建できていないし、頭役も大儀だし、大丈夫だろうか）」と不安になり、「重ねて返事すべし」と即答を避けた。しかし、それから遅くとも十日余りで腹をくくったようで、担当奉行を定めて越前の河口荘と坪江荘（福井県坂井

市）に反銭を賦課する準備を始めた。

浄土寺の愛染明王

衆中から頭役勤仕の申し入れがあった日、尋尊は奈良城戸郷（じょうどごう）の浄土寺（新浄土寺とも）に参詣していた。頭役勤仕を承諾したものの、不安をぬぐい去れない尋尊は、なにか縁を感じたのだろうか、同寺の愛染明王（あいぜんみょうおう）に加護を祈ることにし、無事に頭役を終えることができた暁には浄土寺で百座の愛染王法を行なうと誓った。

鬼宿日ごとの参詣

また、尋尊が浄土寺に参詣した日は鬼宿日（きしゅくにち）だった。鬼宿日とは、「インドの星占いから起こった語」で、「嫁取りのほかは、万事に大吉とされている。宣明暦時代には毎年日が一定であった。すなわち正月一一日、二月九日、三月七日、四月五日、五月三日、六月一日、七月二五日、八月二二日、九月二〇日、一〇月一八日、一一月一五日、一二月一三日に当たる」（『日本国語大辞典』）とされる。尋尊は百座愛染王法に加えて、「差し合いがなければ、鬼宿日ごとに参詣します」と誓約し、次の鬼宿日である七月二十五日から参詣を始めた。

贈与の強制

田楽頭人の最大の仕事は、田楽装束を調達するための費用をいかに工面するかだった。頭人に指名された者のなかには、僧としての本分を放棄し、援助を求めて文字通り東奔西走せざるをえない者も多かった。しかし、一乗院や大乗院の門主が頭人だった場合は、さきに述べたように、所領や坊人などに反銭・御用銭・訪銭・地口銭などと呼ばれた臨時の賦課が行なわれた。これらの強制的な賦課を、尋尊は一括して「訪い」と表現している。つまり尋尊にとって、反銭や御用銭などは荘民や被官人などからの見舞い、贈物ということなのである。

頭役を辞退

尋尊は、頭人としての指名を受諾する際に、河口・坪江両荘から反銭を円滑に徴収できるかどうか、少なからぬ懸念を持っていた。そしてその悪い予感は当たった。九月になって両荘から「大風(台風か)」と「大水」によって大損害を蒙ったので、反銭は「当年においては沙汰すべからず(今年は納入できない)」と通告してきた。それを受けて尋尊は、頭役に別人を指名するように衆中に連絡した。ちなみに河口荘には六百貫文、坪江荘には百貫文の反銭を、両荘の荘官らに百五十貫文の用銭を賦課していた。

翻意の条件

これにたいして衆中は、翻意を求める使者をただちに派遣するとともに筒井順永、光宣、さらに経覚を動かして尋尊の説得を試みた。辞退は神事違乱を招くといわれれば抗いがたかったのだろう、尋尊は条件をつけて説得に応じた。その条件が、衆中宛てに出された清賢書状に記されている(『大乗院寺社雑事記』長禄四年閏九月六日条)。

当国諸御領御反銭ならびに諸山寺御用銭等の事、涯分

筒井順永花押
(『大乗院寺社雑事記(第三十七冊)』紙背文書,国立公文書館蔵)

及ぶところ、衆中として催促致すべきの由、申し入れられ候、殊に筒井の書状候上は、御等閑あるべからず候、御反銭以下未到来候わば、成り立つべからざるの段、勿論に候間、何時たりといえども御辞退あるべし、

（大和国の大乗院所領や末寺からの反銭、御用銭等徴収に、衆中が全面的に協力するということを、衆中は尋尊様に申し入れられました。とくに筒井順永の口添えがありますので、尋尊様は了承されました。反

所在地	定田数
大和郡山市発志院町	18町２反
天理市海知町	17町３反
天理市勾田町	11町９反
奈良市山町	４町５反
奈良市北椿尾町	５町１反
葛城市尺土	12町８反
生駒市上町	６町３反
葛城市笛堂	33町５反か
天理市中町	６町５反か
橿原市醍醐町，四条町付近	７町１反
橿原市醍醐町，四条町付近	８町８反か
天理市田井庄町	30町
大和郡山市横田町	30町
大和郡山市伊豆七条町	19町９反
大和郡山市伊豆七条町	７町５反
奈良市大安寺町，八条町付近	６町６反
奈良市窪之庄町	22町８反
斑鳩町目安	３町８反か
斑鳩町五百井	８町か
天理市備前町	18町２反
大和郡山市井戸野町	11町３反か
田原本町法貴寺付近	９町２反
橿原市五井町	２町か
天理市上総町	９町２反
三郷町立野	22町４反か
奈良市三碓町	57町７反か
天理市庵治町	２町９反
（散在荘園）	９町３反か
奈良市古市町	15町５反
大和郡山市椎木町	12町６反
奈良市法蓮町	17町か
天理市西井戸堂町	13町４反

表2　大乗院領荘園

荘園名	所在地	定田数	荘園名
神殿荘	奈良市神殿町	33町か	横田荘
楊本荘	天理市柳本町	72町1反	海智荘
倉荘	天理市蔵之庄町	27町8反	勾田荘
出雲荘	桜井市江包	19町3反	大宅寺荘
九条荘	天理市九条町	43町9反	波多荘
興田荘	天理市柳本町	7町	尺度荘
森屋荘	田原本町笠形	38町	鳥見荘
小大田荘	桜井市太田	3町7反	豊国荘
楠本荘	橿原市葛本町	11町7反	中荘
羽津里井荘	桜井市巻野内	3町9反	古木新荘
西山荘	奈良市石木町	4町2反か	古木本荘
新治荘	広陵町か	11町5反か	田井荘
大市荘	天理市柳本町	5町2反	横田本荘
小矢部荘	田原本町矢部	4町2反	伊豆荘
草川荘	桜井市草川	5町9反	七条荘
小吉田荘	斑鳩町小吉田	10町1反か	浄照田荘
川合荘	桜井市川合	5町7反	窪城荘
池尻荘	橿原市東池尻町	3町7反か	目安荘
東井殿荘	大和郡山市井戸野町	16町か	福田荘
越田尻荘	大和郡山市下三橋町	19町9反	備前荘
曽我部荘	天理市武蔵町	5町4反か	西井殿荘
狭竹荘	川西町結崎	12町9反	糸井荘
八条荘	田原本町千代	35町2反	五位荘
小林荘	田原本町黒田，三宅町但馬	1町7反	上総荘
三井荘	斑鳩町三井	6町4反か	立野荘
服荘	斑鳩町服部	6町4反か	中津鳥見荘
院入荘	桜井市芝	13町	村馳荘
小路荘	天理市小路町	4町7反か	龍花院新田荘
若槻荘	大和郡山市若槻町	31町6反	福島市荘
高田荘	大和郡山市高田町	15町5反	清澄荘
外河荘	大和郡山市外川町	8町6反	新免荘
新木荘	大和郡山市新木町	11町9反	長屋荘

銭以下が納入されなければ、頭役をはたせないことは当然ですので、そのときは何時でも尋尊様は辞退されます）

衆中の力

越前の両荘から当分の間反銭がとれないという危機的な事態を理由に、衆中の力を利用して大和の荘園や末寺からの徴収を確かなものとしようとしたのである。なかなかしたたかである。このとき反銭や御用銭などを賦課された荘園、末寺、坊人、賦課額などは一覧にして表2〜4として示した。

こうして衆中の協力をとりつけ、尋尊の頭役勤仕は大乗院領荘園や末寺の支配の強化や立て直しの契機ともなった。そのことを末寺のひとつである長岳寺（長岡寺、釜口）に即してみてみよう。

表3　大乗院の末寺と賦課された御用銭の額，実際の納入額

寺名（所在地）	賦課額	納入額
永久寺（天理市杣之内町，廃寺）	110貫	17貫
長岳寺（長岡寺，釜口，天理市柳本町）	250貫	100貫
平等寺（桜井市三輪，廃寺）	100貫	8貫
安位寺（御所市櫛羅，廃寺）	50貫	6貫
信貴山（朝護孫子寺，平群町信貴畑）	120貫	12貫
萱尾寺（円楽寺，天理市萱生町，廃寺）	20貫	2貫
中山寺（興法寺，天理市中山町，廃寺）	20貫	4貫
長谷寺（桜井市初瀬）	100貫	10貫

狙われた長岳寺

長岳寺は、長谷寺や永久寺などとともに大乗院から「自然の所用（臨時の入用）を仰せ付」けられてきており、尋尊の頭役のときもその他の末寺と並んで御用銭を賦課されたが、このとき尋尊は、なにかと反抗的な同寺の粛正を計画していた。まず賦課額が注目される（表3参照）。長岳

寺は山内に何々院と称するいくつかの院坊を抱え、僧集団が学衆と禅衆のふたつに分かれていた。したがって、かなりの規模を誇った寺だったと思われるが、長谷寺や永久寺などをはるかに凌駕するような存在だったとも思えない。ところが、このときの賦課額をみると、末寺の中で突出して大きいのである。

表4　大乗院坊人と納入額

坊人名	本拠地	納入額
筒井	大和郡山市筒井町	10貫
丹後庄	大和郡山市丹後庄町	
瓜生	奈良市六条町	
北院	奈良市西ノ京町	
白土	大和郡山市白土町	
福西	奈良市大和田町付近か	
小林	大和郡山市小林町か	2貫
法貴寺一党	田原本町法貴寺付近他	10貫
森屋一党	田原本町笠形付近他	1.5貫
糸井衆	田原本町法貴寺付近他	1貫
鞆田	奈良市都祁友田町	
同室	奈良市都祁友田町付近か	
豊田	天理市豊田町	3貫
庵治辰巳	天理市庵治町	1貫
萩別所	天理市別所町	2貫
古市	奈良市古市町	
松立院	斑鳩町法隆寺	1貫
知足院	斑鳩町法隆寺	1貫
山村	奈良市山町	1貫
窪城	奈良市窪之庄町	
辻子	生駒市辻町か	
楢原	御所市楢原	5貫
目安	斑鳩町目安	1貫
箕田	大和郡山市白土町	
楊本	天理市柳本町	5貫
南郷	広陵町南郷	2貫
出雲両下司	桜井市江包	
十市	橿原市十市町	
八田	田原本町八田	2貫
新賀	橿原市新賀	1貫
吉備	桜井市吉備か	2貫

もっとも賦課された額を実際に納入する末寺など、ひとつもなかった。最終的にはどの末寺も、賦課額の一割前後からせいぜい二割しか納入していない。たとえば、長谷寺の場合、賦課額百貫文に対して納入額は十貫文である。その程度で大乗院は手を打ってきたのである。そこで今回も交渉次第と長岳寺では軽く考えたかもしれないが、そうではなかった。

十市に武力行使を命令

二百五十貫文の納入を命じられた翌日、長岳寺の公文が大乗院に参上して八貫文進上しますと回答した。これに対して尋尊は、「今回の頭役は今までの大儀とはわけが違う」と言って追い返した。追い返されたあとも長岳寺は工作を重ねたが、二十日足らずの後、尋尊は使者を国民の十市に送り、「厳密の沙汰を致すべし」と長岳寺を武力をもって制圧せよと命じた。

十市の抵抗と屈服

その十市をはじめ長岳寺はさまざまな縁故を頼りに「寛宥の御下知」を求めたが、尋尊の態度を軟化させるには至らなかった。長引いた交渉の過程で、長岳寺が「当山御用銭のこと、毎度十貫、八貫のほかは進上せ」ずと主張したことに対して、尋尊は同寺が十貫文以上を納めた先例をいくつも挙げて反論した。その辺りから興福寺内の世論は武力行使を容認する方向に変化したようである。攻撃に慎重な態度をとり続けていた十市の抵抗も限界に達し、祭礼を六日後にひかえた十一月二十一日、長岳寺は攻撃を受けた。

釜口の事、今日十市方より矢負百人分これを付く、以ての外厳密の沙汰と云々、珍重のものなり、

十市は百人の兵士を派遣して「以ての外厳密の沙汰」を行なったと尋尊に報告し、尋尊は「結構なことだ」と記した。十市の占領下に置かれた長岳寺は、年末に百貫文を大乗院に納めることになる。

装束給りとお渡り見物

十一月二十六日、禅定院では田楽法師に装束を下げ渡す装束給りの儀がはなやかに行なわれた。前日に古市から禅定院に来ていた経覚も田楽能などを見物した。翌日、尋尊は経覚と弟子の尊誉と牛車に同車し、宿院辻子に車を立てて渡り物（行列）を見物した。牛車は、京都の一条家からこの日のために借用したものである。本座・新座の田楽法師らは刀玉などの芸能を少々披露してから車の前を通った。翌日の後宴では、六方と衆中との間でトラブルが生じて猿楽四座の演能が各一番になってしまうハプニングがあったが、田楽能は通常通りに行なわれ、尋尊の頭役は無事終了した。

寛正飢饉下の反銭

最後に、「大風」「大水」に襲われて田楽頭反銭を納入できないと通告してきた河口荘についてみておこう。このときの災害は、中世最大規模の飢饉のひとつである、いわゆる寛正の飢饉の始まりを告げるものだった。翌年の七月、二名の百姓が奈良にやってきて惨状を訴えた。

河口庄より百姓注進、去年冬より当月に至るまで餓死分九千二百六十八人と云々、また逐電分七百五十七人、以上河口庄惣庄分、就中去年の田楽頭反銭の事、今の如くんば、当年沙汰すべき事、得べからざる事なり、

世間病

河口荘で餓死者が九千二百人以上、逃亡者が七百人以上にのぼったことを報告し、反銭納入の猶予を求めたのである。「餓死分」の右横に尋尊は小さく「或世間事」と注記している。死因が餓死ではなく「世間」ではないかと疑ったための書き込みかと思われる。この場合の「世間」は流行病のことで、その原因が凶作による栄養不足や体力低下とすれば、餓死と大した違いはない。

朝倉氏に依頼

あまりにも多くて、どこまで信頼できる数字か不明であるが、合わせて一万人という数字を前にしても尋尊は動じなかったばかりか、反銭確保のために戦国大名に成長しつつあった朝倉氏に取り立てを依頼することにした。大名による取り立ては、寺家の使者より厳しいものだったのだろう、仰天した百姓らは「朝倉殿へ仰せ付けられ候わば庄家の大儀にてあるべく候」と訴えたが、結局尋尊は朝倉氏を通じて河口荘・坪江荘から寛正二年（一四六一）十二月に六十貫文を、翌三年六月に直接百姓らから百八十二貫百文を取り立てることに成功した。当初賦課した額の半分以下であるが、遠隔地所領であることを考えれば上々の成果だったろう。

頭役で潤う

ちなみに尋尊は田楽頭役にあたって国内外の所領、末寺、坊人らから最終的に合計千三百〜千四百貫文を集めたが、そのうち頭役関係に支出されたと確認できるのは約三百七十貫文に止まる。

二　寺務御代官

経覚、三度めの別当就任

田楽頭役を終えて尋尊は静かな生活に入れるはずだった。しかし、そうはならなかった。寛正二年（一四六一）二月に経覚が興福寺の別当になったからである。三度目の就任だった。

すでにみたように、経覚は禅定院から南に二キロほど離れた古市の迎福寺の一角を借用して住んでいた。この「古市御所」は、広さも設備も別当坊としては十分なものではなかったと思われる。東北院の俊円僧正が挨拶にやってきたときに、経覚は「対面了んぬ、持仏堂においてなり、在所見苦しきの間、常の在所においては対面せざるものなり」と記している（『経覚私要鈔』寛正二年五月十六日条）。このことからも質素で手狭な隠居所でしかなかったと想像される。そうであれば、経覚によって禅定院が別当坊として利用されるのは避けがたいことだった。

経覚を支える

別当を補佐する人材という点でも「古市御所」は不十分だった。経覚が安位寺から古市に入ったとき、つき従ってきた側近や従者は十名ほどにすぎなかったし、古市に落ち着いてからも経覚がその手足として駆使できるスタッフが増えたわけではない。別当就任に際して経覚が「寺務奉行」に指名したのは、清賢と隆舜（辞退、継舜に交代）である。要するに尋尊は、必要なときには禅定院を別当坊として提供し、門跡に仕える坊官らを経覚のもとに出仕させなければならなくなったのである。

代官を承諾

それだけではない。尋尊自身も「御代官」として経覚に仕えることになった。

> 寺務方条々寺行等の事、先規に任せて御代官として仰せ付くべき旨、寺務より仰せを蒙り了んぬ、難渋たりといえども先日領状申し入れ了んぬ、仍って大綱の事、仰せ付くるものなり、六借、六借、（『大乗院寺社雑事記』寛正二年二月三十日条）

「先規」がいつの誰のことか不明だが、代官として別当の職務を執行するように経覚から仰せがあった、当初辞退しようとしたが、先日承諾した、それで大体のことは命じることになったが、厄介なことだ、尋尊は以上のように記している。経覚は三度目の別当を二年余り勤め、さらに約六年のちに四度めの別当就任をはたすが、そのときも経覚は尋尊に「毎事前々の如く御憑みあるべし」と全面的な支援を要請し、それに対して尋尊は「毎事に就き奉公を致すべ」しと応じている（同・応仁三年四月四日条）。このときはもはや「難渋」することもなく素直に代官を承諾したようである。すでに隠居の身となっていた経覚の寺務執行には、現役門主の協力が必要だったのである。

印鎰渡し

話を経覚の三度目の別当時代に戻し、代官としての尋尊の活動を見ておこう。尋尊はさっそく印鎰渡しの取り仕切りを命じられた。印鎰渡しとは、辞任した別当が通所（通政所とも、後述）の通倉（通庫、寺庫）に返納した印鎰を新別当に交付する儀式で、「御寺印」と「大供印」の二印と、宝蔵や通倉の鍵などがしかるべき吉日に、新別当坊あるいはそれに代わる場所で通所の通目代から引き渡された。東室で行なわれたこの行事への尋尊の取り組みは、経覚を十分に満足させるものだった。

> 予社参の間より禅定院僧正東室に移られ、条々申し付けらるるの間、老心を費やす事なし、誠に芳恩の至り、歓喜極まりなし、且つまた満寺の聞こえ、人びとの思う所、尤も悦ぶべき事なり、（『経覚私要鈔』寛正二年三月二十三日条）

経覚の得意

経覚はこのように、万事にわたって尋尊が尽力してくれ、かつそのことが広く人びとの知るところとなったことをいたく喜んでいる。自分は大乗院の門主を「御代官」として使うことができる別当である、そのことが周知されることになったと誇らしかったのだろう。

それに対して尋尊は、「六借、六借」と洩らしていたものの、印鎰渡しの準備や挙行に身を粉にして従事したように、経覚によって「御代官」とされたことにそれほど反発したようには見えない。ただし、つぎにようにも書き残している。

　予内々東室に行き向かう、付衣、衣、ケサ、板輿、小者風情なり、

東室に出仕するに際して、尋尊の供をする者としては小者しか残っていなかった、あとの者たちはみな印鎰渡しに従事していたというのだろうが、「風情」が付いている辺りが少し愚痴っぽく感じられよう。

三蔵会

四月二十七日には禅定院で三蔵会（玄奘三蔵〈三蔵法師〉の忌日〈二月五日〉に行われる法会。興福寺十二大会のひとつ）が執行された。経覚の日記を見る限り、尋尊の貢献はほとんど感じられないが、会場が禅定院である以上、尋尊の関与は不可欠と予想されよう。実際、『大乗院寺社雑事記』を見れば尋尊の貢献は明らかで、「道場（会場）の料理（室礼、荘厳）以下、予、寺務に申し合わせ奉行に仰せ付け了んぬ」と書いているように、経覚の意向を確認しつつ万事尋尊が取り仕切ったのだろう。

御影新調は尋尊の提案

この三蔵会に際して新調された本尊御影に関する両者の日記を読み比べると面白い。経覚は、以下のように書いている。

　本尊事闕のうえ、後々の三蔵影として絵所重有法眼に仰せて新写了んぬ、絹二はたはり、長さ六尺余り、百五十疋をもってこれを書く、すなわち供養せしめ懸け奉

り畢んぬ、浄土の律僧これを供養す、

（三蔵会の本尊がなかったので、今後の御影として絵所の重有法眼に命じて描かせた。幅が二端張、長さ六尺余りの絹の画布に百五十疋で描かせた。すぐに供養して本尊として懸け奉った。浄土寺の律僧が供養した）（『経覚私要鈔』寛正二年四月二十七日条）

以上の記述から尋尊の関与を読み取ることはできないが、じつは本尊の新調は尋尊が言い出したことだった。尋尊は以下のように書いている。

三蔵会の本尊として御影を図絵すべきの由、重有法眼に仰せ付け了んぬ、御衣絹ならびに絵の具の代百五十疋これを下行す、寺務の御沙汰なり、予申し勧め了んぬ、仍って結縁のため、半分は予これを下行了んぬ、（『大乗院寺社雑事記』寛正二年四月二十三日条）

「予申し勧め」た、つまり自分が提案したことなので費用の半分（七十五疋）を負担したと記している。尋尊の日記を読み進めると、新浄土寺での本尊の供養を主宰したのも尋尊らしいということがわかる（同・二十七日条）。

光宣、修理目代を承引

このように、尋尊は経覚の寺務を陰に陽に支えたのであるが、少し意外に感じられる人物も経覚のスタッフとして組み込まれていた。かつて激しく対立した成身院光宣である。光宣は前別当の時に修理目代に任じられており、経覚がひき続き任用したのである。

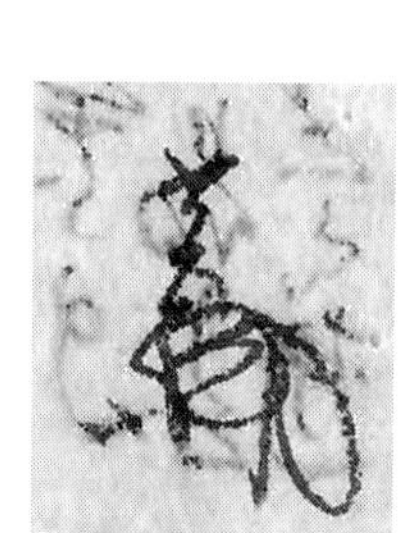

成身院光宣花押
（『大乗院寺社雑事記（第二冊）』紙背文書，国立公文書館蔵）

興福寺別当のもとには中枢的な役所として修理所・会所（えしょ）・公文所・通所の四所があり、それぞれの長として目代があった（「四目代」）。修理所はいわば営繕部で、興福寺や春日社の修理・造営、法会の仮屋設営などを担当した。会所は法会の、公文所は検断と文書の、通所は印鎰管理や灯明の担当部署である。光宣は修理目代への留任をいったん辞退したものの、説得されて留まることになると「学侶の集会所、一寺無双の在所」とされる勅使坊の修理にただちにとりかかっている。

光宣の広範囲の活動

しかし、光宣の活躍・貢献は、修造や仮設といった修理所の仕事の枠内に収まるものではない。その活動は興福寺や門跡を代表しての幕府や大名らとの交渉や連絡、寺内外の諸集団・諸勢力の利害調整や紛争の仲裁、寺内の人事への関与、畠山政長（まさなが）方の武将としての行動など多岐にわたり、目を見張るものがある。

七大寺閉門

二件、見ておこう。寛正二年の七大寺閉門（へいもん）が開門に至った背後にも光宣の働きがあった。ここでいう七大寺は、興福寺僧が別当を務めた末寺の薬師寺・法隆寺・西大寺・大安寺・法花寺・清水寺の六箇寺に興福寺自身を加えた七箇寺のことである。南都方七大寺といわれることもある。かつては強訴（嗷訴）が、興福寺の主張を朝廷や幕府に認めさせる強力な手段としてあったが、幕府の抑圧などによって強訴ができなくなった後、寺や堂舎の門戸を閉ざして法会の執行を停止する閉門という方法が、比較的有効な訴訟手段として残されていた。

学侶、経覚の努力を評価

七月十七日、摂津国六車荘（むぐるまのしょう）（原田荘とも。大阪府豊中市付近）などについて訴えていた興福寺は、七大寺閉門に踏み切った。この訴訟は、実質的には管領の細川勝元を相手とする争いで、解決は十一月下旬まで長引いた。経覚は学侶の要請を受けて九月上旬に上洛し、交渉が妥結して開門が決定するまで在京した。南都にもどった経覚に対して学侶はその労を謝し、それまでの経済的負担も考慮して銭五千疋（五十貫文）を贈りたいと申し入れてきた。

これに対して経覚は、「別当の職に就いているので、身のほどを弁えずに上洛した。しかし、時間がかかってしまったので面目なく思っていたところ、このように感謝されて名誉に思う。滞在費用などについては、私は別当なので、寺門が気にすることはない。お金を頂戴するのは道理ではないので、辞退する」と返答した。学侶の使者である二名の五師は重ねて経覚に受け取りを要請したが、経覚がなお固辞したので、学侶集会に持ち帰った。そしてふたたび経覚のもとに参上し、学侶が「何度でも進上します。まげて受け取っていただきたい」と言っていると伝え、受け取ってもらえるまでは帰らないと上申した。そこで経覚が尋尊に相談したところ、尋尊は「そこまで仰ったのに、学侶がそう言うのであれば、受け取っていいのではないか」と回答した。以上の記事を経覚は、「力なく召し置き了んぬ、心中においては本意にあらざるものなり（しかたなく受け取った。本意ではない）」と締めくくっている（『経覚私要鈔』寛正二年十一月二十日条）。

簡潔な記述が多い経覚の日記のなかでは、比較的長い記事である。開門にこぎつけることができたのは別当としての自身の働きによると自負し、寺門が評価してくれたことが嬉しくてつい饒舌になったのだろう。

光宣の工作

しかし、開門にいたった背後には光宣の奔走があった。このころ光宣は、河内国の嶽山城（だけやまじょう）（大阪府富田林市）に拠った畠山義就方を攻撃するために、同城から直線距離で東に約五キロほどの弘川寺（ひろかわでら）（大阪府河南町）に在陣することが多かったが、閉門から二箇月ほどしたころ、奈良にもどって開門にむけて工作するように細川勝元に命じられた。九月二十日に奈良にもどった光宣は翌日に学侶と「談合」し、その日のうちに開門が決められた。実際に開門に至ったのは先述のように十一月二十日のことだが、この土壇場でも光宣が上京して詰めの作業に従事した。奈良に下向した後、光宣は尋尊に「寺訴の事、悉くもって落居、随分罷り上り、申し沙汰なり（寺の訴訟はすべて決着がつきました。何度も上洛して工作に従事しました）」と報告し、苦労の一端を洩らしている。

光宣、教玄と尋尊の間を取り持つ

開門工作のために奈良に滞在していたときの光宣には、少なくとももうひとつ、注目すべき事績がある。一乗院の教玄と尋尊との和解を取り持ったことである。教玄と尋尊の確執については先述した。武力衝突は避けられたものの、上総荘などに関する問題はまだ決着していなかった。

尋尊自筆の奉書

十月十三日、光宣が禅定院にやってきて、教玄との和解を取り持つと申し入れた。尋尊がこれを了承すると、光宣は次のように言った。「つきましては、明日は吉日ですので、ご自筆の奉書(ほうしょ)を頂戴したい。それを一乗院に届けます」と。尋尊は自ら筆を執ってつぎのような奉書を認めた。

両門の御間の事、巨細(こさい)申され候、然るべき様に計らい申さるべきの由、仰せ出され候なり、恐々謹言、

十月十三日　　　　尊誉

陽舜房(ようしゅんぼう)僧都御房

「一乗院と大乗院の間について（あなたは）いろいろと詳しく申されました。しかるべく取り計らうようにと（尋尊様が）仰せになりました」と尊誉が光宣（陽舜房僧都）に伝達する文書である。

仲人の役割

光宣はつぎにようにも申し入れている。「上総荘につきましては、恐れながら光宣が

両門主のご言い分を預からせていただきます。しかしながら、反銭や御供米など、ご入り用のものはどうぞお召しください」と。反銭や御供米の収取権がどちらにあるのか、まさにそのことが対立点となっているときに、紛争を「預かった」仲裁人が一方の当事者に「どうぞお召しください」と言っているのは、紛争当事者が必要なものはとりあえず仲裁人が代理弁済するということではなかろうか。もしそうであれば、ここに仲裁人の役割や資格が示唆されていて興味深いが、それはともかく、ここで注目したいのは尊誉の名前で認められた自筆の奉書である。

奉書は、貴人の側近（ここでは尊誉）が、主人の意向を相手に伝えるときに用いられる文書様式で、差出人の名前は側近のものとなる。側近の名前で出されるのは、文書の受取人に比べて主人の身分が高く、釣り合わないからである。大乗院門主の尋尊が、学侶で僧都にすぎない光宣に宛てて直接書状を書くわけにはいかない。しかし、尊誉が書いた奉書では本当に光宣が尋尊から「預けられた」のかどうか、信頼性に欠ける。そこで採られたのが自筆の奉書という方法なのだろう。形のうえでは奉書であるが、尋尊の自筆であるので、信頼されると期待できたのである。

教玄自筆の奉書

翌日、光宣は一乗院に参上し、今度は教玄に自筆の奉書を書かせて尋尊に届けた。

一、光宣僧都方より一乗院殿の奉書これを進らす、御自筆なり、

両門の間の事、委細申し入れられ候、然るべき様に計らい申され候わば、目出べきの由、(候)ところなり、恐々謹言、

十月十三日　　孫藤丸

陽舜房僧都御房

形式上は側近の孫藤丸が教玄の意向を奉じて光宣あてに出した奉書であるが、「御自筆なり」と小書きされているように、教玄の自筆だった。この間のやりとりは、形の上では両門主が奉書によって光宣に仲介を依頼しただけのことであるが、実質的には自筆の証文の交換ということである。

こうして和解に踏み出した両者は、それからひと月足らずのうちに使者を交換するにいたる。

両門和与

両門跡和与の事、自他(じた)のため珍重と云々、それに就き自然の事、向後自他等閑の儀あるべからず候、毎事申し承わるべきの旨、松林院僧都をもって一乗院に申さしめ了んぬ、返事、誠にこの間は何となく不和に候(そうら)いつ、向後においては、自他内外に就き申さしむべきの由、念比(ねんごろ)に対面せられ申さると云々、兼雅(けんが)僧都付衣、白五帖にて参らしめ了んぬ、中次は東門院律師孝祐(きょうゆう)と云々、則ち夜に入りて東門院御使として来り了んぬ、付衣、白五帖ケサ、予対面、御念比の御使い、悦び入るの由申さ

しめ了んぬ、(『大乗院寺社雑事記』寛正二年十一月八日条)

まず尋尊のほうから使者として松林院兼雅僧都を送り、今後何か問題が起これば、なおざりにすることなく互いに密に連絡を取り合いましょう、と申し入れた。一乗院では東門院孝祐が申次を務めて、兼雅は教玄に対面した。教玄は兼雅に、それまで両門主が「何となく不和」だったが、今後は互いに公私にわたって連絡しましょう、と述べた。そしてその日の夜、今度は孝祐が教玄の使者として禅定院にやってきた。尋尊は対面して一乗院側の丁寧な対応を謝した。

以上の手打ち式をみると、両門主は相互に同様の行為を行なっており、対等の関係に見えるが、つねに尋尊側から行動が起こされていることも注目されよう。この辺りに両者のきわめて微妙な上下関係が反映されているのかもしれない。このあと教玄と尋尊は、協調してさまざまな問題に対応していくことになる。

三　二条若君

尋尊の後継者

寛正三年(一四六二)に尋尊の後継者、すなわち次期大乗院門主が決まった。しかしこれは、尋尊が予定していたことではなかった。

一条・九条両家に適任者なし

経覚が九条家から後継者を迎えるために苦労したように、尋尊も一条家から後継者を迎えたいと考えていたはずである。経覚は三十四歳のときに後継者を定めており、三十三歳になった尋尊がそろそろ後継者をと考えてもおかしくはなかった。その場合、もっとも望ましいのは、当時関白だった長兄教房の男子、つまり甥を迎えることである。ところが教房は父兼良とはちがって子供が少なく、南都に送り込むことができる男子はいなかった。ただし、教房は寛正三年時点でまだ四十歳、年齢的には今後男子を儲けることは可能だった。また教房の長子政房は当時十七歳だった。南都に迎えることができる男子を政房が儲けるまで待つということも考えられないことではなかったが、ともかく尋尊は当面の間、動きがとれなかったのである。

一条家に適当な男子がいないとすれば、経覚から尋尊に、つまり一条家の人間に門主の地位を明け渡した九条家にはチャンスだったはずである。しかし、九条家にも大乗院の後継者とすることができる男子はいなかった。

二条家の好機

このような事態は、九条家から分出したもうひとつの家である二条家に、千載一遇の好機に見えた。これまで二条家は大乗院の相承から完全に閉め出されていたが、前関白の二条持通（もちみち）が動き出す。寛正三年四月十日、上洛中の経覚は三宝院（法身院）から九条への帰途、二条家に立ち寄った。当時大納言だった政嗣（まさつぐ）が経覚を迎えて「暫く雑談」した

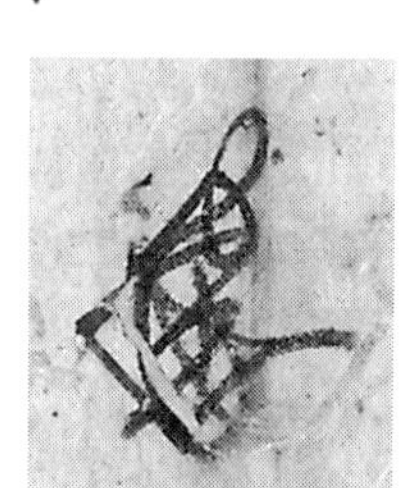

二条持通花押
（『大乗院寺社雑事記（第二十冊）』紙背文書，国立公文書館蔵）

こと、ついで前関白の持通も出座して一、二献に及んだこと、そして経覚退出時に政嗣が慇懃に見送ってくれたことしか経覚は日記に記していないが、このとき持通息、政嗣弟の大乗院入室が持ち出されたと推測される。

経覚、猶子を提案

持通の打診に対して経覚は、二条家男子の大乗院入室は前例がないので、政嗣弟を一条兼良か教房の猶子として入室を図るべきことを進言した。しかしこの提案は、持通にとっては嬉しいものではなかった。持通としてはこのチャンスに二条家男子の大乗院入室という実績を作りたいわけで、一条家の猶子とされることは大きなマイナスである。その点をめぐって持通と経覚の間で少しやり取りがあったと思われる。経覚としては、本来大乗院は九条家のものだとの思いを持っていただろうから、さらに二条家が大乗院の相承に参入してくることなど論外というのが本心だろう。

持通、義政の了承を得る

経覚は味方ではないことを悟った持通は、将軍義政に直訴した。二条家の男子が大乗院に入室した例はなく、一条家や九条家が不満に思うかもしれないというような厄介な事情は、おそらく巧妙に伏せられた。義政は持通の申請を了承し、南都伝奏の日野勝光を通じて二条家男子の大乗院入室が経覚に通知されることになった。そのことを経覚は、四月二十五日に持通から事前に知らされた。

三日後の二十八日、日野勝光から使者として唐橋在治が経覚のもとにやってきた。そして持通息が大乗院に入室すること、そのことを経覚は尋尊に連絡し、尋尊は上洛して義政にお礼を申し上げるべきことなどを伝達した。

経覚の抵抗

これに対して経覚はつぎのように返答した。

彼の付弟の事、二条息たるべきの由、仰せを蒙るの通り、早く申し下すべく候、但し、彼の家門においては未だその例なきか、然らば寺門の儀、心もとなきように候、さりながら上裁候上は、先ず申し下すべく候か、この子細また先ず伺い申さるべきか、如何、御計らいに依り申し下すべきの由、返答了んぬ、

(二条息を尋尊の弟子とすること、仰せの通りにすみやかに奈良に連絡します。ただし、二条家から大乗院に入室した先例はありません。したがって、寺門がどのように反応するか、不安です。しかし、将軍の裁許が出たわけですので、まず連絡すべきでしょうか。あるいは、少し懸念があることをご報告いただくべきでしょうか。ご判断により、申し下します、と返答した)

たいへん持って回った言い方をしているが、要するに「二条息ということではまずい」と主張しているのである。使者の在治は、「ただいま承ったことはもっともです。今一度勝光様のご意向を伺いますので、奈良への連絡は差し控えるようにしてくださ

い」と言い、経覚は承知したと応じた（『経覚私要鈔』寛正三年四月二十八日条）。

経覚が当日の日記に記しているのはここまでで、重要なことが省かれているだろう。経覚は、二条息は一条猶子として入室すべきである、しかし持通が一条猶子を拒否するのであれば、将軍猶子という方法が考えられ、一乗院に先例があると言ったと思われる。さらに一乗院と大乗院を同列に扱うわけにはいかないと義政が躊躇した場合の対処法も使者に授けたと思われる。使者の唐橋在治はじつは九条家にも仕える貴族で、経覚の日記にも頻出する。ふたりが額を合わせて協議した様子が目に浮かぶ。

経覚と唐橋在治

経覚があげた一乗院の先例とは、教玄のことではなかろうか。教玄は永享（えいきょう）六年（一四三四）六月に一乗院に入室（同十一年八月に出家・受戒）しているが、父親の鷹司房平はこのときまだ権大納言で、教玄は「その父親が摂関の地位を経験していること」という入室資格を満たしていない。そうであれば、誰か摂関経験者の猶子として入室したことが予想される。一乗院は代々近衛家が掌握してきたので、近衛家の摂関経験者が最有力候補となるが、当主の房嗣はまだ右大臣、その父で前関白忠嗣はすでに出家し、かつ義教の勘気を蒙っており、不適格と思われる。そこから考えられることは、一乗院が門主不在となる事態を避けるために、義教が教玄を自らの猶子として南都に送り込んだのではないかということである。当時将軍の権威は高く、将軍猶子はほぼどの門跡にも入室できた。

教玄は義教の猶子か

将軍猶子

義教は五年後の出家・受戒時に偏諱を与えて教玄と名乗らせた。以上のような経緯が想定できよう。

勝光を通じて将軍猶子という方法と一乗院の先例を示された義政は、一乗院は将軍の南都下向のときに「御宿」となる親しい関係にあり、その点で大乗院とは事情が異なるが、経覚の意見であるならばそのようにせよと命じた（『経覚私要鈔』寛正三年五月六日条）。

五月三日、在治が経覚のもとに伝奏奉書をもたらし、経覚はそれを奈良に送った。

御譜弟（付弟）の事、二条前の博陸（はくりく）御息、御猶子分を以て御入室あるべく候、存知せしめ給うべきの由、仰せ下され候なり、恐惶謹言、

四月廿九日　勝光

大乗院殿

尋尊は急ぎ上洛を命じられ、経覚も同行し参上することを命じられた。尋尊にとってはほとんど寝耳に水の話だったが、ありがたく存じます、と返事をするしかなかった。

御猶子入室の事、仰せ下され候、過分の至り畏（かしこ）まり入り存じ候、早々祗候（しこう）仕（つかまつ）るべく候由、御披露候わば悦び存ずべきなり、恐々謹言、

五月四日　尋尊

日野大納言殿

御礼上洛

翌五日の早朝、尋尊は奈良を発ち、午後に経覚のいる九条に着き、そこで小憩ののち一条殿に入った。翌六日早朝、まず日野勝光邸に行き、勝光と面談してから幕府に向かった。経覚は三宝院で着替え、輿と力者を借用して参上した。さきに着いた尋尊は中門で待った。まず経覚が将軍に対面し太刀を進上した。ついで尋尊が参上して酒五荷と折（このときは素麺、饅頭）二合を贈った。この間、義政とのやりとりなどは何もなかったのだろうか、経覚・尋尊両者とも何も日記に書いていない。

二条邸へ

その後ふたりは二条邸に向かった。ここでもまず経覚が持通と対面し、ついで尋尊が参入した。尋尊は持通に黒毛の馬一頭と金覆輪の鞍をお祝いとして贈った。政嗣につづいて入室が決まった若君も出てきて経覚と尋尊に対面した。若君は少年用の狩衣である半尻を着用していた。二条家を退出した尋尊は一条家に立ち寄り、その日のうちに奈良に下向した。

入室の準備

こうして二条若君の入室は瞬く間に決まったが、実際に若君が奈良に下向したのは半年後の十二月八日、出家・受戒は翌年の二月二十三日のことだった。この間に尋尊は若君受け入れに必要となる費用を調達しなければならなかった。大乗院御房中集会が開かれ、先例にしたがって荘園には反銭が懸けられたが、徴収はかなり難航した。

光宣の貢献

反銭納入を命じる廻文（回状）が大乗院から出されて十日余りで、早くも倉荘や若槻荘（つきのしょう）など十一箇荘が「無沙汰所々」として使者を派遣されることになった。その翌々日には「四十八箇所百姓等」を称する集団が反銭免除を要求する書状を提出し、さらにその翌日には代表三十余人が禅定院に押しかけてきた。尋尊は先例を示してこれを追い返したが、その後も続いた抵抗はどうやら光宣が抑え込んだようである。その他、十市・筒井・古市・豊田・白土らの兵が、井殿荘（いどののしょう）・若槻荘・新木荘（にきのしょう）・九条荘などに投入された。こうして十月の末には反銭徴収がほぼ終わったが、この時尋尊はつぎのように記している。

料足千疋、光宣法印に遣わす、この度反銭等の事、一向彼の法印内々合力の故、無為なり、巨細、尊藤を以て仰せ遣わし了んぬ、

大乗院諸荘からの反銭徴収がなんとか無事に終わったのは光宣が内々力を貸してくれたからだとして銭千疋（十貫文）を贈り、側近の尊藤をもって感謝の気持ちを伝えたのである。

光宣兄弟に感謝

光宣と筒井順永の忠勤とそれに対する尋尊の気遣いはまだ見られる。すでに触れたように、二条若君は十二月八日に奈良に下向した。翌日からしばらく祝い客との応対や春日社への参詣などの行事であわただしい日が続いたが、順永は十日に「御榼（酒樽）五荷、折二合、御馬一疋」を持って参上した。尋尊と若君は順永と対面し、「香合一、太刀、

杉原一帖」を与えた。光宣は翌日、「榼以下済々持参」してきた。尋尊は「酒これを給う。御前においてこれを給う、別段の儀なり」と記している。特別に尋尊や若君の前で酒を飲ませたのである。尋尊はさらに「白小袖一」を与えた。そしてつぎのように記した。

昨日は筒井、今日は光宣、兄弟の沙汰次第、誠に以て迷惑のものなり、

もちろん、この「迷惑」は現在の不快だという意味ではなく、文字通り困惑する、どう感謝していいかわからないということである。

政覚となる

入室から二箇月半後、若君は出家・受戒し、法名は政覚となった。日野勝光の申し沙汰によって義政が「御筆」を染めたという。これはつまり義政の命名ということだろう。尋尊は「当時の儀、面目の至りか」と記している。政覚の「政」はもちろん義政の「政」であるが、「覚」は経覚の「覚」ではなかろうか。

将軍猶子の目的

二条若君の将軍猶子としての入室は、大乗院相承への二条家の参入という持通の企図を半ば挫くものだった。同時に、一条家の男子による連続相承はなくなり、九条家には望ましい展開となった。そうであれば、この間の水面下でのせめぎ合いの勝者は経覚といえよう。「覚」の字は、そのことを示唆しているのではなかろうか。

なお、諸家の男子が将軍猶子として京都や奈良の門跡に入室したことに関して、その

背後に宗教界の統制強化を図った将軍の積極的な意志をみる見解があるが、政覚の場合、義政は受け身で慎重にことを進めている。義政は、大乗院相承をめぐる興福寺の混乱や摂家相互の争いを懸念して、将軍猶子という経覚の意見を受け入れたのではなかろうか。

四　将軍義政

義政が日野勝光の奉書によって将軍猶子の入室を通告し、それを尋尊が黙って受け入れざるを得なかったように、応仁・文明の乱以前、将軍の力はまだ強く権威は高かった。今日の感覚からすれば、義政のかなり横暴な要求にも尋尊は素直に応じているように見える。

庭木の接収

義政はおそくとも康正元年（一四五五）十一月には当時住まいとしていた烏丸殿の改修に乗り出し、会所の移築を命じたり、みずから庭木の物色を始めたりしていた。長禄二年（一四五八）閏正月二日、興福寺の学侶と両門跡に、将軍邸用の庭木を探させるために河原者を下したので、しかるべく取り計らうようにという連絡が幕府からきた。河原者は、興福寺や院家・門跡の庭園、さらには末寺に行って将軍邸にふさわしい木を選んでくるよう命じられていた。将軍御所の作庭は、京都や奈良の諸寺院の庭園から名木や名石などを奪ってきて行なわれるものだったのである。

河原者による選定

翌三日、木の「検知」のために禅定院にやってきた河原者は糸桜(いとざくら)（枝垂れ桜）・柏槇(びゃくしん)・槇各一本を選んだ。尋尊は河原者の労をねぎらって酒を与えている。翌四日には末寺の永久寺と長岳寺に行く河原者に、尋尊は使者をそえ馬を提供してやった。五日に奈良にもどった河原者は、長岳寺から岡松（黒松）・柏槇・五葉松(ごようまつ)など合計二十二本を進上させることを尋尊に報告し、京都への運搬は大乗院の責任で行なうべきことなどを申し入れた。永久寺には四本の木の進上が命じられた。

そして尋尊はこの日も河原者を慰労している。「河原者両人に両種にて酒」を給したとあるので、酒の肴として二種類の料理も出してやったのである。それだけでなく、「粮物(ろうもつ)（旅費）」として三百疋（三貫文）と「練貫（絹織物）」を一重ねを与え、河原者両名の名前は「ヒコ三郎」と「エモン」ということまで聞き出している。このような破格のもてなしに対して、当時卑賤視された河原者が「畏まり入」った（恐縮した）のも当然だろう。

善阿弥

義政によるこのような木の略奪は寛正二年（一四六一）にも、またずっと後年にもあった。寛正二年には山水河原者として有名な善阿弥が下向し、禅定院と成就院の木を「検知」し、禅定院では石榴(ざくろ)と柏槇を一本ずつ、成就院では五葉松一本を選び、末寺の正暦寺(しょうりゃくじ)・永久寺・長岳寺には配下の河原者を派遣している。このときも尋尊は善阿弥に「料足（費用）」として二百疋（二貫文）を与えている。

押板の接収

将軍邸の造作のために奪われたのは庭木だけではない。前年の長禄四年閏九月、義政はこのころには室町殿に転居していたが、会所泉殿のために「古き押板」が欲しかった。京都にはいいものがなかったのだろうか、奈良に大工二名が「諸院家・諸坊」を「検知」するために派遣されてきた。尋尊は大乗院配下の松林院以下二十五の院坊のリストを作成して大工に与えた。そして大工の「検知」の結果、伝法院と常善院の「杉障子（杉戸）」が召されることになった。院家や坊舎で現に使用されている建具がはずされ、あるいは建物の一部が解体されて部材が持ち去られるのである。わびもさびもあったものではない。

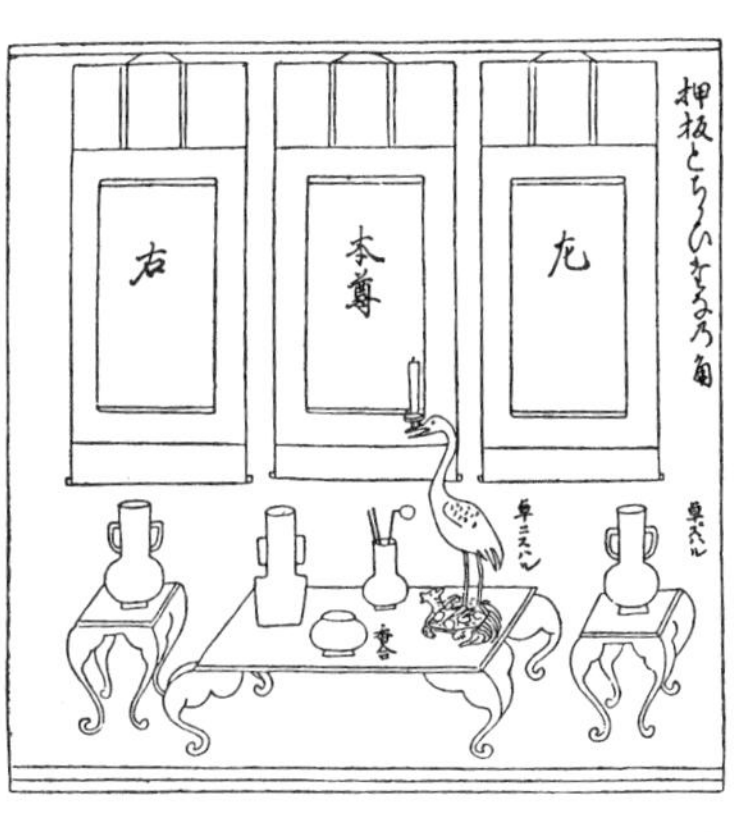

燭台などを置いた押板（床の間の厚い床板）（「御飾記」群書類従十九）

六方の憤り

尋尊と同様に、一乗院教玄も幕命には従順で大工に協力的だったが、六方は「京都の御下知、先代未聞の御沙汰」と憤り、門主の従順な対応を「以ての外の御沙汰」と非難し、大工を宿舎から追い出してしまった。大工は一乗院にひと晩避難し、翌日上洛に先だって尋尊のもとに参上した。尋尊は大工両名に二百疋を与えて日野勝光への書を託した。六方衆の行動はもちろん義政の怒りを招くものだったが、欲しかったものが手に入ったからだろうか、「則事厳密の御下知（すぐに厳しく対処すること）」は「聊か御思案の子細候か（少しお考えになることがある）」ということで避けられた。

上洛と進上

官位昇進など義政の慶事に際して「御礼」のために上洛することも、尋尊が将軍の力や権威を基本的に認め、服従していたことを示しているだろう。たとえば、義政は康正元年八月に右大将に、長禄二年七月には内大臣になるが、そのつど尋尊は御祝いに上洛している。同三年十一月に義政は室町殿に引っ越すが、この時にも参仕している。もちろんいずれの場合も手ぶらで参上したわけではなく、十貫文から二十貫文程度の銭の進上があっただろう。

名産の献上

また、季節の挨拶程度のことかもしれないが、毎年夏には瓜の、秋には柿の献上が行なわれている。瓜も柿も大和の名産品である。瓜は各六個詰の箱が十合（合は箱の単位）、柿は二合（個数不明）が定例である。八月一日には「憑物」（八朔の贈り物）として蚊帳や雑紙などが贈られたが、これは互酬的なもので、お返しがあった。大和の蚊帳生産は江戸時代からと一般に考えられているが、室町時代にはすでにあったと考えられよう。その他、定期的に、また求めに応じて、菩提山正暦寺で造られる酒が進上された。

糺河原勧進猿楽

寛正五年の糺河原勧進猿楽も、尋尊と義政の関係の在り方を示している。鞍馬寺（京都市左京区）の修造費を調達するために計画されたこの芸能興行に、尋尊は桟敷を打つように義政から命じられた。このようなときに河原に設営される桟敷は、多くの場合、内周が六十二間のドーナツ型で、「神の座敷」と将軍夫妻の席を頂点とし、猿楽の舞台を取り囲む形のものである（次頁図参照）。見物を命じられた公家・武家・僧らは、その身分や地位に応じて間口が一間から三間の桟敷を設営した。これは彼らにとって晴れがましいことだった。かつて、永享五年（一四三三）には経覚が義教の仰せによって参加しており、奈良では「永享の御佳例」とされていた。

上洛への意欲

経覚と同様の栄誉に浴することとなった尋尊は、自ら入念な準備をしている。まず桟敷の建設や上洛の費用として荘園や末寺に御用銭をかけ、約二百貫文を入手した。桟敷は各自その場所を指定されて基本的な構造は決まっていたと考えられるが、装飾や内装などはそれぞれ工夫の余地があったと思われ、尋尊は天井用に「杉正（杉柾）」を準備し、宇陀郡から「曽木（削板）」を取り寄せている。またその桟敷に用いるためのものと思われるが、幕を「三、四帖これを用意すべし」と命じている。さらに桟敷での小宴のために酒・茶・折（折詰料理）・土器にいたるまで気を配り、手配をしている。

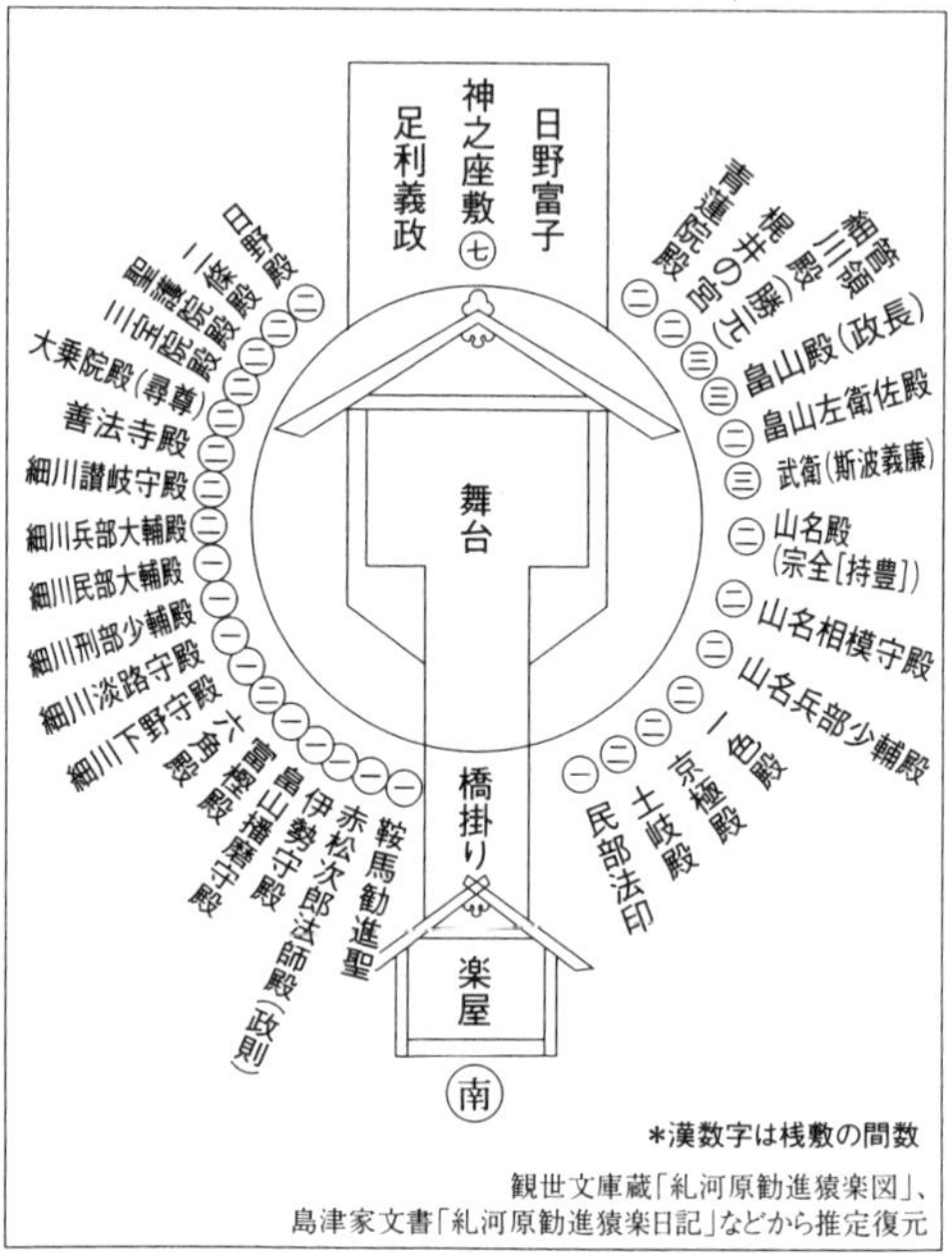

寛正五年糺河原勧進猿楽舞台・桟敷図（安田『走る悪党，蜂起する土民』小学館，2008年，263頁）

乗り物は上洛には板輿を用いる一方、当日の桟敷入りには一条家から牛車を借用することにし、牛飼の装束や牛車の下簾についてあれこれ算段している。上洛の供として小者・御童子・力者を少なくとも十数名指名し、護衛を古市と十市に仰せ付け、荘園や荘官などから人夫を二十人以上、馬を十八頭以上を動員する計画を立てた。

六方の制止

このように尋尊は上洛に強い意欲をみせていたが、このとき興福寺は兵庫関をめぐる訴訟のまっただなかにあり、寺訴の最中に猿楽を見物することに六方は猛反対した。

「藤家御見物の事、六方として抑留申し候上は、御門跡御上洛の事用意の事、早々に止めら」るべし（京都の藤原氏の見物も止めているのであるから、奈良から門主が上洛する準備はすぐにやめられよ。『大乗院寺社雑事記紙背文書　第一巻』九九三号）、あるいは「神事法会を抑留せしむる折節、両門の内勧進猿楽見物然るべからず（神事や法会の開催を抑えているときに門主が勧進猿楽を見物するのは論外）」などと通告してきた。尋尊はやむなく幕府に事情を報告して上洛を断念した。日記には悔しさを「無念と謂うべし」と記している。経覚は尋尊の気持ちを察して「誠に今度は御入なきまでにてこそ候へ、上意を得らるる分は顕然の事に候（実際に桟敷に入ることはなかったが、義政の上意に叶ったことは明白だ。同・一〇二三号）」と慰めた。

義政を見る目

以上のようにみてくると、尋尊は将軍の権威や権力の前に完全にひれ伏していたかのようにも思われるが、じつはそうでもない。たとえば、斯波義敏と甲斐常治の主従の争いに関する義政の長禄二年十月の裁定を「一事両様の御成敗」（『大乗院寺社雑事記』長禄二年十月八日条）と批判しているし、寛正二年に河内・紀伊・越中・越前などから兵乱の末に国人たちが京都に逃れてきて餓死にいたったときには、「兵乱においては御成敗不足の故なり」（同・寛正二年五月六日条）と嘆くなど、義政の執政については批判的な目でみていた。義政に対する尋尊の態度や対応は単純ではない。

御礼上洛に消極的

もう少し具体的にみてみよう。さきに尋尊が義政の慶事に際して上洛することをみたが、それはどうも前代の経覚や他の院主ほどではなさそうなのである。『満済准后日記』によると、経覚は毎年年始の挨拶に義教のもとに参上していた。しかし、尋尊は「近年歳末年始の御礼、両門共に以て申し入」(『大乗院寺社雑事記』長禄四年正月八日条)れずと記している通り、年始も年末も上洛していないのである。義政が左大将や内大臣になったときには、先述したようにお祝いに参上したが、寛正元年八月の左大臣転任に際しては、兼良から「一乗院と申し合わせ、参賀すべ」しと指示されたにもかかわらず、教玄が上洛しないことを確認して自分も参洛しないと決めている。同年十二月の義政の拝賀に際しても「御礼(お祝い)のため諸院家上洛」ということを聞きながらも、教玄にあわせて自らも上洛しないと決めている。十七日に義政への諸人の参賀は行なわれたが、このとき在京していた経覚は、教玄が参賀に加わっていたという情報を得て驚き、そうであれば尋尊も「早々に上洛すべし」と連絡してきた。尋尊も驚いたと思われるが、教玄の参仕は誤報であることを探り当てて、上洛しないと経覚に返答している。教玄との共同歩調を重視しているが、尋尊は義政に対して兼良や経覚が心配するほどの態度をとることもあったのである。

義政に抵抗

寛正五年七月、後花園天皇は後土御門(ごつちみかど)天皇に譲位する。諸国には譲位反銭がかけられ、皇位継承に深く関与していた義政は、京都や奈良の門跡にもさまざまな賦課を行なった。

南都の両門跡には、御幸の際の牛飼の「衣服代二千疋」と「雑紙百束」を出すようにとの命が日野勝光の奉書で到来した。このとき尋尊は教玄と連絡を取り合い、そのような先例があるらしいということを教玄から聞きながらも、進納できないと返答した。

これに対して義政は処罰を予告してきた（『大乗院寺社雑事記紙背文書　第一巻』一〇六四号）。

衣服ならびに雑紙等の事、申し入れ候ところ、難儀の由、承り候、驚き入り候、早々進納なくんば一段の御成敗あるべきの由、仰せ出され候、不日進納あるべく候なり、恐惶謹言、

七月十三日　　勝光

半分以下に値切る

かつて経覚は、義教が命じた臨時の負担を拒否して門主の座から追放された。義政の「一段の御成敗」が怖くないはずはないと思うが、尋尊はここで二枚腰をみせる。教玄情報には頬被りして先例がないと言い張り、「然りといえども仰せ出さるるの題目の間、千疋進上し自余の事は御免許を蒙るべし（そうではありますが、将軍のご命令なので千疋は進上します。その他はご容赦ください）」と申し入れた（『大乗院寺社雑事記』寛正五年七月十七日条）。雑紙のほうはゼロ回答なので、半分以下に値切ってしまったのである。豪胆と言えるかもしれないが、さすがに心配だったのだろう、千疋で了承されたという連絡が届いたとき、「安堵のものなり（安心した）」と記している（同・十八日条）。

義政を迎える

このように、尋尊は将軍や幕府に終始無批判でつねに服従したというわけではなく、ときには批判的で敬遠するような姿勢もみせ、たくみに抵抗もしていたが、寛正六年の義政の南都下向に際しては、門主としてそつなく対応している。

宿舎は一乗院

義政は九月二十一日に細川勝元・山名宗全・一色義直・斯波義廉・土岐成頼らの大名、日野勝光・広橋綱光・正親町三条公躬・烏丸益光らの公卿、十人の殿上人を伴って奈良にやってきた。関白二条持通も同行した。管領の畠山政長は前日に、三宝院義賢は前々日に奈良に入っており、ほかにも何人かの大名・門主が先乗りした。宿舎である一乗院に義政が入るとき、教玄は四足門まで迎えに出た。その後、尋尊や他の院主らが挨拶のために一乗院に参上した。夜には一乗院で義政を歓迎する延年が行なわれた。この夜、尋尊は勝光の宿舎に出向き、翌日の御成について「毎事憑み入る」と依頼し、千疋の折紙を贈った。

春日参詣、御成

翌二十二日早朝、義政は春日社に参詣した。尋尊は裹頭（袈裟で頭と顔を包み、目だけを出した装い）して大鳥居の勾張（強張）の東に弟子の政覚や尊誉らをズラリと従えて立ち、その行列を見物した。教玄は興福寺の東門で同様にした。両門主のこのような見物はもちろん娯楽ではなく、義政の社参にいっそうの威光を添えるための奉仕、儀礼である。その後、三宝院義賢と勝光を伴って一乗院（教玄の寄寓先のことか）に、そして夕方には禅定院に義政の御成があった。禅定院では尋尊にはもちろん、経覚や政覚にも酌盃(しゃくはい)をとらせて義政は上機嫌で帰ったという。

この日の御成に対して、尋尊からつぎのような金品が献上された。

御小袖　五重
御太刀　長光作　一腰
御腹巻(はらまき)　浅黄糸(あさぎいと)　肩白(かたしろ)　一領
御馬　鴾毛(ときげ)　一疋
御盆　堆紅(ついこう)　一枚
御香合　剔紅(てっこう)　一
高檀紙(たかだんし)十帖
万疋

献上品の寄進

これらの献上品のうち腹巻について尋尊は、六月二十九日に「腹巻きの細工、今日よりこれを始む」と書き出し、手間賃や材料などについてやや詳しい記事を残しており、とくに気を遣って準備したようである。腹巻は寺門および一乗院からも献上されたが、義政帰京後に御礼に参上した尋尊に対して義政は、大乗院のものが最上だったと言って喜ばせた。なお義政は、腹巻を除いて献上されたものはすべて寺門に寄付した。東大寺の院家から献上されたものは、同寺の戒壇院に寄進した。

延年

義政の日程に戻ろう。二十三日は東北院と松林院に御成し、夜は一乗院で延年があった。尋尊は昼間は義賢や三管領、その他の随員に贈る酒や粽などについて指示し、夜は一乗院に参上して延年見物に陪席した。

猿楽

二十四日は東大寺に御成、二十五日は一乗院で観世・金春・金剛・宝生の四座による猿楽、二十六日には法花寺・東北院・尊勝院への御成があった。尋尊はこの三日間、とくに何もしていない。

おん祭り

二十七日は春日若宮祭礼、いわゆるおん祭りの当日である。義政はお旅所に設営された黒木御所（皮付きの丸太で造られた仮屋）で若宮に奉納される種々の神事芸能を鑑賞し、流鏑馬の射手たちがすべての的を射貫いたことを褒めたという。

後日の宴

二十八日、若宮の神が神殿に還御したお旅所では「後日」として猿楽が行なわれ、この日義政は白木御所（削った木材で造られた仮屋）で見物した。以上の両日とも尋尊は児を見物に派遣した以外にとくに動いていない。

義政の帰洛

二十九日、まだ暗いうちに両門主は一乗院に参上し、義政が出立するときに対面して、一乗院の長講堂の辺りで見送った。尋尊は「毎事無為、珍重、珍重」と記してすべて無事に終了したことに安堵している。

臨時の賦課

最後に、義政の南都下向に際して賦課された反銭や用銭などについて触れておこう。当初、義政の下向は寛正四年に計画され、寺門は大和一国に公方御下向反銭をかけた。このような一国平均役のとき、両門跡の根本所領である「十二箇所」（大乗院方はじつは十四箇所）の荘園は寺門にとっていわば不輸不入の地で、両門跡が反銭を賦課・収取し、自己の収入とした。この年、大乗院にはそれ以外にも、御所造営援助などの理由で寺門から反銭の一部が交付された。さらに尋尊は、越前の河口・坪江両荘に反銭をかけた。

下向延期

ところが、八月八日に義政母の日野重子が亡くなり、義政は喪に服して春日社参詣は翌年以降に延期された。しかし、反銭はひき続き徴収され、結局この年、十二箇所から二百十一貫文余、河口・坪江両荘から三百二十五貫文（河口二百八十貫文、坪江四十五貫文）、寺門から四百六十四貫文、あわせて約千貫文の臨時収入を尋尊は得ている。

二重どり

翌五年に予定された下向は、さきにみた後花園天皇の退位という「御大儀」で見送られた。そうしてようやく六年の下向となるわけであるが、四月三日付きで尋尊は河口荘名主・百姓宛てに、公方の下向があるので先例に任せて六百貫文の反銭を五月中に納入するよう命じた。前々年に取った二百八十貫文には素知らぬ顔をしてである。名主・百姓は代表二名を奈良に送って抵抗したが、結局四百貫文の納入を約束させられた。二回分をあわせると六百八十貫文となり、先例の六百貫文を八十貫文超えてしまう。どうして河口荘の名主・百姓がこのような「過払い」を承諾したのか、不思議である。

領主の狡知

もっと不思議なことは、大和国の百姓らが再度の賦課に応じたことである。遠く越前の名主・百姓らは、二年前、将軍の下向は延期となったということを知らなかったのかもしれず、それで尋尊にしてやられたという可能性がないわけではない。しかし、大和国の百姓らが知らなかったとは思えない。にもかかわらず、不当な二重賦課として一国の百姓らが抵抗した痕跡はほとんど残されていないのである。百姓らはすでに一揆を起こすまでに成長しており、いわれのない収奪に対しては断固たる態度をとるようになっていたが、寺門や門跡などの領主側の力がまだまだ強かったということだろうか。

潤う大乗院

寺門も一国にふたたび公方下向反銭をかけ、その収入のうちから五百十四貫文を大乗院に交付し、尋尊は十二箇所から二百七貫文を集めた。この年はさらに長谷寺や正暦寺などの末寺や坊人などにも御用銭や御訪銭をかけ、翌文正元年（一四六六）閏二月時点での集計によると、大乗院の臨時収入は千二百八十貫文余に上った。寛正四年分を合わせると、義政の下向によって約二千二百八十貫文の収入が大乗院にもたらされたことになる。後年、尋尊は腹巻などの「御成御引物（献上品）」にかかった費用を二百八十二貫文、「御一献方（饗応）」などの費用を三十貫文余、合計「三百廿貫計り入るか（三百二十貫ほどかかった）」と記している（『大乗院寺社雑事記』明応六年二月末雑載）。これらは、いわば直接経費である。間接的な経費がどれほどだったのかを計算するのは難しいが、おん祭りの田楽頭役勤仕のときと同様、いやそれ以上の大幅な黒字だったことは間違いない。

第四　応仁・文明の乱

一　尋尊が見た大乱

乱の気配

義政が京都に戻ってから十箇月ほど平穏な日々が続いた。しかし、大乱はそこまで迫っていた。文正元年（一四六六）七月の下旬、義政が斯波氏の家督を義廉から義敏に変更した、興福寺と関係の深い朝倉氏が義敏方に降参した、細川勝元・山名宗全は義廉支持なので大変なことになる、義廉の軍勢は京都市中で略奪している、義敏の赦免は近臣の伊勢貞親と相国寺蔭凉軒主の季瓊真蘂の進言による、などの話が奈良に届いた。

教房の下向

不穏な空気が流れ始めた京都から、兄で前関白の一条教房が「ごく内々の儀」として禅定院にやってきた。突然の下向を不審に思った経覚は、古市から禅定院を訪れて下向の理由を尋ね、「京都で争いが起きる。一条家は将軍御所に近いので、火事などに巻き込まれる。前もって避難すべきなので、まず教房が下向したということらしい」と記している。尋尊も「京都物忩（物騒）の故なり」と経覚と同趣旨のことを書いている（『大乗院日記目録』）が、どうもそれだけが理由だったわけではなさそうである。三箇月後に教房がようやく京都に戻ったとき、尋尊は「長々の御座、殊なる儀なし、計会の故なり」（『大乗院寺社雑事記』文正元年十一月十四日条）と、経済的困窮が奈良滞在の理由だったとしている。教房が両親や子供を京都に残して下向しているので、どちらかといえばこの口減らし説のほうが説得力がある。

貴族の困窮

経覚が禅定院にやってきた日、尋尊は経覚につぎのような悲惨な話をしていた。「権中納言の久我通嗣が切腹した。困窮して朝夕の食事もとれなくなり、こんなことでは生きる甲斐がないと言い、打刀で腹を切り、三日後に絶命した」。経覚も京都の様子は把握していた。この年、甥の前内大臣九条政忠から八朔に、扇一本と檀紙十帖を贈られた経覚は「八木（米）一荷」を返礼とした。米にした理由を「事儀不可説といえども、計会の式察し申すの間、何よりも大切たるべきかの間（野暮ったいのだけれども、困窮していると思われ、何よりも大切なので）」と記している。合戦が始まる前に、京都の貴族はすでに食べるものに困り始めていたのである。

兄弟

尋尊は、唐突に転がり込んできた七歳年上の同母兄を懇切に世話した。小宴や節供の料理には自分たち僧侶は口にしない「魚物」「不精進物」を準備させ、蹴鞠・連歌・猿楽などの会に招いて無聊を慰めた。教房が東大寺に出かけるときには同道し、浄土寺からは十王（画幅か）を、興福寺一切経蔵からは所望にしたがって後深草院宸筆経を召し寄せて閲覧に供している。子供のころ一緒に育ったというわけではなく、早くから京都と奈良に分かれて異なる道を歩んできた兄弟であるが、その絆は強いものだったと感じられる。

文正の政変

その教房がまだ奈良に滞在中だった九月、京都で「文正の政変」が起きた。義政の弟の義視は、義政に実子（義尚）が生まれたことで義政の後継者としての地位が微妙なものになっていたが、山名宗全らは義視を強く支持し、細川勝元らも義視が中継ぎ的に継承することにまで反対というわけではなかった。しかし、伊勢貞親や季瓊真蘂などの将軍側近勢力は義視の排斥を狙い、義視が謀叛を企てていると義政に讒言した。義政は義視を殺そうとしたが、義視は逃れて宗全と勝元に助けを求めた。大名らは結束して貞親の「不実の申状」を義政に訴え、その結果、貞親・季瓊真蘂らは京都から没落を余儀なくされた。面目を失った義政に代わって、京都では義視が事実上のトップとなった。

尋尊は次のように記している（『大乗院寺社雑事記』文正元年九月十三日条）。

> 近日京都の様、一向諸大名これを相い計らう、公方は御見所なり、今出河殿また諸事仰せ計らわると云々、

宗全と勝元の衝突は不可避

幕府では諸大名が実権を握り、義政は傍観している、また義視（「今出河殿」）がいろい

ろと指示しているということだと。そして目下宗全と勝元とが「大名頭」として義視を支えているものの、十二年ほど前から家督をめぐって分裂し抗争している畠山家と両人との関係を考えれば、宗全と勝元の衝突は避けがたいと尋尊は考えていた。

> そもそも風聞の趣は、今出川殿、山名は衛門佐(えもんのすけ)の事、扶持あるべしと云々、細川は当畠山管領に合力すべしと云々、

義視と宗全は「衛門佐」（畠山義就）を支援する、勝元は「当畠山管領」（畠山政長）に味方すると。そしてこの対立の大和国への波及をつぎのように記している。

> 当国越智は衛門佐方なり、山名を相い憑(たの)むと云々、筒井、成身院、箸尾、布施、高田は当畠山方なり、細川を相い憑むと云々、

越智は義就方、筒井は政長方

大和では越智が義就方で山名に従い、筒井以下は政長方で細川に従うと国内勢力を色分けしている。「云々」と結ばれ、伝聞・風聞として記されたことではあるが、尋尊自身の見通し・予見と受け取っていいだろう。そしてこれは、大和における大乱の構図を正確に予測したものだった。

応仁・文明の乱、始まる

その四箇月後の文正二年正月、両畠山勢は京都の御霊社(ごりょうしゃ)で衝突することとなった（御霊合戦）。義政はどちらにも加勢してはならないと大名らに命じていたが、宗全は義就を支援し、勝元は義政の命を忠実に守った。その結果、義就が利を得て政長は敗走を余儀

なくされ、勝元は「その期に臨んで違反、一向弓矢の道を失う（その時になって約束を破り、武士として失格）」（『大乗院寺社雑事記』文正二年正月二十日条）との世間の批判にさらされた。ことここにいたって宗全と勝元の連携は崩れ、両者は戦うこととなった。大乱の火ぶたは京都では応仁元年（文正二年は三月に改元〈一四六七〉）五月二十五日に切られ、以後約十年間続くことになる。

畠山家の分裂が主因

尋尊は応仁・文明の乱の主な原因を畠山家の分裂と考え、大和の勢力が深く関与しているとみて、つぎのように捉えていた。

畠山持国の晩年、畠山家の家督を義就と政長の兄が争った。光宣は政長の兄に味方し、筒井、箸尾以下が与力した。彼らの館などを義就方が攻撃したので、筒井らは大和を逃れて細川勝元をたよった。政長の兄は若くして亡くなり、子供がいなかったので弟の政長が取り立てられて大将また畠山家の惣領となり、幕府の管領に任命された。これはまったく光宣と勝元の支援のお陰だ。一方、義就は、吉野の奥の天川に引き籠もることになったが、越智家栄がすべてにおいて義就を扶け、朝晩の食事にいたるまで届けた。これまた希有な援助である。それだけでなく山名宗全にうまく話をつけて義就の赦免を将軍から得た。これによって、このたびの一天無双の大乱が起きた。（同・文明元年十月二十六日条）

尋尊が見た東西の張本

興福寺僧の光宣と南大和の国人である越智家栄は、東軍の大将である細川勝元と西軍の大将である山名宗全とならぶ重要な存在だったというのである。これは大和の人間に対する尋尊の一種の身びいき、過大評価とみるべきで、割り引いて考えなければならないだろうが、まったく考えられないことというわけでもない。光宣は御霊合戦に先だって文正二年の正月に勝元と「申し合わさんが（相談する）ために」奈良から京都に上り、以後二年半余り在京した。奈良に戻る時間がないほど、京都で忙しく活動していたからと考えられよう。『応仁記』にも「成真院光宣」「浄心院」として登場する。

光宣の羽振

文明元年（一四六九）七月二十六日、光宣は久しぶりに奈良に下向したが、そのときの様子を尋尊はつぎのように記している。

> 成身院光宣法印下向、醍醐辺りに至るまで細川、赤松の手の者どもこれを送る、同所より大和衆五百人ばかりこれを迎う、路次難なく無為無事なり、珍重、珍重、去々年正月五日上洛、それ以後は今日下向了んぬ、当年七十五歳なり、見るところ六十ばかりと云々、希代の者なり、この度の一天大乱の根元はこの仁なり、六十余州その隠れなし、かつうは奈良法師の名誉なり、

光宣は京都市中の移動を避け東の山科盆地に回り込んで奈良に下向したが、醍醐辺りまで細川氏や赤松氏の兵が護衛し、そこから大和衆が引き継いだという。勝元や赤松政

則らに丁重に遇されていたことを示していよう。そしてさらに尋尊は、光宣が大乱の「根元（根源）」で日本中がそのことを知っている、「奈良法師の名誉」とまで言う。

光宣の死

光宣はこの四箇月後の十一月二十日、奈良で亡くなる。

光宣法印、円明院において今日辰の剋入滅八十歳、年久しく奉公分なり、不便、不便、（中略）今日則ち般若寺において荼毘了んぬ、天気快然、風雨の難なし、寺僧・衆徒以下相い具す、また臨終正念にして地蔵菩薩を唱う、定座合掌、希有の事なり、今度の一天大乱は一向この仁の計略の旨と云々、その外軍方につき種々の悪行、他国、自国その隠れなきの間、一期候らい畢んぬ、定めて清盛公の如くたるべきの由、兼日各相い存ずるのところ、思いの外の時宜、中々是非なき次第なり、但しこの仁は神事・法会ならびに寺社の事、生涯を懸け計略致し了んぬ、かつうは又大正直の者なり、仍って諸事神慮に叶うの間、三宝御引導左右能わず、喜ぶべし、喜ぶべし、不便、不便、

往生と見る

最期の様子などを記した前半は明快である。光宣が筒井の坊である円明院で亡くなり般若寺で荼毘に付されたこと、穏やかな天気のもと寺僧・衆徒らが参列したこと、光宣は静かに祈り、威儀を正して臨終を迎えたことなどを述べる。光宣の極楽往生が示唆されている。なお、さきに尋尊は光宣の年齢を七十五歳と記していたが、八十歳というこ

この記述が正しい。

後半の、光宣に対する評価はやや入り組んでいる。まずここでも乱は光宣の計略によるとする。それだけでなく、光宣にはそのほかにも「種々の悪行」があり、それは大和でも他国でも有名である、したがって悪行の酬いとして光宣は平清盛のように苦しんで死んでいくのだろうと皆思っていたのに穏やかな死だったのはまったく意外だ、しかし光宣は神事・法会、興福寺・春日社のために懸命に尽くした、また大正直の者だった、それで神慮に叶い、往生できたのだと述べる。奈良を炎上させた仏敵清盛に結びつけたかと思うと、一転して寺社への貢献と正直を理由に往生したとする振幅の大きい評価であるが、ここでも尋尊が光宣の存在や役割を重視していたことがわかる。それをまったく根も葉もないこととみる必要もなかろう。

悪行と正直

越智家栄

西方の黒幕であるかのようにいわれた越智家栄についてもみておこう。文明二年七、八月ころ、家栄が西方の和泉守護に任じられるという話が尋尊に伝わってきた。一介の国人が守護に任じられるとすれば、それは破格の人事であるから、その背景には西方に対する家栄の抜群の貢献があったと考えていいだろう。また畠山義就は、子や夫人に危険が及ぶ恐れを感じたとき、越智のもとに避難させた。これも家栄に対する絶大な信頼を物語っているだろう。これらのことをみると、尋尊の家栄に対する評価もあながち荒

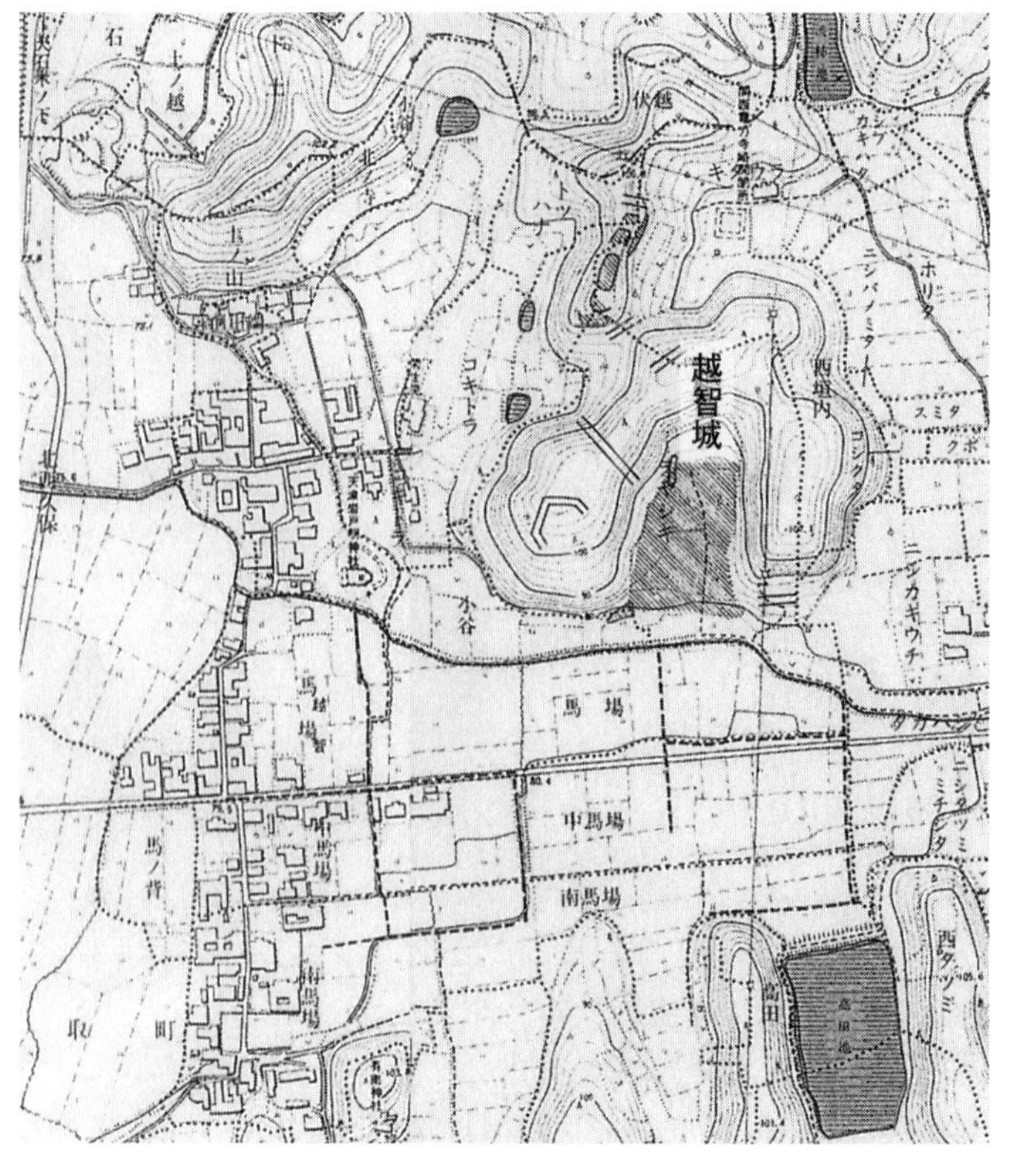

越智城跡（高取町越智小字ヲヤシキ）

（『大和国条里復原図』No.92・93，奈良県立橿原考古学研究所提供）

唐無稽とはいえない。

朸衆

光宣や筒井一門らは確固たる東軍・政長方、越智らはゆるぎない西軍・義就方だったが、大和の国人のなかにはどっちつかずの、あるいは情勢次第でどちらにもつく勢力がいた。尋尊は「十市、龍田、秋篠、片岡以下」の名前を挙げて、彼らを「両方荷衆」、あるいは「朸衆」と呼んでいる。「両方荷衆」(両方になう衆)はわかりやすいが、「朸」はあまり見ない字である。これは「おうご」あるいは「おうこ」と読み、荷物を運ぶのに使う天秤棒のようなもののことである。ひとつの荷物を棒の真ん中につけて(ぶらさげて)両端を二人で担ぐ場合と、棒の両端に荷物をつけて一人がバランスをとって担ぐ場合があったようだが、ここはもちろん「天秤にかける」後者のイメージで使われているのだろう。

中立

興福寺一寺、また両門跡としては中立の立場が維持された。どちらが勝つか予断は許されない以上、当然の知恵だといえよう。

大鳥居合戦

大和では激しい戦闘はそれほど多くはなかったが、尋尊が肝を冷やすことがなかったわけではない。そのひとつが文明七年五月の大鳥居合戦である。西方の大内政弘の軍勢が南山城に進出してきて、奈良の筒井勢を越智や古市などと挟み撃ちにしようとした。越智方は春日社の二の鳥居に陣取り、筒井方は興福寺内に陣を構えた。十四日、早朝にも衝突があったようであるが、午後になって「山内」と「寺中」の中間に当たる大鳥居（春日社一の鳥居）で合戦が行なわれた。この戦いでは西方が負け、古市勢は「一族五人、若党十三人」が討ち死にし、大将である古市胤栄・古市澄胤、それに東山内の山田某はかろうじて逃れたという。大鳥居と禅定院は直線距離で四百メートル程度。他所に避難していなければ、尋尊にも鬨の声は届いたのではなかろうか。神域でのこの合戦を、尋尊は「社頭の事、以ての外なり、珍事、悪行なり」と記している。

万歳城の攻防

奈良ではないが、翌月の六月八日にも激戦があった。万歳城（大和高田市市場）を布施や筒井の勢力を中心とする東方が攻撃し、城から打って出てきた万歳方に大敗を喫した。筒井と姻戚関係にあった箸尾は「箸尾一族、残る所なく打ち死に了んぬ」といわれるほど痛手を蒙った。この攻防で四百人以上が戦死し、「国中において合戦大死、前代未聞の事なり」（『大乗院寺社雑事記』文明七年七月三日条）といわれた。これを上回る規模の合戦は、乱が終わるまで大和では記録されていない。

乱の終息

文明九年十一月八日、尋尊は下向してきた一条家の家司から、在京中の大内政弘が領国に帰るだろうという「京中雑説」を聞いた。このうわさは本当で、西軍主力の政弘は三日後の十一日に帰国した。応仁・文明の乱はこれをもって終わるとされる。奈良に避難していた兼良などの京衆（後述）も年末から年始にかけて帰京した。

めでたき子細なし

その後も足軽による略奪などがあったが、幕府は奈良の門跡や院家に「敵陣退散」を祝う上洛、参賀を要求してきた。京都では早くも二十日に公家・武士・門主らが義政と義尚のもとに参上して「天下静謐（せいひつ）」を賀していた。しかし、尋尊は気が進まなかったようである。尋尊は義政の首尾一貫しない政治を批判し、近臣の跳梁（ちょうりょう）を大乱の一因と捉えていた。乱後の京都は皇族、貴族、門主らの御所が焼き払われ、「およそ京中、嵯峨、梅津、桂など、西山、東山、北山、一所として焼け残る所なき」有様で、諸国に目を向ければ、「日本国は悉く以て御下知に応ぜざる」状態と尋尊には見えた。「天下の事、更に以て目出度き子細これなし」、こう喝破（かっぱ）した尋尊は、義政の勘気を警戒していた（後述）ことや、乱後に奈良が義就方の勢力下となった（後述）こともあって、六年後の文明十六年三月まで上洛しなかった。

二　一条家の人びと

兼良は子沢山

京都で応仁・文明の乱が始まると、尋尊を頼って一条家の人びとが奈良に避難してきた。下向順に簡単にみておこう（巻末系図参照）。

東御方

奈良に最初にやってきたのは尋尊の母である東御方である。応仁元年五月の合戦開始ともに東御方はまず実家の中御門家に避難した。尋尊の異母弟妹である幼い子どもたちは「九条へ御成」とあり、九条随心院に疎開した。父親の兼良、兄の教房、教房子の権大納言政房はひとまず一条室町邸に留まった（『大乗院寺社雑事記』応仁元年五月二十九日条）。

転々

東御方が避難した中御門家は、一条家からおそらく一キロ程度しか離れておらず、安全ではなかった。そこで十日足らずで東御方は末娘の了高が住持する梅津の是心院へ移り、さらに八幡へ南下した。八幡の菩提院には長姉の尊秀がいた。ここに二箇月ほど滞在してから八月二十三日に奈良に下向し、大乗院に北面の僧として仕える堯善の家にまず入り、二十日余りのちに成就院に移って、ようやく落ち着くことができた。

成就院

成就院は、坊官で御後見（政所、雑務職とも）を務めた清賢の屋敷である。禅定院の東南、松谷郷に位置した。直線距離で五百メートル、徒歩では十分ほどだろう。禅定院の別邸、別館であるかのように使われていた。その敷地は本来方一町（約一・二ヘクタール）の広さを誇ったようであるが、このころはその何分の一かに縮小していた。それでも「成就院、内外広」しといわれ、敷地内には会所・「源氏間」・「具屋」・持仏堂などが西側に、主殿・「公卿座中間」・対屋・風呂などが東側にあり、それらの南側に世に知られた「山水（庭園）」があった。東御方以下一条家の人びとの居所となったのは西側の会所以下の建物群で、東側は清賢方として残された。

兼良も退避

東御方の奈良到着の翌々日には、兄の教房が下向してきた。さきにみたように、教房は父の兼良、子の政房とともにいちどは一条室町邸に留まったが、その後、父と子を残して九条随心院に移っていた。そしてそこから南下してきたのである。教房が奈良に移動した日には、政房が一条から九条随心院に移った。その四日後、最後まで一条室町邸に踏みとどまっていた兼良も政房に合流した。そして兼良が退去してから二十日足らずで、一条室町邸は向かいの日野勝光邸などとともに焼失した。

左衛門督殿・尊秀

兼良の三番目の夫人である左衛門督殿（のち近衛殿）は、応仁元年中には娘たちとともに下向しただろう。娘たちのうちで最年長の女子が秀賢から尊秀に改名して法花寺に入ったのは、翌年の八月のことである。ときの法花寺長老尊順は三代将軍義満の末娘で、自分の弟子、後継者として兼良の娘を迎え入れた。はじめは法性院（法正院とも）と呼ばれ、法花寺長老の地位を継承するのは文明十一年（一四七九）十一月のことである（『大乗院寺社雑事記』文明十一年十二月三日条）。姉妹の中心としての役割をその後担うことになり、服飾や縫製などの面で尋尊を支える存在ともなった。

経子

二番目の女子（経子）は文明二年四月二十六日、一乗院方の内侍原（梨原）坊に疎開していた内大臣鷹司政平に輿入れする。乱後に男子（のちの関白鷹司兼輔）をもうけて北政所としての地位を確立する。政平は一乗院教玄の弟で、この婚姻によって尋尊と教玄は姻戚となった。

尊好

三番目の尊好はすでに紹介した。四番目で尊好のひとつ歳下の宗方（しゅうほう）ははやくに桂林寺に入室していたので、奈良には同行しなかったと思われる。

政房・兼良・厳宝の下向

応仁二年、京都の貴族たちの生活は困難を増していた。また三月には稲荷社（伏見区）が、七月には吉田社（左京区）が兵火にかかった。南に少し離れた九条の地ももはや安全とはいえなくなってきた。こうして七月二日には政房が、八月十九日には兼良が、九月三日には厳宝が九条随心院から下向した。

教房夫妻、土佐へ

そして厳宝と入れ替わるように、六日には教房とその夫人（宣旨局〈せんじのつぼね〉）が土佐国の一条家領幡多荘（はたのしょう）（高知県南西部一帯）に向けて奈良を発った。二十五日に堺（大阪府堺市）で船に乗り、「希代の巡（順）風」に恵まれて翌日土佐に着岸したという。教房らを土佐に運んだ「山下船」「大船」は土佐の国人大平の知行する船で、「大平の女房と宣旨局は縁者」と尋尊は記している。教房夫妻の奈良から土佐への転移は、大平の支援に大きく依存したものだったと考えられよう。教房は乱後も京都にもどることなく、文明十二年十月に五十八歳で亡くなる。

政房は福原へ

教房が土佐に去った二箇月余り後、政房も成就院を出た。政房は一条家領の摂津国福原荘（神戸市兵庫区）をめざし、森口（大阪府守口市）、尼崎（兵庫県尼崎市）を経て二日後に無事福原に到着した。大内氏の代官である問田が駆けつけて「奉公」を誓い、朝夕の食事は大内方から進上されたようであるが、翌文明元年十月、山名・赤松勢が政房居所の福厳寺に乱入、問田は敗走し政房は殺されてしまう。その衝撃的なうわさを聞いてからの尋尊の心労はひととおりではなく、事実と確認してからの悲しみは深かった。

了高と権中納言局

応仁に戻ろう。二年九月二十九日には、梅津の是心院から妹の了高が奈良に下向した。またこれまでどこに避難していたのか不明であるが、十月二日には権中納言局（三条局、三条殿、南御方）が「若君両人」（冬良、政尊）をともなって成就院に着いた。そして二十九日には、了高がわずか一箇月の滞在で成就院を発ち、是心院領である美濃国市橋荘に向かった。応仁二年の七月から十月にかけては出入りが集中した時期だった。

秀高と慈養

その後、文明二年二月以前に、嵯峨恵林寺の秀高と二条直指院（直志院）の慈養が奈良に下った。秀高はおそくとも文明九年九月には法花寺に移り、法花寺御方となった異母妹の尊秀（秀賢）を後見するようになる。慈養は、文明四年十月二十五日に京都に戻る（後述）。

督殿

兼良第二夫人の督殿（上殿、守殿、屋女房）も奈良の滞在は長くなかった。尋尊は文明二年三月十七日に「相応院殿（恵助）御袋、今日上洛、八幡菩提院、賀州に下向せしむべしと云々、彼国人芝山の兄弟なり」と記しており、これ以前に奈良に下っていたことがわかる。やや文意が通りにくいところがあるが、「今日上洛した。八幡の菩提院を経由して加賀（石川県）に向かうらしい。加賀の国人芝山の妹である」ということだろう。さきにみたように、八幡菩提院には尊秀がいたが、このころ八幡周辺には畠山義就勢が陣取っており、危険だった。督殿は八幡には立ち寄ることなく上洛した可能性が高い。四月には実家である芝山（加賀市柴山町付近）に無事到着している。そのことを尋尊は、越前河合荘に避難していた恵助からの手紙で報された。国境を挟んではいるが、河合荘と芝山はそれほど離れていない。

尊秀

八幡の姉尊秀からは、三月二十一日に使者が尋尊のもとにやってきた。そして「奈良に下るので、人夫と伝馬をよこしてほしい。途中（の安全）は古市に相談したので、高山（鷹山とも。奈良県生駒市高山町の国人）に命じてくれる」と伝えた。二十四日の朝、尋尊は大乗院領の高田荘から召した馬一頭、同じく倉荘などから召した人夫に加えて「道見」を尊秀のもとに送った。「道見」は路次の安否を見極めるための斥候だろう。これも大乗院領から徴発された荘民かもしれない。こうしていったん奈良に下向したものの、尊秀はまもなく八幡に戻り、その後は八幡と法花寺を行き来して秀高とともに尊秀（秀賢）を補佐するようになる。

光智

香台寺（光台寺、高台寺とも）の光智は文明二年五月十六日以前に奈良に下り、文明十年三月以前に京都に帰る。

桓　澄

最後に下向したのが桓澄(がんちょう)で、文明三年八月十五日にやってきた。このころ、京都や奈良では麻疹(はしか)や赤痢(せきり)が猛威を振るっていた。経覚は十四日の日記に、奈良ですでに六百人、長谷(はせ)（桜井市初瀬）で二百人、小さな里にすぎない龍田(たつた)（斑鳩(いかるが)町龍田）でも百人余りが亡くなったらしいという情報を記している。禅定院では尋尊が麻疹、政覚が赤痢で、成就院でも厳宝が赤痢で臥せっていた。尋尊は、十三日から二十日までの八日間、日記を一行も書けないほど重症だった。

尋尊と同母の弟である桓澄は、軍勢で物騒な道筋を避けて岡崎（実乗院門跡、左京区）から「丹波路を経て和泉の堺から奈良に着いた」という。堺を経由したということは海路を含むルートということだろう。京都―亀岡―池田―尼崎―堺―奈良といった経路だろうか。かなりの遠回りである。「本来病者」という桓澄にはきつい行程だっただろう。それにもかかわらず、桓澄は奈良到着の翌十六日から尋尊の回復を祈って、七日間の薬師法の勤行を始めた。乱勃発の一年余り前、桓澄は経済的に困窮する岡崎門跡を出て、尋尊のもとで七十八日間過ごしたことがあった。そのとき懇切に遇してくれた兄に、少しでも報いたかったのかもしれない。薬師法は二十二日に無事結願(けちがん)（終了）して尋尊は快方に向かったが、無理を重ねた桓澄は持病の「虚損(きょそん)」（不詳）を悪化させて翌日から食事が摂れなくなり、歩くこともできなくなって三十日に亡くなった。まだ三十歳だった。尋尊は東御方を、「巡次にあらざるの条、則躰として無念の事なり（順番が違うと、東御方はさぞ無念だろう）」と思いやった。

成就院にいた家族

ここまでをまとめておこう。文明四年正月の時点で成就院にいたことがわかる人びとは以下の通り。尋尊の父兼良、母の東御方、弟の随心院厳宝、妹の恵林寺秀高と直指院慈養、兼良第四夫人の権中納言局とふたりの若君（冬良、政尊）。おそらく兼良第三夫人の左衛門督殿とその娘ひとり（尊好）もいた。八幡菩提院の姉尊秀は、成就院ではないと思われるが奈良に留まり、香台寺光智はすでに京に帰っていたのではなかろうか。奈良からさらに地方に下った人びととその滞在先は以下の通り。兄の教房は土佐、甥の政房は福原で横死、妹の梅津是心院了高は美濃、兼良第二夫人の督殿は加賀。

東御方、美濃へ

文明四年十月、東御方が奈良を出て美濃に行くことになる。

成就院に参じ申し、東御方三乃御下向の事、これを申し入れ了んぬ、子細あるべからずと云々、

これによれば、東御方の美濃行きは尋尊が申し入れ、東御方あるいは兼良が了承したということになる。従来、東御方の美濃下向は、兼良の後継者となる男子（冬良）の母親で寵愛されている別の妻がいることが原因だろうと、東御方自身の意向だったかのよ

うに考えられてきたが、そうではなかろう。

美濃の好条件

それではなにが原因だったのだろうか。後にみるように、尋尊は長期滞在する京衆の生活費の確保に苦労していた。しかし、老母の扶養を負担と感じたとは思えないので、さしあたり考えられることは奈良の安全性の低下である。前月九月の末ころから周辺の土民がしきりに蜂起して私徳政を行ない、奈良に押し寄せていた。徳政にこと寄せて筒井順永が南山城の大内勢を攻撃して敗走する、あるいは薬師寺の勅使坊が土民に焼かれるなどということもあった。尋尊が、母親をより安全な場所へ移したいと考えた可能性もあるだろう。美濃は四年前に了高が市橋荘に、曼殊院良鎮が直前に芥見荘に下向していた。また守護土岐氏を上回る力を持っていた守護代の斎藤妙椿（持是院）は、兼良の「数年の御知音」で「近来殊更奉公を致」す存在だった。娘と息子が在国し有力国人の保護が期待できるという点で、美濃が東御方の疎開先として好条件を備えていたことは確かである。

尋尊の心配、妙椿の歓迎

東御方は、帰京する直指院慈養とともに北上してまず八幡菩提院に着いたが、そこからさきの道が危険だった。それで菩提院に三箇月ほど留まり、翌文明五年正月二十三日に八幡を発ち、二月二日に無事加賀島（岐阜市）に到着した。了高からその報せが届いたとき、尋尊はほっとし、「この間毎日仁王講これを行なう、その験（御利益）なり、仰ぐ

斎藤妙椿肖像
（開善院蔵，岐阜市歴史博物館提供）

べし」と喜んだ。川手（革手、岐阜市）の妙椿からはさっそく米二駄、銭五貫文（現在の約五十万円）、紅梅（織物か）、塩引き（鮭）などが東御方に贈られた。

しかし、東御方に残された時間はあまりなかった。五月、兼良と厳宝が川手にやってきて妙椿の歓待を受け一箇月ほど滞在した。この旅を兼良が描いたのが『ふち河の記』（群書類従）だが、奈良に戻るふたりを見送ってまもなく東御方は病に倒れ、十一月に亡くなった。葬儀は少林寺で行なわれた。四十九日に尋尊は母の菩提を祈って福智院、新薬師寺、東大寺の法花堂・二月堂・念仏堂・大仏・中門堂・戒壇院・講堂、知足院、般若寺、眉間寺、興福寺七堂（金堂・東西両金堂・食堂・講堂・北円堂・塔）、新浄土寺、極楽坊を巡礼した。

なお、東御方と同時に奈良を去った慈養は、ずっと後のことになるが、美濃から帰京した兄良鎮のもとに身を寄せ、その後「御堪忍（生活の資）なきにより」妹の了高を頼って美濃に下向したことが知られる（『宣胤卿記』文亀元年十月七日条、永正元年十月十日条）。

文書・記録などの避難

ところで、一条室町邸から避難したのは、兼良たち人間だけではなかった。一条家の文庫には膨大な数の書物や文書・記録などが所蔵されていた。約八百合（箱）といわれる。さまざまなジャンルのものが集積されていたが、大嘗会（だいじょうえ）や即位式など皇位の継承儀礼や秘儀に関するもの、および叙位（じょい）・除目（じもく）・節会（せちえ）・官奏（かんそう）など朝廷の公事（くじ）に関するもの、つまり輔弼（ほひつ）の臣（摂政、関白）としての使命をはたしていくうえで必要な書物・記録類がもっとも重要なものだった。また、それらに劣らず貴重なものとして、摂関家当主代々の日記があった。

本居宣長の計算

一条家付近も安全でなくなると、兼良は書物や文書を東山毘沙門谷（びしゃもんだに）の光明峰寺（こうみょうぶじ）に避難させることにしたが、百箱ほど移動させたとき、先述したように一条家も向かいの日野家とともに焼けてしまった。尋尊はこのとき「関白家数代の記録等、焼失了んぬ」（『大乗院日記目録』応仁元年九月十八日条）と書いているが、兼良によるとそうではない。文庫は瓦葺（かわらぶ）きの耐火建築だったので焼けずに残った、しかし金品を納めた倉庫と勘違いした足軽に文庫は破壊され、書物や文書は引き散らされたという。江戸時代の本居宣長（もとおりのりなが）の計算では、箱ごとに五十巻として七百余箱で三万五千余巻の書物がこのとき失われた（『玉勝間』九の巻）。「日本文化史上の最悪の損失」とまでいわれる甚大な被害だった。

それだけではなかった。一年たらずのち、今度は光明峰寺が焼け、預けていた百余箱のうち三十箱余りの書籍・文書が失われた。残りの六十箱余りが、光明峰寺の創建者である九条道家の御影（肖像画）とともに禅定院に搬入された。

歴代日記の散佚

大乱で失われた一条家の書物の全貌は不明であるが、摂関家歴代の日記に限定してみれば、かなり具体的にわかる。表5は、尋尊の日記の応仁二年閏十月二十四日条と文明元年九月十八日条から作成したものである。記主の左に×印を付けた日記が応仁・文明の乱でなくなったもので、当主の代数でみれば、十八代中十一代の日記ということになる。

表5　一条家所蔵歴代記録

	記主	記主の追号	日記の呼称
×	師実	京極殿　後宇治殿	御暦
×	教通	大二条殿	二東
×	師通	後二条殿	自筆
×	忠実	知足院殿　富家殿	殿暦
×	忠通	法性寺殿	玉林
×	頼長	宇治左大臣	台記
×	基房（松殿）	松殿　菩提院　中山	松林
	兼実（九条	後法性寺	玉海　玉葉
×	良通（九条）	九条内大臣	九槐
	良経（九条）	後京極殿	殿御記
	道家（九条）	峯殿	玉蘂
×	教実（九条）	洞院殿	洞林
	実経（一条）	円明寺殿	口筆
	家経（一条）	後光明寺殿	愚暦
×	内実（一条）	棲心院殿	
×	内経（一条）	芬陁利花院殿	
	経通（一条）	後芬陁利花院殿	玉英
	経嗣（一条）	成恩寺殿	荒暦

『大乗院寺社雑事記』応仁２年閏10月24日条，同文明元年９月18日条（12巻174頁）から作成．
×印が応仁・文明の乱で失われたもの．

さみだれ式に返送

からくも残った六十余箱の書物や記録は、禅定院が危うくなったときには、さらに古市に避難させられて大事に保管された。乱後は少しずつ京都に戻されて一条家当主となった冬良に返還された。延徳二年（一四九〇）八月、五人の人夫が最後の十三箱を一条家に運んだ。尋尊は「六十余合、今に於いては悉く以てこれを上せ了んぬ。珍重、珍重」と安堵し、冬良は「その方に預け申すにより一乱の災いを免れ候条、祝着この事に候」（内閣文庫大乗院文書五九、第二御油帳紙背文書）と尋尊に感謝した。

なお、このほかに禅定院には二条家・随心院・高台寺・是心院・建仁寺などからも文書・仏像・仏画などが持ち込まれており、尋尊の負担を増やしていた。

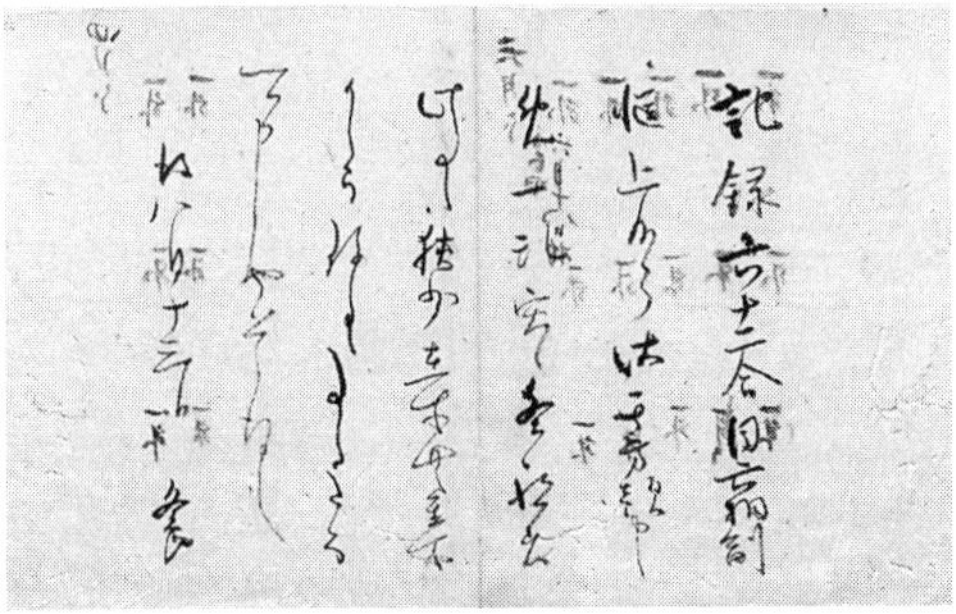

延徳二年閏八月十三日一条冬良書状（内閣文庫大乗院文書五九，第二御油帳紙背文書）

三　尋尊の戦い

京衆

成就院には兼良とその家族がいただけではない。

一条家に仕える中下級貴族の家僕や女房らもいたし、奈良市内に住居を確保して、そこから日々出勤する従者もいた。そして尋尊は、これら京衆の生活を支援しなければならなくなり、それは簡単なことではなかった。

末寺に助成要求

応仁三年（文明元年〈一四六九〉）の三月ころ、まず大乗院の末寺に「助成」が要請された（『大乗院寺社雑事記』応仁三年四月五日条）。助成は援助、支援という意味であるが、もちろんこの場合も限りなく強制に近く、賦課というほうがふさわしい。末寺のうち平等寺・安位寺・永久寺・萱尾寺（かようでら）・正暦寺・橘寺（明日香村橘）・中山寺は要請に応じたが、有力末寺の長谷寺と長岳寺は応じなかったようである。長岳寺は依然として抵抗を続けていたのだろう。

借金

一箇月ほどで合計二十一貫文（約二百十万円）が納められたが、それだけでは足りなかったようで、しばらくあとに尋尊は、門徒で学侶の妙徳院から十貫文を「京衆御米」のために借金した。現代の日本人は万一の事態のため、あるいは老後のため、ある程度の貯蓄をしておくのが普通のことなので、借金をしたといえば追い詰められた状態にあったと受け取られるかもしれないが、じつはそうでもない。年間を通してさまざまな収入があった尋尊は、貯えの必要を感じていなかったようで、気軽に借金をくり返している。

用米の賦課

その半年後の十月二十三日には「家門御座の間、計会により（兼良が滞在しているので、経

荘民の抵抗

済的に苦しい）」という理由で大和の大乗院領六十四箇荘に「用米」がかけられた。最大の荘園である楊本荘（やなぎもとのしょう）は五石、その他ほとんどの荘園は一石で、各荘園の名主・百姓あるいは近隣の衆徒・国民に、月末までの納入が命じられた。

尋尊としては、これはおそらく控えめな要求だった。しかし、たとえ少額だろうが、先例のない賦課に百姓らが唯々諾々と応じることはまずない。はたして四日後には備前荘（びぜんのしょう）から百姓らがやってきて「先例なし」と訴えた。尋尊は「納めなければ使いを付ける」とこれを押し返した。使者が派遣されると現地には使者一行の接待義務があり、それだけでも大きな負担になる。「使いを付ける」は有効な脅し文句だった。

新儀と認める

尋尊はこのほかにも数箇荘の抗議を記録している。そして「この分際（ぶんざい）の事、なお以て雅意（がい）に任す、末代至極の事なり（この程度の要求にもわがままを言う。末代の至りだ）」と憤っているが、ふだんは尋尊自身が先例の有無にうるさい。強気な態度は苦しい胸の内の裏返しにすぎないだろう。翌文明二年の三月あるいは四月になっても「過半今に無沙汰なり（大半の荘園は今なお納めない）」という抵抗を受けると、つぎのように愚痴っている。

> 先例なきの旨、種々歎き申し入るといえども、今度の事は別段の事なり、殿下以下かくの如く永々と御座の事、その例なき上は、またかくの如き新儀などこれを仰せられざれば、必ず門跡の難儀出来すべき上は、是非に及ぶべからざるの由、念比に

これを仰せ付け了んぬ、（『大乗院寺社雑事記』文明二年四月一日条）

先例なしとさかんに訴えるけれども今回は特別だ、摂関一行がこのように長々と滞在されるということは今までなかった、したがって今回のような新儀を命じなければ必ず門跡が困難に陥るのだから、あれこれ言うべきではないと詳しく説いたと。このように、「新儀」とみずからの反則を認め、そうしないと「門跡難儀」に及ぶからと泣き言にも等しいことを綴っている。諸荘民の抵抗はその後も続いたようで、尋尊は結局この年も妙徳院から十貫文の借金を二回することになった。

倍額をふっかける

文明六年八月四日にも諸荘に御用米がかけられた（同・文明六年八月九日条）。この賦課に関して尋尊は学侶に「去る文明元年、その沙汰を致す（さる文明元年に諸荘は用米を納めた）」と説明している。前回の「新儀」は今回の先例として主張されたのである。それだけでなく、賦課額は前回の二倍で楊本荘は十石、その他の大半の荘園は二石となった。当然のことながら諸荘民はふたたび抵抗した。そして備前荘や村馳荘からの減免要求に対して、尋尊はあっさりと半額免除を認めている。倍額の賦課は、あとで半額を恩恵的に免除するためにふっかけたものとみていいだろう。この半分免除策が功を奏したのだろうか、十月には未納の荘園があることを記しながらも「諸庄々御用米の事、去月大略その沙汰を致す」と、九月にはほぼ収納できたと記している。

長谷寺の肩代わり、妙椿の援助

こうして大乗院に収納された米や銭は、米であれば三石余り、銭ならばその時々の米価によって三貫文前後が毎月「御宿御米方」として成就院に支給されたと思われる（同・文明七年十月二日条など）。大乗院のこの支出を、文明五年や八年には長谷寺が肩代わりさせられたことがあったようで、米価にかかわらず毎月三貫文が進上された。またこれらとは別に、美濃の斎藤妙椿は文明二年から「御膳魚物方」（同・文明二年二月六日条）あるいは「御合力料足」（同・文明四年六月二十五日条）として、月当たり五貫文を継続して兼良に進上していたようで、その財力と兼良への傾倒ぶりが注目されよう。

寺門の支援

興福寺一寺（寺門）からの支援もあった。寺門からの支援は尋尊を経由しないことが多かったのだろうか、彼の日記にはあまり記されていない。しかし、じつはこちらのほうが京衆にとってより重要だったと思われる。兄の教房が下向したとき、藤原氏の長者の立場にあった兼良は、百貫文の援助をするように寺門に指示した（『経覚私要鈔』応仁二年二月五日条）。これに対して寺門は、「寺物無物（寺は金欠）」としながらも半額の五十貫の支出を行なった。

兼良は自らが奈良に下向したとき、尋尊を通じて寺門に援助を要求し、「御家撲等勘忍御用（家僕などの生活費）」として米十石進上の約束を取り付けた（『大乗院寺社雑事記』応仁二年閏十月二十六日条）。これは実際には千疋という銭で進上され、毎月恒例となったと考えられる。寺門は兼良のほかにも、一乗院坊官の内侍原坊に疎開した前関白近衛房嗣に千疋、同王寺坊の前関白鷹司房平に五百疋、経覚を頼って古市にやってきた前内大臣九条政忠に五百疋、そして「一向乞食の如き」ありさまで落ちてきた権中納言勧修寺経茂に三百疋の支援を毎月行なった（同・文明九年十二月六日条）。経茂は維摩会勅使を務める、興福寺にとっては大事な公卿だった。兼良と房嗣には寺門から「御越年として（年越しの費用として）」銭十貫文と米三石が贈られたこともあり（同・文明三年十二月二十六日条）、大乱下の寺門としてはそれなりの対応だったと思われる。

貴族の生活

京衆はいわば着のみ着のままで奈良に下向し、生活を寺門や門跡などに依存したわけであるが、だからといっておとなしく耐乏生活を送ったわけではない。貴族としての華やかな生活をかなりの程度持ち込んだ。そのことを尋尊が日記に書き留めた京衆の会合や季節の遊覧などを通してみておこう。

連歌会

まず目につくのが連歌会である。一条家の成就院、近衛家の内侍原坊、鷹司家の王寺坊で月次連歌が行なわれた。月次つまり毎月開催される会で、各家の人びとや家僕を中心として行なわれてそれほど規模の大きいものではないようであるが、外の人間が参加する場合もあった。禅定院でも月次連歌があったが、これには成就院から兼良が参加している。

月次連歌会のほかにも、庚申の夜を眠らずに明かすための庚辰連歌、三日間かけて行なわれる千句連歌などが京衆によって開催された。夏安居の期間に毎日行なわれてきた夏中連歌にも、京衆の参加があっただろう。予定されていたわけではなく「俄に」開催される会もあった。会のあとには持ち寄られた酒や料理で宴会が開かれるのがつねだった。

花見

連歌は季節の行事の一環として行なわれることもあり、春の花見でも行なわれた。文明三年三月の二回の太閤（兼良）花見をみてみよう。十六日は浄土寺の花見だった。尋尊が同寺の坊主と打ち合わせて準備した。前日には会場設営のために屏風・敷物・簾などを、連歌・歌会用に硯・文台・懐紙・短尺などを、そして宴会用に酒樽や箱詰めの料理・酒器・食膳などを人夫に運ばせている。当日の連衆は執筆（記録係）の清賢を入れて十九人で、発句は兼良、脇句は尋尊、第三句は厳宝だった。連歌のあとには兼良の出題で歌会があり、さらに一路（一路庵海禅か。茶人）が漢詩を献じて兼良がそれに応えて和韻したという。会は灯火が必要になるころになって終了した。無事に一日を終えることができた尋尊は、「誠にもって門跡の面目これに過ぐべからず、外聞実儀珍重、珍重、天気快然、これ又神慮の至りなり（これほどの名誉はない。世間体も内実もいい。天気も素晴らしく、神の最高のご加護だ）」と喜んだ。

翌十七日は白毫寺（奈良市白毫寺町）の花見で、桜を堪能した後、五十韻の連歌が行なわれた。前日同様、発句は兼良であるが、脇句は勧修寺経茂で、尋尊は第三句を付けている。これによれば、この日の世話人は経茂なのかもしれない。白毫寺の僧から「一器」の献上があったので、やはり酒宴を伴ったのだろう。兼良が戻った成就院ではさらに連歌が一折あった。

なおこの六日後、兼良は厳宝や女房衆らを伴ってはるばる吉野まで出かけたが、花はすでに散った後だった。

他の遊興

花見以外にも京衆は梅見、夏には灯籠や風流見物、秋には萩見・月見・菊見・紅葉見を楽しんだ。季節にかかわらず行なわれたのは茶・猿楽・久世舞などの会、寺社遊覧などである。兼良が行なう『古今和歌集』『日本書紀』『源氏物語』の「談儀」（講義）もあった。

文明七年の七夕会

文明七年七月の兼良主催の七夕会は、京衆滞在中に尋尊がとりしきったもっとも華やかな行事といわれている。東九間から障子上にかけての禅定院御所南面が会所とされ、美麗な屏風が引かれ、絵画が懸けられ、茶道具・酒器・盆などの置物が卓上に飾られた。床には唐筵や生莚などが敷かれた。圧巻は屏風を背にして並べられた生け花だった。あらかじめ五十人ほどの人びとに仙翁花の持ち寄りが依頼され、数千本の花が届

仙翁花

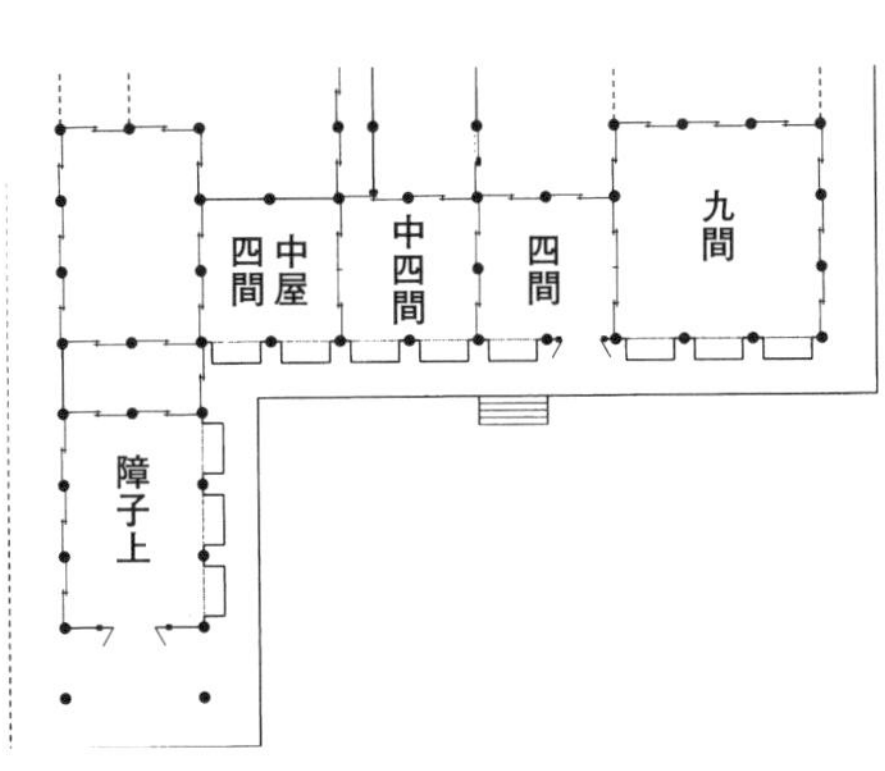

禅定院御所南面復原図（奈良文化財研究所編集・発行『名勝　旧大乗院庭園　本文編』408頁の図を加工）

けられた。仙翁花は中国原産のナデシコ科の多年草で、夏の花として当時喜ばれ、贈答にも用いられた。深紅色の可憐な花が十五、六人の衆によって前日の夕方から翌七日の朝にかけて百個の花瓶にいけられた。

そのようにして準備された会場で、昼食と五献の宴会を挟んで前半は連歌会、後半に和歌会が持たれた。連歌会は二十九人、和歌会は五十人の規模で、その参加者を表6として示した。下は大乗院の下北面の僧から上は前関白に至るまで、さまざまな身分の者が一所に集まったわけであるが、席や食膳は厳格に区別されていた。連歌会と和歌会の参加者の違いをみると、連歌会は私的な会で、和歌会が公的な会だったように思われる。散会後に会場の花を取りに来た成就院の女房衆に、尋尊は酒肴を提供している。参加者などが持ち寄った置物のいくつかは夜中に返却され、残った花も翌日昼前にはすべて撤去されたが、それまでの間、華やいだ雰囲気の残る会場は見物衆に開放された。

このような大きな会が年に何度も開催されたわけではないが、小さな会合は頻繁に開かれた。文明五年ころからは教玄・鷹司政平と兼良や尋尊との交流・会合も目立つようになる。京衆の世俗的、遊興的な活動に両門主が巻き込まれていくと、寺内からこれを

	連歌会	和歌会
左衛門尉，一条家司	○	○
春日若宮社権預		○
春日大宮社神官		○
中童子	○	○
中童子	○	○
中童子	○	○
中童子		○
中童子か	○	○
大童子		○
律師，東金堂衆	○	○
寺住衆徒，竹内堯善	○	○
上北面，法橋		○
上北面	○	○
上北面		○
上北面		○
上北面	○	○
上北面	○	○
上北面		○
四郎左衛門，一条家司	○	
東大寺僧か	○	
元貿易商人	○	○
堂衆か		○
		○
下北面		○
		○
随心院被官か		○
	○	

○は参加を示す

表6　文明七年七夕会人数

（太字は京衆）		連歌会	和歌会	（太字は京衆）
一条兼良	前関白（出家）	○	○	**紀夏弘**
近衛房嗣	前関白（出家）	○	○	中臣祐松
鷹司政平	右大臣	○	○	大中臣師淳
九条政忠	前内大臣		○	栄喜久丸
近衛政家	内大臣	○	○	慶藤丸
一条冬良	権中納言		○	竹千代丸
一乗院教玄	一乗院門主		○	慶満丸
大乗院尋尊	大乗院門主	○	○	藤鶴丸
随心院厳宝	随心院門主	○	○	虎光丸
三宝院政済	醍醐寺三宝院門主		○	春覚
大乗院政覚	得業	○	○	光秀
若君	政尊（冬良弟）か		○	専賢
西殿（円海）	鷹司，教玄伯父		○	賢秀
勧修寺経茂	権中納言	○	○	覚朝
東北院俊円	前大僧正	○	○	良鎮
八条三位入道	実世，九条家司		○	成実
修南院光憲	権僧正，前興福寺別当		○	円秀
西南院光淳	大僧都，興福寺別当		○	良祐
浄法院任円	権大僧都，興福寺権別当		○	**丸秀永**
竹屋治光	殿上人，近衛家司	○	○	延恵
松殿忠顕	殿上人，一条家司	○	○	楠葉西忍
尊誉	権大僧都，尋尊弟子	○	○	賢良
龍光院梵傑	尋尊伯父，禅僧		○	正意
入野入道			○	懐全
大膳大夫	近衛家司か		○	秀長
清賢	坊官，連歌会執筆	○	○	**徳阿ミ**
[illegible]舜	侍，威儀師	○	○	忠綱
泰弘	侍	○	○	

批判する声が出てくるのは避けられない。もともと連歌は寺門から警戒されていて、寛正四年（一四六三）十月に「国中ならびに寺門」を対象として定められた条々のなかにも「今般諸院・諸坊に於いて打太刀等の兵法ならびに連歌月次など増倍と云々、修学の障导（害）、法滅の大本なり（最近諸院諸坊で武術の訓練や連歌会が増えているということだ。修学の障り、仏法滅亡の基だ）」として禁止するものがあった。京衆の下向とともにさらに増えた連歌会を、苦々しい思いで見ていた人びとがいたことはまちがいない。

身内の批判

文明六年十一月、六方は、京衆の女性が門跡の風呂を利用することを「先代未聞の御儀、且つは釈門の瑕瑾、外見実儀然るべからず（前代未聞のことだ。僧として不適当、体裁も内実もよくない）」と糾弾する書状を送ってきた。尋尊の得た情報では、これは慶英（香舜房、珍蔵院）が「色々門跡乱行」を語り、それを六方が取り上げたことによる。震源地の慶英は、大乗院方有力衆徒である豊田の出身、大乗院房人の学侶で尋尊の近習のひとりといってもいい存在である。いわば身内から批判が起きているのである。翌日、一乗院にも同様の申し入れがあったということを聞いた尋尊は、「比興の儀どもなり、一向慶英の所行なりと云々（とんでもないことだ。すべて慶英の仕業らしい）」と短く感想を加えている。

下剋上と怒る

そして先述の七夕会があった翌文明八年四月、六方はふたたび書状で、「両門連々御会合の事、然るべからず」と申し入れてきた。両門主が頻繁に遊興の会を催すことを非難してきたのである。これに対して尋尊は次のように記している。

下臈として上の事計らい申す条、下極上の至り、当時の風儀面目、土民として侍以上の身上を進退し相い計らう、事儀同篇なり、

(下臈が上位者に指示するのは下剋上の至りだ。現今の風潮や様子は、土民が侍以上の身分を支配し指示する。それと同じだ)(『大乗院寺社雑事記』文明八年四月十三日条)

慶英の件では憤りを抑えて簡潔に感想を記した尋尊も、ここではかなり激昂しているように思われる。しかし、批判の内容には触れず、身分を持ち出して僭越だと返すのは正面から反論できないからだろう。尋尊や教玄らは、兼良などの京衆の行動を制限あるいは制御できるわけではなく、その立場上、京衆の要求に応えてさまざまな会を主催したり支援したりすることを余儀なくされ、その結果として寺門の批判を招いていた。

庶民の衝突

なお付け加えると、生活や慣習などが異なる者相互の摩擦は、奈良の町中でも起きていたらしい。右の一件から約一箇月後、奈良市中の支配権をもつ衆中が京都から奈良に疎開してきた「地下(じげ)の者ども(庶民たち)」の「進退(行動)」に関して「数箇条の掟法」を定めたと尋尊は記している。奈良と京都は、近いようで案外遠かったのである。

四　経覚の死、愛満との別れ

大乱中の文明五年（一四七三）八月二十一日、経覚は「大中風（脳卒中）」で倒れ、二十七日に亡くなった。尋尊は、経覚に代わって別当辞任の手続きをとったり、古市胤栄らと葬儀などについて打ち合わせを行なったりしたが、最大の関心事は経覚の借金問題にどう決着をつけるかだった。

いやな夢

これより三年ほど前のある夜、尋尊はつぎのような夢をみた。

経覚のもとに参上していろいろなことを語り合った。そのなかに、人間ははかなく、この世の移り変わりは早いということがあった。私が「代々の大乗院門主を見ると、三代の師弟が揃ったとき、真ん中の門主が師匠より必ず先に亡くなる。慈信、尋覚、覚尊が揃ったとき尋覚が亡くなった。孝尋、孝円、経覚が揃ったとき孝円が亡くなった。現在、経覚、尋尊、政覚と存生している。私が最初に死ぬだろう」と申し上げたところ、経覚は「本当にその通りだ。私もそう思う」とおっしゃって席をお立ちになった。私も席を立った。

経覚の借金

「この夢は前にもみた。続けて見るとは嫌なことだ」と記したあとで、「もし夢のように自分が経覚に先だって亡くなれば、経覚は門主に復帰すると言うだろうが、それは厳に避けなければならない」と記す。そして次のように続ける。

なぜならば、経覚の執務や取り計らいを数年見てきたが、それは「後日の難儀」を顧みないもので、その結果、大乗院の所領は危機状態に陥った。わずかに残った所領も、経覚が院務を執ると跡形もなくなるのは目に見えている。したがって、私が死んだら絶対に政覚を門主としなければならない。（『大乗院寺社雑事記』文明二年六月二十日条）

経覚は後先のことを考えない人だ、やることが場当たり的だというのである。門主の地位にあったときには大乗院の所領を減らしてしまい、いまや残るのは「九牛の一毛」とまでいう。かなり大げさだが、経覚が所領や領主権を切り売りしたのはまちがいないだろう。一例として、長禄元年（一四五七）九月前後から同四年十一月まで続いた尋尊と松林院との相論をみてみよう。

松林院との相論

経覚は大和国の小矢部荘・楠本荘・外河荘、摂津国富松荘（兵庫県尼崎市富松町付近）、越前国河口荘新郷内武沢名・坪江上郷内得元名などの年貢や公事銭の収取権を担保にして、松林院から借金した。松林院は大乗院門徒の院家であるが、主家だからといってとくに優遇してくれるわけではない。経覚は返済できず、担保とした権限は松林院の手に渡ってしまった。

未進の納入を迫る

しかし、尋尊によれば、将軍義教が経覚を大乗院から追放した永享十年（一四三八）、義教は孝尋、孝円、経覚の三代の門主がした借金をすべて棄破した。それによって「門跡の事、元の如くに本復」した。したがって、尋尊が大乗院に入室して評定衆が院務を代行したとき、さきの所領に関して失われた権限は、もとどおりに回復されていたということになる。嘉吉の乱後、経覚が門主に復帰するが、まもなく安位寺に逃れて奈良から去り、尋尊が院務を継承した。大乗院の院務は、七年の間に経覚―評定衆―経覚―尋尊とめまぐるしく移動することとなり、その混乱あるいは尋尊が若年であることに乗じて、松林院は大乗院に納めるべき年貢や公事銭をふたたび自己の収入とするようになった。何年もしてからそのことに気がついた尋尊が、利子を含めて未進分の納入を松林院に請求して相論が起きた。

弟子に返済義務

尋尊の主張は単純明快で、松林院が手にした年貢や公事銭の収取権は永享十年以降は無効であるから、その後の未進分を納入せよというものである。それに対する松林院の主張や反論は所領ごとに異なるが、尋尊を脅かしたのは、師である経覚の債務は弟子の尋尊に返済義務があるというものだった。経覚と尋尊が師弟だったことは第一で見たとおりである。この相論は、当初東北院が間に入って解決を試みたが不調に終わり、最後は光宣の仲介で示談が成立するが、師弟関係の存在を指摘されると経覚の債務を押し付けられるかもしれないという危機意識が、尋尊のなかに残った。

師弟関係の否定

それから約十三年後に経覚が亡くなったとき、尋尊の準備はできていた。経覚との師弟関係はなかったとすることである。経覚が嘉吉三年（一四四三）六月に幕府から正式に門主復帰を承認されたことも、なかったことにされた。

安位寺殿と予、更にもって付弟に非ず、その故は、門跡の事、院領等の事、悉く以て京都よりこれを仰せ付けらる、予九歳の年より当年に至るまで三十六箇年、院務相違なし、更に以て安位寺殿の御手よりは門跡を相続せざるなり、

（経覚と私は師弟ではない。なぜなら、大乗院や所領はすべて幕府から仰せ付けられたから。私は九歳のときから今年に至るまでの三十六年間、ずっと院務を掌握してきた。経覚の手から門跡を相続したわけではまったくない）（『大乗院寺社雑事記』文明五年九月十五日条）

事実の歪曲

以上のように経覚との関係を大きく書きかえることによって、経覚の債務履行を迫る銭主たちに、尋尊は強く反論できるようになった。彼の日記には、大乗院を守るなどのために、このように事実でないことが記されていることがある。門主や坊官の日記には公的な性格があり、そこに書かれたことは証拠や先例などとして依拠されていく。そのことを尋尊は十二分に心得ていたのである。現行の日本史事典などには尋尊の右の主張

をそのまま採用して尋尊の経歴を記述するものが見受けられるが、注意が必要である。

隠居料所

なお、経覚は隠居料所として知行したいくつかの大乗院領も担保として借金をしていた。これらに関しては、「隠居料所は経覚没後、大乗院に回収されるものである。経覚は一時的な預かり人（「一旦の給人」）にすぎない」という主張が追加されてその保全が図られ、まだしばらくの間、古市に滞在した九条政忠の生活費などに宛てられることになった。

経覚の日記

経覚が亡くなってから十三日後の九月十一日、尋尊は古市から経覚の日記を取り寄せた。ふたりの師弟関係は微妙で、それまで尋尊は経覚の日記をみることができなかった。尋尊が諸種の資料を筆写し、日々詳しい日記をつけざる得なかった理由のひとつは、前門主の日記を容易に参照することができなかったことだろう。ただし、ようやく閲覧することができた経覚記は、文安二年（一四四五）以前のものはほとんど鬼薗山城焼失の時に失われていた。安位寺への避難以後の分も尋尊にとっては多くの記事が簡潔で、物足りないものだっただろう。

丞阿弥

経覚は七十九歳という高齢で、また尋尊は経覚に複雑な感情を懐いていたので、その死にそれほどの衝撃や悲しみはなかっただろう。しかし、十箇月後の丞阿弥の自死は、尋尊を悲しみのどん底に突き落とした。

父の又四郎

丞阿弥の出家前の名前は愛満丸、尋尊の寵童である。愛満丸の父親の又四郎は、大和国平群郡立野の武士と思われる上田の被官（従者）だった。被官といっても、主人から独立して経済活動や富の蓄積ができる、隷属が緩やかなタイプの被官だったようで、嘉吉三年に主人である上田に十貫文を払い、自分で自分を身請けして自由の身となった。十貫文は、現在の金額に換算すると、百万円前後だろう。そのころには奈良市内の鵲郷に住んでいたようで、被官から解放する旨をしたためて上田が又四郎に渡した文書には「鵲又四郎」と記されている。

高僧に侍る児

（「春日権現験記絵」巻第十五，宮内庁三の丸尚蔵館蔵）

福智院の被官

その後、又四郎は大乗院坊官の福智院隆舜の被官となった。どのような事情があったのかわからないが、自由な身からふたたび隷属する身分に転落したのである。文安四年に男子をもうけ、寛正二年（一四六一）十一月になって尋尊から隆舜に対して、この子の奉公が要求された。かぞえで十五歳となっていたその子は尋尊のもとに参上し、愛満丸と名付けられた。尋尊に仕えることになっても、愛満丸に対する隆舜の主人権が消滅するわけではないので、尋尊はその点を確認した「折紙一行」を翌日隆舜に遣わした。

又四郎は有徳人

愛満丸が尋尊のもとに参上した翌年、父親の又四郎は尋尊の口添えによって興福寺の「延年鼓打（つづみうち）」に召し加えられた。さらにその翌年、又四郎は奈良中の有徳人（うとくにん）（富裕者）に臨時に賦課される有徳銭の免除特権を、やはり尋尊の口入（くにゅう）（口添え）によって獲得している。隷属民から自由民へ、そしてふたたび隷属民へと転落したにもかかわらず、又四郎はずっと裕福だったのだろう。従者であるにもかかわらず、主家である福智院家に米や銭を貸すようなこともしていた。

尋尊に訴える

福智院隆舜の子である牪舜（そうしゅん）は諸方から借金を重ね、文正二年（一四六七）、又四郎とその子の又六、愛満丸の親子三人を自分の被官として借金のかたに質入れした。借金が返済されなければ、親子三人は「他人の被官」になってしまい、尋尊は愛満丸を失ってしまう可能性があった。これを機に又四郎は、自分たち親子の「身上の事」について尋尊に訴えた。そして牪舜は尋尊の「御糺明」を受けることになり、又四郎親子は被官ではない、借金は自分で返すという咭文（こうもん）（誓約書。告文とも）を書かされてしまう（『大乗院寺社雑事記』文正二年正月二十六日条）。

見逃せないのは、牪舜が尋尊に咭文を提出したのと同じ日に、彼は父隆舜が大乗院内で占めていた地位をそっくり継承することを尋尊から保障されていることである。代替わりにともなう安堵という大きな御恩を尋尊から蒙ったわけである。このことは何を示唆しているだろうか。以下のように読み解くべきだろう。

代替わりというタイミング

尋尊は隆舜に「折紙一行」を交付しており、﨟舜が又四郎親子を質入れしたのは、本来なんの問題もない行為だった。つまり又四郎親子三人は、福智院家の所有物だった。有徳銭を賦課されるような富裕者が、一方では奴隷同然に売買されるところが中世という時代のおもしろくて不思議なところだが、又四郎はそのような境遇から抜け出すために、息子に対する尋尊の寵愛を利用したのである。このころ、隆舜は病を得ていた。大乗院坊官家としての福智院家を息﨟舜が継承しなければならない時期が来ていた。坊官家の継承を最終的に承認するのは門主である。もちろんそのことを又四郎はよく知っていた。そのような弱みを持つ坊官家の代替わりのタイミングをみはからって、又四郎は尋尊に、自分と息子たちの解放を願い出たのである。

安堵と引替

隆舜・﨟舜の親子は、又四郎たちは売買・質入れ可能な被官であるという証拠、証文をたとえ持っていたとしても、坊官としての地位を無事に父親から息子へ引き継がなければならない重要なときに、門主の不興を買うようなことはしたくなかっただろう。不平不満は押し殺し、又四郎たちは被官ではないと言うしかなかった。福智院家の代替わり安堵は、又四郎親子の解放と引き替えに獲得されたのである。

尋尊には、この間のいきさつをどう整理して記録しておくかという問題があった。さきに少し述べたように、門主の日記には公的な記録としての性格がある。寵童を失わないために強権を行使したなどとあからさまに書くわけにはいかない。そこで、つぎのような話が辻褄合わせのために作り上げられた。

又四郎は、上田から自分自身を身請けした後に、奈良の大乗院郷に居住した。大乗院領に居住する関係から坊官家と結びつきを持ち、又四郎らは隆舜の「参所の中間」となった。ここで出てくる「参所」という言葉を「散所」＝賤民の集住地と解釈して又四郎や愛満丸を賤民とみる見方があるが、そうではあるまい。大乗院郷に居住するものの院家への諸課役が免除され、そのかわりに坊官など大乗院に仕える候人への奉公が課された存在、これが「参所」だろう。又四郎親子は、尋尊によって福智院家の「参所」たることを許可された存在であり、「自然相応の儀」つまり何か特別なときにそれなりの奉公が要求されるが、福智院家への隷属はそれほど強いものではない、そのような親子を隼舜は不当に質入れした、以上のような話である。

愛満丸を進上

又四郎の作戦は功を奏し、彼ら親子三人は被官身分から解放された。又四郎はそのお礼として尋尊に愛満丸を献上することにし、次のような文書を進上した。

今度身上の事、申し入れ候ところ、因幡寺主方の去状の晧文くだされ（候）条、畏まり入り候、それにつきては、又四郎・又六両人の事は自余の主を相たのみ候とも、愛満丸におき候ては、永代当門主に進上仕り候、更にもって両人の進退には混乱あるまじく候、よって後日のため、進上の状、件の如し、

文正二年丁亥二月六日

又四郎判

又六判

今後、又四郎と又六が別の主人を持つようになっても愛満丸は別で、永代尋尊に進上する、自分は親としての権利を放棄するというものである。兄の又六が連署しているのは、又六としても異存がない旨を明らかにしたのである。

愛満丸を解放

こうして尋尊は愛満丸を自分のもとに確保したのであるが、尋尊はこの又四郎の進上状に添えて文書の袖（向かって右側）に自分の花押を据えた文書を作成し、これを愛満丸に与えてただちに自由の身としてやった。

御判

愛満丸の進退につき、父又四郎ならびに又六の申状、かくの如し、是より以後の事は、進退一向愛満丸の所存たるべきか、よって後状として遣わされ候の由、（候）ところなり、

文正二年二月六日

愛満古曽

（『大乗院寺社雑事記』文正二年二月十日条）

父親・兄である又四郎・又六から愛満丸を進上されたが、これからの進退はすべて愛満丸次第であるとして、尋尊は愛満丸を束縛することを避けたのである。したがって、この時点から、愛満丸は尋尊のもとから立ち去ることもできたはずである。しかし、愛満丸は尋尊のもとにとどまった。

愛満丸を育成

文正元年ころから愛満丸は、大乗院の職員たちはもちろん、兼良や厳宝らも参加する連歌の席に連なるようになる。尋尊は愛満丸を、人前に出しても恥ずかしくない教養人に育てていたのである。

応仁三年（文明元年）四月、尋尊は愛満丸に十歳の女子を妻として迎えさせた。その女子の父親は木阿弥といい、さまざまな場面で尋尊の使者として使われ、また諸人からの申し入れを尋尊や奉行に取り次ぐ仕事をしている。茶湯の奉行をつとめている例もあるので、阿弥号とあわせて考えると、いわゆる同朋衆だろうか。

丞阿弥の自死

縁組み三年後の文明四年四月、愛満丸はすでに二十六歳になっていたが、ようやく童形を脱して出家した。法名は丞阿弥だった。その翌年ころより病気がちになり、六年四月五日の夕刻、奈良市内の自宅で自ら命を絶った。この知らせを内侍原の近衛家の連歌会から帰るときに聞いた尋尊は、「この間長違例なり、嘆き入るの他なし、不便、不便」と日記に記している。尋尊は自殺の原因を「長違例（病気）」と考えたのかもしれない。

丞阿弥の弔い

尋尊による丞阿弥の弔いは、まことに手厚いものだった。葬儀は七日に白毫寺で行なわれ、引導は極楽坊の坊主が担当した。遺体をのせる輿は、東大寺戒壇院から借用された。禅定院内にあった丞阿弥の部屋の「雑物（遺品）」は、その「注文（目録）」が作成されたうえですべて又四郎・又六親子に引き渡された。丞阿弥が亡くなった当日から、尋尊は菩提を弔って法華経を読誦し、光明真言念仏を毎日修している。九日には拾骨し、十日には引導の布施として極楽坊に「絹一疋、香合一」を送り、又六には「仏事」と「石塔」のことを仰せ付けた。この石塔を元興寺極楽坊曼荼羅堂の南に西向きに建てたとき、尋尊は瓶にさした杜若（かきつばた）に、

紫の雲かともみよかきつばた　この世へだてし人の手向（たむ）けに

という歌を添えた。紫雲（しうん）は人が極楽往生するときに出現するが、杜若を紫雲にみたてて丞阿弥の往生を願ったのである。十一日は初七日だったが、これ以後、七七日（四十九日）まで尋尊はかかさず随求頓写（ずいぐとんしゃ）（陀羅尼の書写）などを行なったようである。とくに五七日には功徳風呂（くどくぶろ）を施行（せぎょう）し、七七日には「地蔵一千三百四十九躰摺写（しょうしゃ）供養」などを行な

った。その外に、丞阿弥が生前に造立供養し所持していた舎利塔を又四郎が進上したとき、「訪（弔）」いとして尋尊は舎利講を一座勤めている。

没後仏事が一段落した五月三十日、又四郎・又六の父子が酒樽と折（料理か）をもって禅定院に参上した。尋尊にこの間の礼を申し述べるためだろう。尋尊は、「丞阿弥の部屋において酒これを給う」と記している。ややそっけない書き方であるが、丞阿弥の気配がまだ残る部屋に二人を招き入れ、身分を超えて酒を酌み交わし、故人を偲んだのではなかろうか。その後、命日には祈りを欠かさなかった。

第五　大御所時代

一　澄胤の登場、家栄の復権

筒井没落、越智・古市の隆盛

応仁・文明の乱の末期、西軍の劣勢が明らかになるなか、畠山義就は文明九年（一四七七）九月二十一日に京都を捨てて河内国に入り、翌十月上旬には政長方の勢力をほぼ追い出して一国を制圧した。これに連動して奈良や大和でも義就方が優越することになった。政長方の成身院順宣・筒井順尊らは追われ、河内から軍勢を率いて古市胤栄・澄胤兄弟が入って奈良を押さえた。越智家栄・家令父子も古市兄弟の二日後に奈良に上り、春日社と東大寺八幡宮に参詣した。尋尊は越智父子の社参について、戦場から「陣姿、小袴風情」の身なりで推して参詣する必要はないと批判しつつも、如才なく酒樽五荷、折二合、唐布（豆腐）三合を贈った。越智は十八年ぶりの復活で、筒井はこれ以後約二十年の間、本拠地を離れて「牢人」となる。

古市澄胤

翌十年正月、義就と家栄の支持を得て、古市澄胤が奈良の検断などを行なう官符衆徒

古市澄胤花押
（『大乗院寺社雑事記（第十七冊）』紙背文書，国立公文書館蔵）

（衆中）棟梁の地位（「奈良中雑務（職）」、たんに「雑務」とも）についた。胤栄と澄胤は、かつて経覚を古市に受け入れた胤仙の息子たちで、異母兄の胤栄が古市の家督をつぎ、澄胤は伯父が住持した発心院を継承して興福寺の学僧の道を歩んでいた。ところが胤栄は、文明七年五月の春日社大鳥居合戦であやうく命を落とすという経験をし、「道心を発し」て「遁世」すると言い出した。家臣の説得に応じて遁世は先送りしたものの決意は固く、澄胤が「退学」して家督を継承した。胤栄は古市西と名乗ることになり、ひとまわり年下の弟を支える立場にまわった。

子孫断絶すべし

この特異な家督交代劇について尋尊は、「胤仙は悪行をこととし、奈良中は安堵することがなかった。その報いで、古市家滅亡の前兆だ」としつつも、「古市家が正常でなければ、大乗院も一大事である。坊人の中でも古市は第一だから」と門跡への影響を心配し、さらに「澄胤は古市家を成敗できないだろう。しかし、成敗しなければ家臣たちは悪人なので、奈良中が大変なことになり、澄胤は神仏の罰を受けるだろう。また家臣たちが澄胤に悪行を申し勧めて非行を行なうことが目に見える」として「胤仙の子孫、断絶すべき故」を論じている（『大乗院寺社雑事記』文明七年八月三日条）。澄胤は茶祖とされる村田珠光の高弟で、能や連歌を好み馬術にも長け、文化史上の洗練された人物として知っている人には意外かもしれないが、先学が述べておられるように、「澄胤の家督継承は、……尋尊の祝福をうけるどころか、このような悪態の限りをつくしたような感想で迎えられた」（熱田公氏）のである。尋尊のこの「悪態」は、まだおもに胤仙や家臣たちに向けられたものであるが、まもなく澄胤自身に対しても激しい非難が展開されるようになる。

応護あるべからず

文明十三年三月、古市の山が連夜鳴動するという話を聞いた尋尊は、それは古市の滅亡の前兆だ、古市兄弟は「門跡に対して奉公なし、寺社に対して不忠」だからで、「人倫の礼儀に背く上は、仏神の応護（擁護）あるべから」ずなどと散々なことを書いている。

若宮神から卵

つぎのようなこともあった。文明十五年の八月末、澄胤は春日若宮社の前で神から卵を授かる夢をみた。これは「懐妊の相」だと澄胤は喜び、さっそく九月一日に社参を行ない、馬と田畠を寄進した。そうしたところ、はたして夫人（越智家栄の娘か）が懐妊した。十月の末になってこの話を知った尋尊は、子孫断絶すべきで「仏神の応護」がないはずの澄胤が子供を授かることに釈然としなかったのだろう、その夢は吉か凶か判断は難しいと神慮をいぶかり、つぎのように考えた。

一　卵ハ子なり、子ヲ下さるるの条、勿論なり（卵は子だ。子を下されるのは勿論だ）、

二　皆コハ一寺一社の雑務成敗の皆コなり（後述）、
三　卵ハランノ音アリ、一家ノ乱出来すべきか（卵はランの音がある。一家の乱が起きるのではないか）、
四　卵ハ卵堂（らんどう）トテ葬所ノ名なり（卵は卵堂、墓石〈あるいは火葬場〉のことだ）、

凶夢のはず

卵は「一家の乱」や「卵堂」のことかもしれず、澄胤の見た夢は凶夢の可能性もあると尋尊は主張（希望）したいのだろうが、二は何を言っているのか、このままではわからないので、解釈を試みてみよう。最初の「皆コ」は「かいご」＝「殻子」で、卵のことである。これで一から四の文の主語は「卵」で揃う。難題は文末のほうの「皆コ」であるが、これを「改宿（改悟）」とすれば、意味が通るように思う。澄胤は一寺一社の雑務検断者として春日の神から「改宿」を授けられた、つまりそれまでの悪行を咎められて猛省、悔悛を神から要求された、その可能性を尋尊は考えたということである。ただ、「改宿」は尋尊の書き物には見かけない言葉である。他にもっといい解釈があるかもしれないが、なんとか道筋をつけて不吉な夢だと尋尊が考えたかったことは確かだろう。

夢は捏造しない

ここには少し面白い問題もはらまれている。現代人であれば、尋尊のようなこじつけを行なう前に、澄胤の夢の存在自体を疑うだろう。澄胤は夫人の懐妊を知ってから夢の話を思いついたのではないかと。夫人は翌文明十六年正月五日の早朝、男子を無事出産

する。澄胤が夢を見てから四箇月余りのことである。とりたてて早産ではなかったとすれば、澄胤の夢は夫人の妊娠四、五箇月ころのことである。子を授かることを夫婦はすでに知っていたとしても不思議ではない。なにかとうるさい尋尊が、その可能性について言及していないのは、神託としての夢をでっち上げることは想定外のことだったからかもしれない。

澄胤の市政

それはともかく、澄胤が奈良中雑務に就任してから六年間、尋尊がその市政に満足していなかったことは間違いない。澄胤は雑務に就任すると、さっそく奈良中に毎月要脚（銭）をかけ、有徳銭を取ったりした。越智・古市方は奈良の完全制圧にはいたっておらず、筒井方の「牢人」が出没して奈良を収奪したので、市民は二重に苦しめられた。僧坊の検断をめぐって衆中と学侶が対立して、衆徒二十余人が寺住を辞退するという騒ぎが起き、澄胤の統率力が問われることもあった。

憑支の横取り

文明十一年八月には、澄胤は「奈良中所々興隆の憑支の一部分」を取っている。当時奈良では市民が郷（町）ごとに集まり、相互の扶助として、また金融として、憑支（頼母子）を定期的に行なっていた。その憑支の当選金一回分を、憑支の参加者でない澄胤が取ったのである。じつは六方が前年に恵心坊の修理の費用として、また当年にも千手院造営のために、奈良中の憑支の当選金を「所望」したが、澄胤はその要求を退け、尋尊は「尤も然るべし」とその成敗を讃えていた。それにもかかわらず、その後「自身計会（自分が困窮）」と称して押領を決行した。尋尊は「以前の成敗、何事か」とあきれ、「以ての外の次第、雅意」「珍事」「神慮且つは如何」と怒った。

順永と澄胤

このように澄胤に問題がなかったわけではないが、奈良中雑務職としての澄胤の行動は、応仁・文明の乱末期まで長年にわたって同職を掌握した筒井順永のそれと、それほど変わるものではない。順永について尋尊は、一族はみな「無理非道の輩」だとしながらも、順永自身については「随分忠節の者なり、国中の無為無事も一円筒井計略の故なり」（『大乗院寺社雑事記』文明二年五月二十八日条）といい、筒井順尊・成身院順宣らが陣中にあった順永の七回忌には、「重恩の者」の仏事がきちんと行なわれないことを残念がっている（同・文明十四年四月五日条）。ところが澄胤については、右にみてきたように、「悪態」の連続なのである。不思議な気がするが、相性というものかもしれない。

領主半分、百姓半分

「忠節の者」だった順永と明らかに違ったのが越智家栄である。家栄はさかんに私反銭をかけるようになる。門跡が門跡領を対象として臨時に賦課する反銭については、何度かすでに触れてきた。当時の大和にはこの門跡反銭のほかに、興福寺が一国を対象（「一国平均」）として賦課する寺門反銭もあった。これらをいわば公反銭とすると、衆徒・国民らが勝手に賦課した反銭が私反銭である。荘園領主以外の者（朝廷・幕府・守護など）

がかける反米や反銭は、荘園領主と百姓が半分ずつ負担するのが古くから荘園制下の慣行だった。現地の百姓からいったん全額が徴収され、百姓が領主に年貢を納めるときに領主負担分が控除された。

守護の振る舞い

尋尊によると、私反銭は「寛正以来の新儀」で一四六〇年代に始まったが、応仁・文明の乱末期まで衆徒・国民らが私反銭の賦課対象としたのは、それぞれの狭い勢力範囲にすぎない。また筒井の私反銭の初見は牢人に追い込まれる直前の文明八年で、同氏はあまり私反銭をかけていなかったと思われる。ところが筒井方を牢人に追い込んだ家栄は、その翌年の文明十年九月、筒井や箸尾の旧勢力圏を中心として、国内の広い範囲に私反銭をかけた。学侶は使節を越智城に送るなどして思いとどまるように交渉を重ねたが、どうやら「筒井、箸尾郷ならびに近所の在々所々」には反別二百文の賦課が決行されたようである（『大乗院寺社雑事記』文明十年九月二十八日条）。学侶は家栄の行動を「一向一国の守護の振る舞い」、「守護職の儀に相似せしむ」（『多聞院日記』文明十年九月二十三日、二十六日条）と評したが、応仁・文明の乱の最中に西方の和泉守護に登用されるという話があった家栄が、大和の守護をめざしたとしても不思議なことではなかろう。

私反銭で年貢減少

翌十一年、ふたたび越智は私反銭をかけた。このときも反別二百文で、大乗院領の横田荘には三十六貫文がかけられた。その半分の十八貫文が大乗院の負担となったので、この年の年貢から「代米十六石二斗」が控除されている。年貢計算書に「和市九升」と注記されていて、このときの米価は九升で百文だった（『大乗院寺社雑事記』文明十一年十二月十四日条）。

十二年には牢人をふくめて諸勢力がいっせいに私反銭をかけたようで、「一国中私反銭」（同・文明十二年九月十二日条）といわれる事態となった。学侶は越智・筒井・成身院・古市・十市などに使節を派遣して制止を試みたが、もとより効果はなかった（同・十六日条など）。文明十四年には越智の私反銭は、反別三百文に跳ね上がった（同・十四年九月五日条）。

越智の逸脱

こうした私反銭の恒常化とともに、越智はその振る舞い、作法も国人の域を逸脱していった。文明十三年十一月十六日の日記に尋尊はつぎのように記している。

去る八日、越智弾正忠の女房ならびに小三郎社参申す、各観禅院坊に落ち付き了んぬ、この切（砌か）よりすなわち社参せしむ、見物なりと云々、……此の如く国人などの女房、寺中より出立の事、その例なきか、当時の事の間、是非に及ばざるものなり、ただし、去る勝池院殿東北院に寄宿せらるる例か、尤もの事なり、

将軍母の先例

越智弾正忠家栄の「女房」は、つぎの小三郎家令の母親だろう。家栄夫人と家令が春日社に参詣した。ふたりともまず観禅院に入り、そこから社参したが、その様子は見る

に値するものだったという。このように国人の夫人が寺中から出立することは先例がないだろう。こんなご時世だから批判しても始まらない。先年の、勝池院殿が東北院から出立された先例によったか。なるほど。現代語に直せば、このようになるだろう。少し補足しておこう。

観禅院は越智が掌握している坊である。勝池院（勝智院）殿は義政母の日野重子のことで、かつて重子は兄俊円の東北院を出立所として春日社に参詣したことがあった。将軍の母親なら先例はあるわけである。それを踏襲することに「尤もの事なり」という感想を尋尊が最後に述べているのはもちろん皮肉で、「なるほど、そこまで思い上がったか」ということではなかろうか。

大名の如し

文明十七年四月には、家栄が伊勢神宮参詣をはたした。家栄はすべてにおいて「大名参宮の如くに」出立準備をするように命じ、詳しいことはわからないが、「奈良中郷民等地下人」は「迷惑の事ども」を申しかけられたという。「一国の大儀」「珍事」と尋尊は記している（『大乗院寺社雑事記』文明十七年閏三月二十七日、四月十一日条）。

三十二文の狙い

越智が守護、大名として振る舞い始めているとすれば、その私反銭はいわゆる守護反銭に変化、発展していく可能性を秘めていた。実際、越智が荘園制的な反銭を変化させようとしている点が注目される。文明十年九月の私反銭のとき、興福寺・春日社関係の土地（「奈良成りの下地」）の反銭は「百姓」分の「三分の一」だけを取る、たとえば反別百文のときは三十二文を「百姓」だけから徴収するので了解してほしいと越智は学侶に申し入れている（『多聞院日記』文明十年九月十日）。これだけでは何のことか理解できないので、補足が必要だろう。越智の意図はつぎのようなものだった。

尋尊の時代、土地には一般に、

領主（「地主」）―中間的な所有者（「作主」）―作人

という重層的な所有関係が存在した。三者が権利を持つとすれば、義務（負担）も三分の一ずつということは納得しやすいだろう。しかし、従来の荘園制のもとでは作人の土地に対する権利は公的には認められず、したがって公課の負担義務もなく、反銭は上位二者が負担した。今後は作人を「百姓」として位置づけて課役の三分の一を負担させる、上位ふたつの権利を持つ寺社や僧に負担はかけない、こうすれば私反銭に対する彼らの抵抗を排除できると越智は考えたのだろう。

荘園制崩壊への道

この新方式においては、あらたに反銭負担者となる作人は土地に対する権利を認められ、彼らが一国の「百姓」として越智と結びつくことになるだろう。その一方で、負担を免除された上位者の権利がいつまでも保証されることはないだろう。このような賦課方式は、荘園制とは異なる土地制度や社会への道をつけることになると思うが、このとと推測される。

き学侶は越智の提案を退け、反銭は当初の対象範囲を縮小し、従来の方式で行なわれた

ばら銭と緡

最後に、なぜ三十三文ではなく三十二文が百文の三分の一とされるのか、説明を試みておこう。中世の銭はほぼ一枚一文で、ばら銭の状態あるいは穴に紐を通してひと緡（さし）百文とした形で使用された。ひと緡にまとめられた銭が百枚であれば、百文の三分の一は三十三文だったと思われるが、紐を解いて実際の銭の枚数を数えると、九十六枚であることが多い。ここから百文の三分の一は三十二文となったのだろう。九十六枚の銭しかない緡が百文として通用するのは、銭を数えた手間賃と紐の代金が加算されるからとされている。

二　尊誉と政覚

尋尊には、興福寺の別当に昇る

ばら銭（備前市教育委員会蔵伊部出土銭）と緡（重要文化財広島県草戸千軒町遺跡出土品銭塊，広島県立歴史博物館写真提供）

ことになる愛弟子がふたりいた。尊誉と政覚である。政覚についてはすでに少しふれた（一一二頁）ので、ここではまず尊誉についてみてみよう。

藤千代丸

尊誉は康正元年（一四五五）十月十七日、十五歳の時に経覚に同道して九条不断光院から古市に下向し、三日後の二十日から藤千代丸として尋尊に仕えることになった。四歳年長の兄はさきに東門院に入り、孝祐禅師と称されていた。ふたりの父親は飛騨姉小路氏一族の小島持言で、『尊卑分脈』には「飛騨国司　左中将　正四下」と傍注されている。それほど身分の高い家柄ではないが、尋尊は「藤千代殿」と記すこともあり、尋尊外出のお供に際しては坊官らが乗馬のときに板輿を使用するなど厚く遇されていた。児として宴席で手長（給仕）役を務めたり、連歌や闘茶の会に列席したりし、十九歳のときに出家して尊誉となった。

東林院権僧正

その後は学僧として尋尊の指導と支援のもとに着実に歩み続け、文明二年（一四七〇）、三十歳のときに維摩会講師を務め、同八年、法印権大僧都のときに興福寺権別当となった。この間、尋尊の尽力により東林院という院号を獲得し、同十年、三十八歳の時点では権僧正だった。

大乗院権僧正

一方の政覚は、応仁二年（一四六八）に受戒して方広会竪義を勤めると、貴種としてその後の出世はめざましく、二十三歳で維摩会講師を勤め、文明十年時点では十三歳年長の尊誉とならんで権僧正となっていた。幕府からほとんど押し付けられた弟子だったが、尋尊は「氏長者の息においては、何れの家門たりといえども子細あるべからざる事なり（氏長者の息子ならば、どの家の出身でも問題ない）」、「門跡の事、必ずしも一門中に執心せしめ相続すべき事、無益なり（門跡の相続をひとつの家にこだわるのは無益だ）」（『大乗院寺社雑事記』文明二年十二月二十二日条）と考えるようになっており、政覚とは良好な師弟関係を結んでいた。

同時の頭役

政覚と尊誉が田楽頭役を同時に勤仕した文明十年（一四七八）のおん祭りは、尋尊にとって人生のハイライトのひとつとなった。かつて尊誉が維摩会講師を勤めたとき、尋尊は「彼の躰（てい）の事、計会その隠れなし（尊誉が困窮していることは明らか）」、「一円愚身沙汰し立つ事、その隠れなし（すべて私が支援して行なったことは明らか）」（同・文明元年七月晦日条）と記しており、自他共に認める尊誉の後援者だったが、その関係は変わっていなかった。もちろん政覚も尋尊の庇護下にあったので、文明十年の田楽頭役は、尋尊の主導と負担のもとに勤仕された。

尋尊の主導

五月二十一日、吉日ということで頭役について尋尊は「内々仰せ合わ」せている。「仰せ合わ」せの相手は、応仁・文明の乱の終盤に没落した筒井に代わって衆中を束ねることになった古市澄胤、同西胤栄兄弟らである。「両頭人各沙汰し立つべきの由」とあるので、政覚と尊誉を頭人とし、尋尊がふたりを全面的に支援する（「沙汰し立つ」）ことはこの時点ですでに事実上決まっていた。

六月二十日には越前河口荘の反銭徴収について、尋尊から朝倉孝景らに依頼する奉書が発給された。衆中から正式に頭役勤仕を命じる書状は八月晦日に到来し、それに対する両頭人の領状（承諾書）は九月二日に提出された。十月に尋尊は学侶のなかの「贔屓衆」を動かし、尊誉のために寺門から特別に助成を引き出すことに成功した（『大乗院寺社雑事記』文明十年十月晦日条、『多聞院日記』文明十年十一月二十三日、二十五日、二十九日条。六五、六八、七六頁）。大乗院では反銭奉行、諸山寺御用銭奉行、御坊人御訪銭奉行などが定められ、禅定院御所南面の中央ふた間を十二間（二十四畳の広間）に改造する作事も始められた。さらに荒れていた築地の補修や庭の整備が、頭役勤仕にあわせて行なわれた。

頭役に便乗

注目されるのは、築地補修と庭の整備が「普心（普請）」として、奈良の住民を広く動員して行なわれたことである。本来、普請は公共性の高い工事や事業のことをいい、人びとの参加や援助を「普く請」うて行なわれたことに由来する。確かに頭役は神事であり公共性が認められるが、ついでに頭坊の築地や庭の整備まで図るのは強引という印象が否めない。このあたりにも尋尊の辣腕ぶりがうかがえよう。

兼良の下向

十一月二十四日、京都から父の兼良と異母弟の冬良が下向してきた。祭礼前日の二十六日、田楽両座に対して装束給りが禅定院であった。装束給りは、本座・新座の両座の田楽法師たちに対して、両頭人がそれぞれの院や坊で行なうのが本式である。ときに別会五師だった宗芸によれば、院家より格下の平坊では、どちらか一方の坊に合流して行なわれることもまま見られるようになっていたが、門跡で両頭の装束給りが行なわれたのは初めてという（『多聞院日記』文明十年十一月二十五日条。六八頁）。改築が完了した十二間が最上席として準備され、ここに一条兼良・近衛房嗣・右大臣近衛政家・右大将一条冬良・「陽明若君」（近衛尚通か）・尋尊・政覚が座った。隣の中屋には勧修寺中納言経茂、松林院僧正兼雅、そして東門院僧正孝祐・東林院僧正尊誉の兄弟が控えた。装束の下げ渡しは順調に進み、当初降っていた雨も「日中」にはあがり、両座合わせて五番の能が演じられた。一献は清賢が沙汰した。そしてこの日の夜、政覚の父で前関白の二条持通が下向してきた。

翌日、田楽両座の参上、酒肴、退出のあと、尋尊は政覚・冬良・尊誉と牛車に同車し、例年通り市内の宿院辻子（しゅくいんずし）に車を立ててお渡りを見物した。翌二十八日の後日の酒肴は、政覚担当の本座分は一切経納所（いっさいきょうなっしょ）の役割として興弘（こうこう）が、新座分は尊誉が負担して行なわれた。

二条持通を歓迎

こうしておん祭りは無事に終了したが、この年は持通が下向していたので、行事はまだ続いた。二十九日、一条兼良と二条持通は長谷寺に赴いた。翌十二月一日にふたりは長谷寺からそれぞれ銭千疋（十貫文、約百万円）を献上されて奈良に戻った。持通は「御大刀」も得ていた。二日には兼良・冬良の春日社参、持通の「入堂」（興福寺では七堂などを巡礼すること）があり、さらに成就院で「一献御膳等」があった。そして翌三日に締めくくりともいうべき猿楽の会が禅定院であった。

この会は、珍客である持通の「御翫猿楽」（文明十年十二月二日慶英書状、『広島大学所蔵　猪熊文書　二』四四〇頁）、つまり歓迎会として開催された。十三番の能は「悉く以て大夫沙汰なり」と尋尊は書いている。太夫（座の長）の金春宗筠（元氏）がすべての曲目を演じたのだろう。十二間には兼良・持通・左大臣鷹司政平・右大臣近衛政家・冬良・陽明若君・教玄・尋尊・政覚が、中屋には参議武者小路縁光・松林院兼雅・東門院孝祐、そして尊誉が席に着いた。一条家の諸大夫や侍、一乗院の坊官・侍、北面らは障子上の「北より庇」で、中童了以下は九間で見物した。金春座への禄は二千疋（二十貫、約二百万円）、太夫には五百疋（五貫、約五十万円）に加えて兼良などから「御服代」「御扇代」などとして少なくとも八百疋（八貫、約八十万円）が与えられた。宗筠の子息八郎禅鳳（元安）や妹婿日吉与四郎なども禄に預かり、宴は五献まで続いた。こうして装束給りから始まった一連の晴儀を終え、持通は五日に、兼良と冬良は翌六日に京都に戻った。尋尊にとっては嬉しい日々だった。

尊誉、別当に

その約一年半後の文明十二年四月、興福寺別当に尊誉が任命された。正式な任命書が届くと、尋尊は早速寺務奉行・中次・四目代などを指名し、三綱の僧たちに奉行すべき「寺務自専庄園」（「尋尊御記」）を配分している。これらは本来別当の仕事、権限である。尋尊は尊誉の師として、つまり大御所として興福寺の人事や政務をみることになったのである。

政覚の別当就任と門跡の面目

尊誉は別当を三年近く勤め、その後は政覚が継ぐことになった。そのとき尋尊は誇らしげにつぎのように記している（「文明十五年五月日印鎰昇之中綱問答記」）。

権僧正政覚、興福寺別当職の事、宣下せらる、……権僧正尊誉、印鎰を寺庫に奉納せられ畢んぬ、……両権僧正、共に以って予の弟子なり、当院中に同宿す、連年相続して当職に居る、且は門跡の面目なり、凡そ前代未聞の例なり、神恩仰ぐべし、悦ぶべし、悦ぶべし、……

（権僧正政覚に興福寺別当職が宣下された。……権僧正尊誉は印鑑と鍵を寺庫に返納した。……ふたりの権僧正はともに私の弟子である。禅定院に一緒にいる。何年も続けて別当の地位に大乗院の者が就いている。まったく門跡の面目である。前代未聞のことである。神恩に感謝しなければならない。喜ばしい）

大御所として十四年

政覚は十年余別当の地位にとどまることになるので、尊誉のときから通算すると、尋尊の大御所時代は十四年余りの長きにわたって続くことになるが、文明十年に引き返そう。

隠居する夢

政覚と尊誉の田楽頭役を四箇月後にひかえたある夜、尋尊は夢を見た。

夜前に夢想、門跡の事、巨細権僧正御房にこれを申し置き、予は隠居の旨、これを思い定む、長屋庄給主職の事は、東林院僧正にこれを申し付く、童形のときよりの宛文これあり、彼の如くたるべきの由、同じくこれを申し定め了んぬ、希有の夢想なり、禅閤御一期の間は予院務すべきの由、存ぜしむるものなり、

（昨夜夢をみた。門跡はすべて政覚に譲って私は隠居しようと決心した。長屋荘の給主職は尊誉に付与する。尊誉が児だったときの宛文があるが、その通りにするように命じた。不思議な夢だ。兼良の存命中は私が院務を執ろうと思っている）（『大乗院寺社雑事記』文明十年七月二十六日条）

譲状を書く

この夢をみてから十日後の八月七日、尋尊は日記につぎにように書いている。

今日予の誕生日なり、思う子細これある間、予一期の後の事、これを書き置くものなり、これを封ず、

（今日は私の誕生日だ。思う所があって私が死んだあとのことを書き置いた。これを封じた）

現在は紙背文書

最後の「これを封ず」とは、人目に触れないように措置したということだろう。封筒のようなもの、あるいは箱に入れた可能性がある。この時に作成された七通の文書は、その裏側がのちに尋尊の日記『大乗院寺社雑事記』の文明十三年六月三日から同二十六

日条にかけての料紙として利用され、現在紙背文書として残っている。以下に示した(国立公文書館報『北の丸』二九、五三五〜五四一号文書)。

一　文明十年八月七日尋尊譲状(政覚宛)

二　(文明十年)八月七日尋尊書状(政覚宛)

三　(文明十年)八月七日尋尊御教書(堯善坊賢秀宛)

四　(文明十年)八月七日尋尊御教書(長教房訓英宛)

五　(文明十年八月七日)尋尊置文(政覚宛か)

六　文明十年八月七日長屋荘田数等算用状(尊誉宛)

七　(文明十年)八月七日尋尊書状(尊誉宛)

これらの文書のうち、一の譲状がもっとも重要で、その内容は三点にわたる。ひとつは、大乗院門跡を政覚に譲ること、二つは長屋荘を尊誉に付与すること、そして三つ目が経覚の債務は棄破された、借金の保証人になってはならない、偽造された尋尊の借用証に注意せよということである。二〜七の文書は、五以外はほとんど尊誉と長屋荘に関するものである。尊誉の将来の生活や経済が、政覚への譲与に劣らず尋尊の心配ごとだったことが窺える。

譲与確認の必要性

さて、尋尊はなぜ文明十年八月の時点で政覚への大乗院譲与を確認しておく必要があ

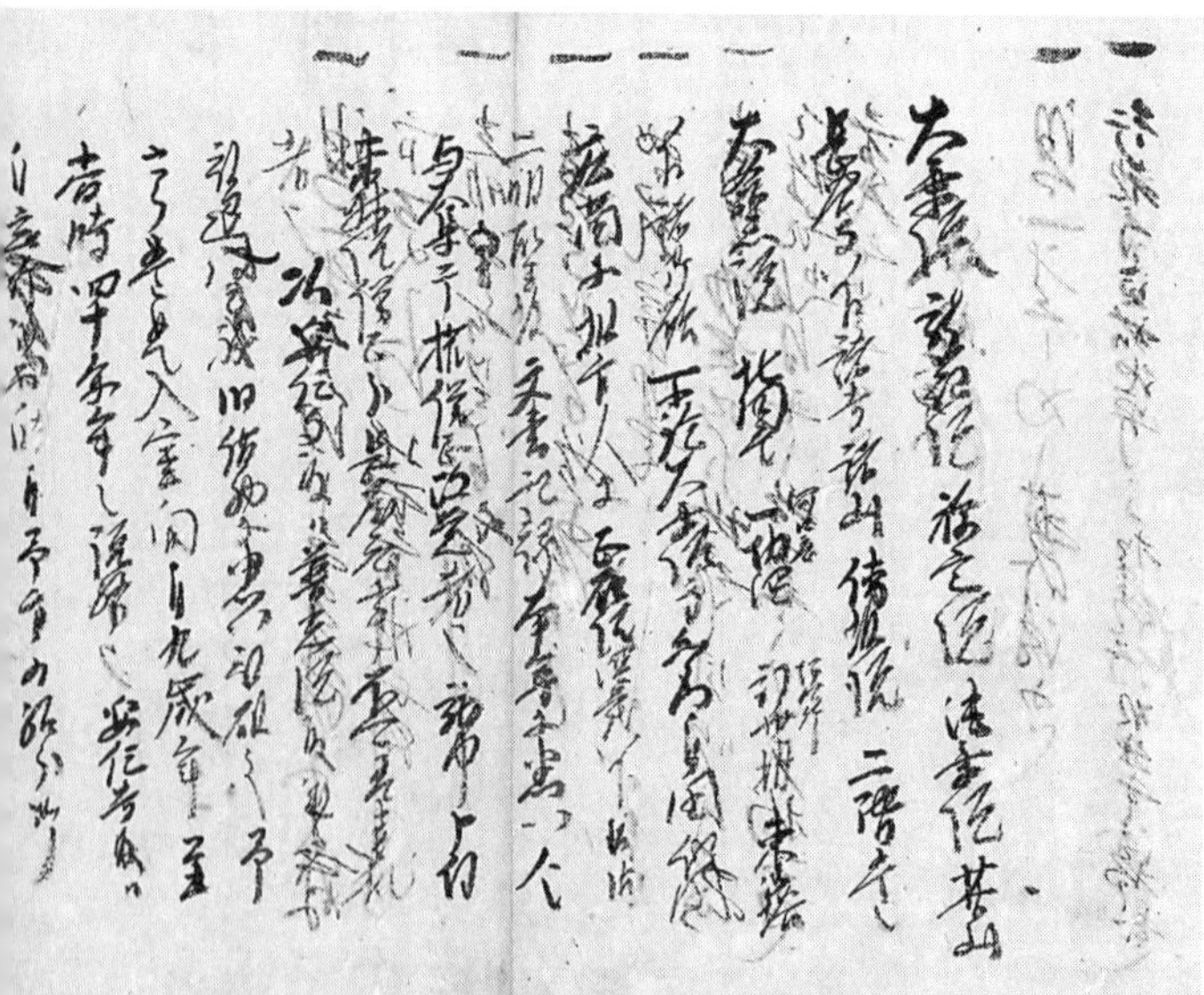

（…文書館蔵）

大乗院・龍花院・禅定院・法乗院・菩提山・
長谷寺以下諸寺諸山、伝教院・二階堂・
大発志院・北円堂・一切経（河口庄）・新卅講（坪江郷）・東御塔
以下諸御願所訖（迄）、大乗院方知行自国他国
庄薗等披官人等、正願院経蔵以下因内
二明聖教・文書・記録・本尊等悉以令
与奪于権僧正政覚者也、就中申付
東林院（尊誉）僧正分長屋庄事、不可有違乱
者也、次安位寺殿（経覚）ハ普光院殿（足利義教）御代
被退門主職、旧借物等悉以被破之、予
さら（あカ）ためて入室ノ間、自九歳年至
当時四十余年之院務也、安位寺殿ハ
自立野御出之時、自予方為給分御

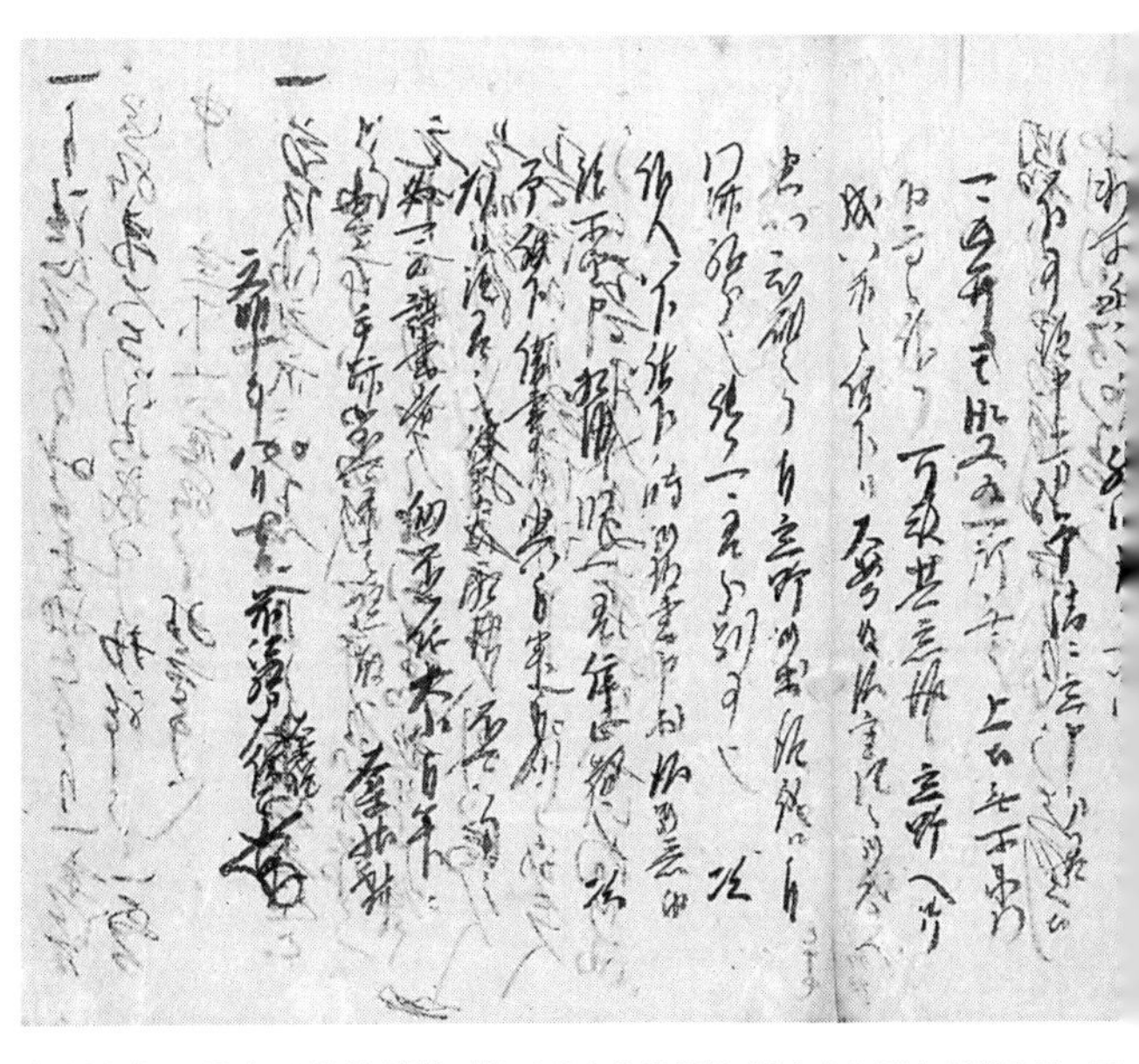

文明十年八月七日尋尊譲状（『大乗院寺社雑事記（第七十七冊）』紙背文書，国

料所進之了、然間彼御入滅之後、借下
以下事、雖申方候、予請ニ立申分有之者
可返弁、其段又為一所無之上者、無所承引
由、方々仰了、可被其意得候、立野へ御
成以前之借下ハ、大安寺殿(孝尋)後重任(御カ)之御代いせん
悉以被破之了、自立野御出後儀ハ自
門跡給分也、能々可有分別事也、次
給人以下借下ノ時、御教書申出、得御意由
雖所望申、相構〳〵堅可有停止者也、次
予借下借書ハ悉以自筆自判之処、
判ハ雖有之、他筆ハ相構〳〵不可被用之、
必可為謀書者也、仍不可依大小、自筆ニ
書之、手跡不可有其隠故也、(与脱カ)奪状如件、
文明十年八月七日　前法務大僧正(大乗院)（花押）

ったのだろうか。将軍義政の猶子として入室し、尋尊と良好な師弟関係を築くに至っていた政覚の継承は安泰ではなかったのだろうか。

その答えは、尋尊が夢を見た日の記事にある。尋尊は「父の兼良が生きている間は隠居しない、自分が院務を執る」と書いていたが、その真意は「兼良が生きている間は隠居できない。自分が門主でいるしかない」ということなのである。兼良は、政覚の継承に依然として納得していなかったのである。

政覚入室は不当

『桃花蘂葉』は、兼良が亡くなる前年の文明十二年に、一条家の当主として心得て置くべきことを子の冬良に書き残したものであるが、そこには大乗院についてつぎによう に記されている。

大乗院、……当時尋尊僧正、門主として現在せしむるの上は異論に及ばず、また経覚大僧正、家門と魚水の如し、更に子細に及ばず、九条若公の入室、これまた予儀に及ばず、今僧正房政覚、二条太閤の息として、室町殿時に前の左大臣の猶子分を以て入室せらる、非分の儀なり、僧正房、その子細はまた覚悟せらるるの人なり、

（大乗院、現在は尋尊が門主としてあるので問題はない。経覚と一条家は魚水の如くで支障はなかった。九条家から若君が入室するのも差し支えない。いま政覚は二条持通の息で、義政の猶子として入室された。不当なことである。政覚はそのことをよく自覚されている人だ）

兼良は頑固

政覚の大乗院への入室が決まったとき、経覚は兼良から抗議を受けたことを日記に記している（『経覚私要鈔』寛正三年五月六日条）。一条家の当主が不満を覚えたことは理解できよう。しかし、それからすでに二十年近くの歳月が経っている。その間、兼良は奈良に十年滞在し、政覚と交流することも少なくなかった。また尋尊が政覚を後継者と定めていたことを知らなかったはずはないだろう。それにもかかわらず、兼良は頑として二条家出身の政覚を認めなかったのである。尋尊は、自分が兼良より先に死ぬことになれば政覚はどうなるのかと不安になり、文明十年八月、さきの七通の文書を作成したのである。

父子の葛藤

尋尊と厳宝は、偉大な父兼良によく仕えた、親孝行な息子たちだったと思われる。しかし、この父子の間にまったく葛藤がなかったわけでもなさそうである。ふり返ると、文明二年七月、奈良に下向していた兼良のもとに、関白辞任を「意見」する日野勝光からの書状が到来した時、尋尊は「いわれるまでもなく、さっさと辞めるべきだ。朝廷の公務は一切ないし、殿下渡領（わたりりょう）からの収入もない。（関白の地位に止まっても）まったく意味がない。私の希望としては、辞めて早々に出家してほしい。そうすれば神慮にも叶い、進退としても潔い。土佐の兄教房には出家の志があるが、父親があのようなので、どうしようもない（自分が先に出家するわけにはいかない）と何度も聞かされた」（『大乗院寺社雑事記』

文明二年七月十五日条）と書いている。

文明十一年八月、兼良は冬良の任右大将拝賀の費用を調達するために、越前朝倉氏に下向した。ある貴族はこれを「いったんの潤沢により末代の恥辱を招く（一時の潤いのために末代まで恥を残す）」「かくの如き御進退、以ての外の次第か」と批判した（『晴富宿禰記』文明十一年八月二十三日条）。兼良に同行を命じられた厳宝は、「思いもしないことだ。越前の様子はよく知っているので、躊躇せざるをえない。ご老体は高齢で耳がまったく聞こえないのに、いったい何を考えておられるのだろうか」（『北の丸』二九、四九四号文書）と尋尊への手紙で嘆いている。翌十二年、兼良が将軍義尚の求めに応じて八箇条にわたる政道書『樵談治要（しょうだんちよう）』を献じたとき、尋尊が冷笑して「犬前（けんぜん）の説経（せっきょう）、用に立たざる事なり（馬の耳に念仏だ）」（『大乗院寺社雑事記』文明十二年八月二十九日条）と記したことは有名であるが、批判は将軍よりも父親に向けられていたのかもしれない。

日記の用紙

兼良は文明十三年四月二日に亡くなる。これで政覚の門主就任が兼良に妨げられることはなくなった。万一に備え封をして大事に保管していた七通の文書は不要になった。それらは封を解かれて日記の用紙としてしばらく保管され、まもなく裏面に記事が書かれて紙背文書として残ったのである。

三　「御穏便にあらず」

寺務関与は二十四年間

尋尊が公式に興福寺の別当の地位にあったのは、さきにみたように康正二年（一四五六）二月から三年と一箇月余りで、この一度だけである。経覚が四回も別当に就任したことと一見対照的であるが、尋尊は経覚の代官として七年近く、そして尊誉と政覚の後見として十四年近く、自身の在任期間と合計すれば約二十四年もの間、寺務に関与したのである。尊誉が別当だったとき、五月の別当坊菖蒲（しょうぶ）葺きを仕丁（雑務に従事した下級職員）が自分で行なわずに部下にやらせたことがあった。今後は自身が葺くように命じたと記録したあとで、尋尊はふと思い出したのだろうか、「菖蒲においては菖蒲池にこれあり、彼の池、予初度当職のとき、七郷の夫（ぶ）を相い催し修理せしめ了んぬ（菖蒲は菖蒲池にある。この池は、私の最初の別当職のときに南都七郷から人夫を召して修理した）」（『大乗院寺社雑事記』文明十四年五月四日条）と記録している。「初度」といってるのは、その後も何度か別当を務めたというのが尋尊の実感だったからだろう。

学賢房宗芸

そのような事実上の別当として、また大乗院の大御所としての尋尊の仕事ぶりは、どのようなものだったのだろうか。宗芸の日記から探ってみよう。学賢房宗芸は、大和の東山内の国民である山田の出身（『経覚私要鈔』文明三年七月二十七日条）で尋尊より三歳年長、十四歳のときに剃髪・受戒、応仁・文明の乱が始まるころには学侶で大乗院の門徒でもあった。文明九年（一四七七）四月に五師となり、以後二十余年の間、学侶代表のひとりとして寺門の要務に従事することになる。五十五歳のときに田楽頭役勤仕によって権律師に、六十八歳のときに権少僧都に、そして七十九歳で亡くなったときには法印だった。

宗芸は尋尊を批判する記事をいくつか残しているが、それらのなかから三件、みてみよう。

三俣戸忌日料

四月十七日は藤原北家の祖である房前（ふささき）の忌日で、講堂で三弥勒経の講経・論議・読経などを内容とする法要が営まれた。行事の費用を負担する料所は、興福寺において別当が人事や管理権を握る「寺務自専（じせん）庄園」のひとつである丹波国三俣戸荘（みまたべ）（京都府福知山市付近）で、応仁・文明の乱以前は現地から銭二十貫文、杉原百帖が納められることになっていた。しかし乱中に、杉原百帖分として現地から納められるのは代銭三貫文にまで減った。給主（預所（あずかりどころ））に任命されて現地と興福寺の間に介在した柚留木重芸（ゆるぎちょうげい）は、自分の懐から二貫文を補塡し、合計五貫文を杉原百帖分として寺門に納めた。

いったんは承服

ところが重芸が文明十三年に亡くなると、尋尊は「不忠の仁」として重芸子の春雅丸から給主職を召し上げて別人に仰せ付けた。これによって柚留木が自腹を切っていた二貫文は補塡されなくなった。学侶および五師は、「寺門に相談なく独断で代官（柚留木のこと）を改替されたのだから、別当である大乗院の責任で料紙（杉原）を出すべきである」と杉原紙そのものをいったん要求したうえで、善後策として大乗院による二貫文の補塡、または柚留木の還補を要求した。これに対して大乗院（実質的には尋尊）は、「初めは種々難渋ありといえども、ついにその理に負け、沙汰すべきの由、領納了んぬ（初めは何かと渋っていたが、最後には理に負けて沙汰すると承服した）」と宗芸は記している（『多聞院日記』文明十六年四月十七日条）。

責任を回避

しかし、大乗院側の「難渋」は続き、補塡はもとより柚留木の再任も受け入れず、学侶に「現地にもともとのごとく百帖を要求せよ」（『大乗院寺社雑事記』文明十六年四月十九日条）、あるいは「学侶中で相談して誰でもいいから取り次ぎのことを申し付けられるべきである」（『政覚大僧正記』同日条）などと非現実的な、あるいは料紙の収取責任が学侶にあるかのようなことを言っている。そして最終的には料紙の収納責任を寺門に押し付けて、この件から逃げ切った。大乗院の負担は増えず責任は軽くなったが、料紙収納権が別当から寺門に移ったのである。つまり三俣戸荘は「寺務自専庄園」ではなくなったわけで、大きな問題を残したと言わねばならない。柚留木の解任といい、後々のことを考えない軽率な措置といわねばなるまい。

修正会讃説の布施

右の料紙問題と同時に起こっていたのが、修正会「讃説」（最勝王経の講筵か）の布施をめぐる相論である。このころ、修正会が正月から何箇月か遅れて行なわれることは珍しいことではなくなっていた。文明十六年の修正は四月晦日に始行されることになり、講堂で導師と二名の請僧をもって勤行される讃説の廻請を、五師方は例年通りに作成して大乗院に送付し、別当政覚の承認を示す花押を請うた。

非例は先例にならず

それに対して大乗院は、「大乗院家御寺務の時に於いては御始行なきの条、先例（大乗院が別当のときは、讃説を執行しないのが先例）」、「安位寺殿、また当大御所の時、御沙汰なし（経覚や尋尊が別当のとき、執行しなかった）」と主張した。これを宗芸は、別当が負担しなければならない布施物を「遁避」するための詭弁とし、経覚と尋尊は「毎篇威勢を以て雅意に任せられ（いつも威勢を笠に着てわがままを通し）」、「随意の御振る舞い、珍しからず（勝手な振る舞いが少なくなかった）」ので、「其の跡ありといえども、全く以て非例、例と成すべからず（事実があると言っても完全な違反だ、先例とはできない）」と非難した。

主張を変えて難渋

すると大乗院側は論拠を変え、料所である摂津国吹田荘（大阪府吹田市）から年貢が収納できていないので讃説は始行できないし、布施も出せないと主張した。ところがその後、「少しではあるが、吹田荘から年貢が納められた」ことが判明すると、今度は「大乗院の御寺務の時は布施物出さるる事、先規の跡なし（大乗院が別当のときは、布施を負担した先例はない）」、「諸院家等の例は御覚悟に及ばず、当門跡においては下行せず（諸院家が負担するかどうかは知らない。大乗院は負担しない）」と主張した。

「先例なし」という大乗院側の主張に対して宗芸は、「御沙汰の跡（支出した例）」がないとしても、それは「御沙汰あるべからざる支証とはこれを成すべからず（沙汰しなくていいという根拠にはならない）」と反論した（『多聞院日記』文明十六年四月二十七日条など）。

御穏便にあらず

それまでの別当が負担してきた布施を突然出さないと言われ、宗芸は「もっての外の御僻事（ひがごと）」「雅意」「言語道断」などと口を極めて大乗院を非難し、さきの料紙のことと合わせて、「大乗院家毎々御穏便にあらず、また随意に任せらるるの条、寺門の零落、勿体なきものなり（大乗院はいつも問題を起こす。わがままに振る舞われて寺門が落ちぶれるのは不都合である）」と嘆いている（『多聞院日記』文明十六年五月九日条）。

奈良中を動員

三つめは、翌文明十七年のことで、禅定院の庭の池浚いである。尋尊は二月末に「東大池」の「池堀」を思い立ち、澄胤に相談した。そしてさっそく三月二日に、奈良中の住民を動員して大規模な浚渫を始めた。住民の動員は、奈良市内の支配権を持つ衆中を「奉行」として行なわれ、寺門や門跡などとの関係から免除されるはずの者にまで及んだ。東大寺郷の住民も例外ではなく、わずかに八幡社の神人（じにん）（下級の神官や職員）と公人（くにん）（下級の職員）が東大寺からの申請によって除外された。尋尊は衆中の協力を「門跡の面

大乗院は非儀を本とする

現在の「東大池」(奈良文化財研究所，公益財団法人日本ナショナルトラスト提供)

目なり」と喜び、衆中およびその配下に「一献」や銭を給した。

尋尊は、池浚いが「普心の事」なので、奈良中の住民を「召し出し」たと記している。大乗院の庭の池浚いは公共のための事業、したがって奈良の住民には労役提供義務があるというのである。これに対して宗芸はつぎのように述べている。

近日寺務大乗院家の沙汰として寺住衆徒の衆を相(あ)い語(かた)らい、衆中の下知と称して奈良中南北の郷民を召し仕い、山水(さんすい)の池これを掘らる、……以ての外の次第なり、新儀非法の至り、学侶・六方の腹立(ふくりゅう)この事なり、……惣(そう)じて大乗院、非儀を以て本(もと)となし、結句(けっく)非例を以て後証(こうしょう)となし、日記等に引き付け沙汰し置かると云々、言語道断の事なり、……書状を以て衆中ならびに門跡に問答を致し了んぬ、随ってかくの如き題目色々大儀に及ぶの間、池掘り止められ了んぬ、

（最近別当の大乗院が寺住の衆徒をうまく言いくるめ、衆中の下知と称して奈良中の住民を動員して池を浚った。もってのほかのことだ。新儀非法の至り、学侶・六方としてこれほど腹立たしいことはない。大体大乗院は道理に外れたことをしては、それを後の証拠とし、日記などに記録しているということだ。言語道断である。書状をもって衆中および門跡と問答した。このようなことは何かと面倒になるので、大乗院は池浚いを止められた）（『多聞院日記』文明十七年三月四日条）

宗芸は、ここに見られるように、尋尊が日記などの記録を自分に都合よく利用することを知っていた。当時多くの人は、記録された先例を突きつけられると引き下がっていたようだが、宗芸は一歩踏み込んで、その先例が正当なものであるかどうかを問題とした。今回尋尊は、文明十年に築地補修と庭の整備が普請として行なわれたことを先例として挙げたのかもしれない。しかし、宗芸には通じなかった。

以上、宗芸の記録から尋尊をみたが、その評価は芳しくない。もっとも尋尊も宗芸のことを「未練の体」「寺社の魔縁（まえん）」「表裏」の者などと記しており、宗芸を嫌っていたことは明らかである。そのことを宗芸が知らないはずはなく、彼の尋尊評は偏っている可能性があるので、宗芸を離れてもう少し探ってみよう。

尋尊と宗芸

文明十六年七月、大乗院には喜ばしいことがふたつあった。仏地院の院務獲得と政覚の薬師寺別当への就任である。

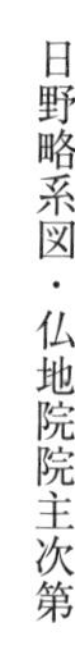

日野略系図・仏地院院主次第

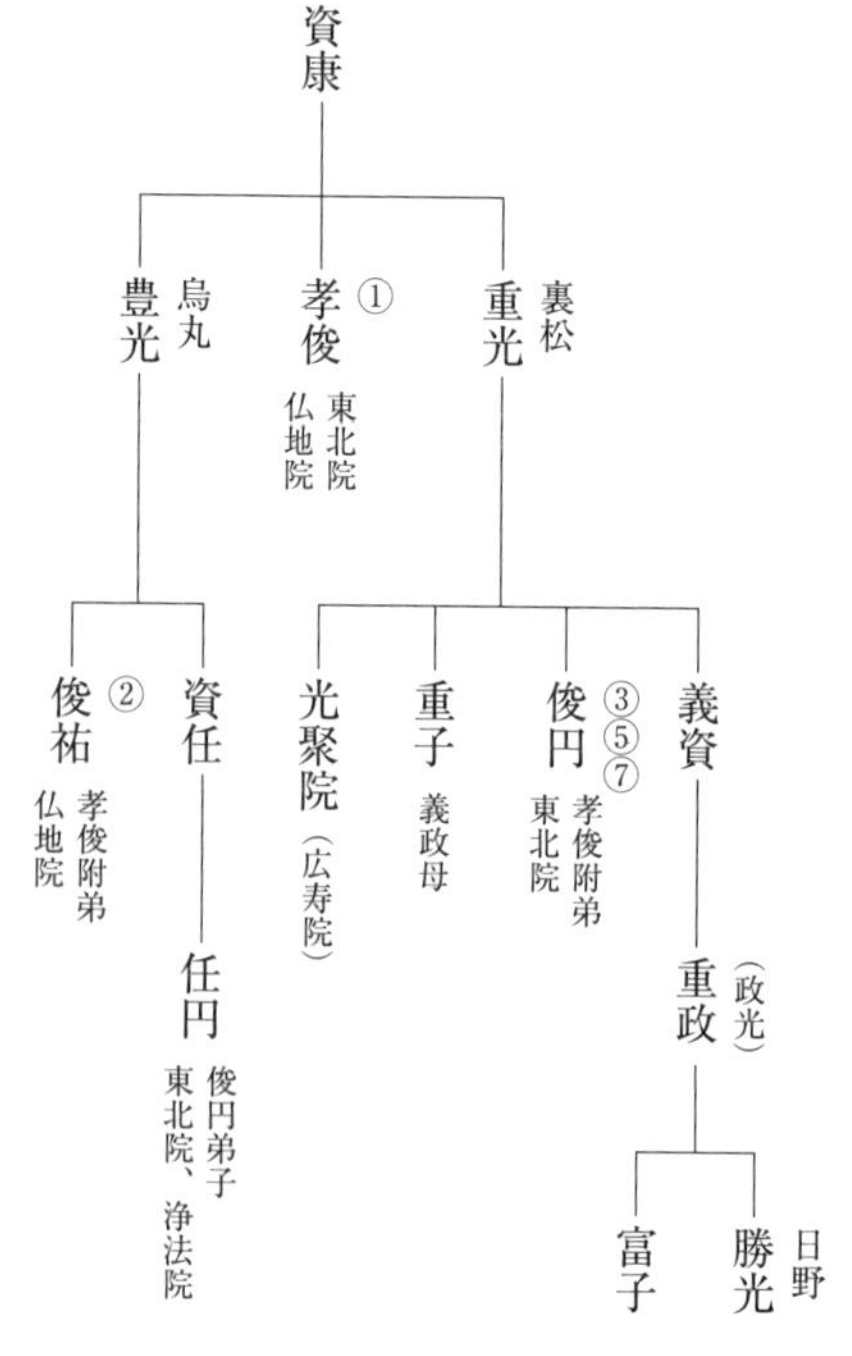

仏地院は十三世紀半ば、良盛僧正によって創立された院家である。良盛は左大弁藤原盛経息で、建長八年（一二五六）二月、六十歳のときに興福寺別当に就任し、三年足らずの間、寺務を執った。退任後まもなく今度は法隆寺別当になり、六十六歳で亡くなる直前まで務めた。尋尊は「その後院家相続形の如し、先途以上これなし、年久しく広野（荒野）に成り了んぬ、孝俊僧正これを再興す」（『大乗院寺社雑事記』寛正五年八月九

日条）と書いており、本願良盛の後、院家は継承されたものの得業以上に昇る人物がでることもなく、やがて院家は何年も荒野になり、大乗院孝尋弟子の孝俊僧正が仏地院を再興したという。再興は十五世紀初めのことだろう。尋尊によれば、大乗院は河内国の山田荘（大阪府南河内郡太子町付近）を付与するなどして仏地院を支え、同院は大乗院に仕える院家（「門家」）となった。

日野流の院家

孝俊のあとは弟子の俊祐が継承し、その早世後やはり孝俊の弟子である東北院俊円が継いだ。これら三代の院主の俗縁は系図の通りで、仏地院は日野家流の烏丸家や裏松家を家元とする院家として再興されたといえよう。

しかし、烏丸・裏松両家には俊円のあと、仏地院を継承する適当な男子がいなかったようである。そこで滋野井家の男子が、おそらく権大納言烏丸資任の猶子とされたうえで、仏地院を継承すべく南都に下された。これが任俊である。任俊は享徳二年（一四五三）に出家、翌年正月に尋尊に参上して大乗院門徒となり仏地院を号すことになり、寛正二年（一四六一）ころまで大きな問題もなく大乗院に仕えたが、病弱だったのだろうか、その後在京する期間が長くなり、文明二、三年ころに院主職を解かれた。そして仏地院はふたたび俊円が管理した。

東北院の管領

俊円には、前右大臣久我通尚の猶子で、当初北戒壇院に入室する予定だった俊尊という弟子がいた。この俊尊が任俊にかわって仏地院を継ぐことになり、文明六年十二月には尋尊から「坪江上下、高田、大市、篠畑、新木御米」などの「御恩」を安堵され、門跡に仕えることになった。しかし、俊尊は河内守護代遊佐長直と紛争を起こし、わずか二年余り後に寺門の処罰をうけて追放され、俊円がみたび仏地院を管領することとなった。

貴重な門家

ところで、一乗院と大乗院の両門跡は鎌倉時代から、興福寺の諸院家を門家として配下に編成することを競ってきたが、尋尊のころに勝負はついていた。次のように一乗院の圧勝だった（『大乗院寺社雑事記』文明十年正月十九日条）。

一乗院方院家　東北院　東門院　東院　西南院　竹林院　修南院　慈恩院　光明院　喜多院　勝願院　北戒壇院

大乗院方院家　松林院　仏地院

仏地院はわずか二家しかない大乗院方門家のひとつである。その貴重な院家が不安定な状態にあるのは、大乗院にとって大きな問題だった。仏地院が動揺するたびに同院が東北院俊円の管理となることも好ましいことではなかった。俊円は尋尊の師範だったが、東北院は一乗院方の門家である。仏地院が大乗院方から離脱する契機になりかねない。そのような事態を恐れたと思われるが、尋尊は仏地院の院務掌握を決意する。

幕府は認めず

しかしさきに見たように、仏地院は裏松・烏丸家を家元とする院家で、大乗院が同院の院務を要求する正当な根拠は見当たらない。尋尊は、任俊も俊尊も「その身非器(ひき)の上（本来資格を欠くうえ）」門跡への奉公を怠った、ふたりを院主に起用したのは俊円の「越度(おつど)」だと非難するが、だからといってそれらが院務を要求する説得的な理由になるとも思えない。寺内の支持も俊円側にあったようで、仏地院は幕府から俊円に安堵された（『大乗院寺社雑事記』文明九年八月十八日条）。

その後も尋尊はしばらく画策を続けたが、南都伝奏の広橋兼顕(かねあき)は尋尊を支持せず、俊円が義政の伯父だったこともあって幕府の裁定がひっくり返ることはなかった。むしろ「大乗院、武家不快の事候」（厳宝書状、『北の丸』二九号、四七七号文書）と尋尊は難しい立場に立たされた。

仏地院を獲得

しかし、俊円が文明十六年五月十三日に八十四歳で亡くなると、事態は急展開した。七月十一日、政覚は急遽上洛し、二十八日に大きな土産をふたつ携えて奈良にもどった。そのひとつが仏地院の院務である。

　興福寺仏地院家の事、本願の時の如く門家として大乗院門跡に付けらるるの由、仰せ下さるるところなり、仍って執達件の如し、

　　文明十六年七月廿二日

前大和守判
下野守判

当門跡雑掌

尋尊は「一向二条太閤ならびに上様(かみさま)の御計略」と記録しているので、俊円逝去の機をとらえて持通夫妻にはたらきかけたのだろう。ふたりの力に依拠した院家乗っ取りといわねばなるまい。尋尊がただ「上様」と書けば、それは日野富子を指すことが多いが、仏地院や東北院をめぐって富子が大乗院に味方することは少々考えがたいので、ここは「二条上様」、家司である神祇伯白川忠富（忠富王）の姉妹のことだろう。実際にどのように動いたのかは不明であるが、摂関家夫人の意外な力である。なお、右の文書の「本願」は、鎌倉時代の初代院主良盛のことではなく、中興の本願ともいうべき孝俊のことだろう。尋尊は、大乗院との接点が不明な良盛ではなく、孝尋の弟子であることが確かな孝俊を「本願」と強調して仏地院の院務を要求したのではなかろうか。

持通夫妻の計略

つぎに薬師寺別当職についてみよう。

薬師寺の別当職

奈良西ノ京の薬師寺は、さきにみたように南都方七大寺のひとつで、興福寺を除く六箇末寺の別当には興福寺の「良家」が就任した。良家というのは、摂関家より下の家格である清華家(せいがけ)（久我・三条など）、大臣家（中院など）、羽林家(うりんけ)（四条・滋野井など）、それに名家(めいか)

（日野・広橋など）出身の僧のことで、彼らが居住する院家も良家と称された。参考のために長禄三年（一四五九）の六箇寺の別当を示すと次のとおりである。

法隆寺別当　東北院俊円（裏松重光子）
薬師寺別当　北戒壇院隆雅（久我通宣子）
法花寺別当　勝願院良雅（広橋兼宣猶子）
清水寺別当　光明院隆秀（四条隆敦子）
大安寺別当　修南院光憲（広橋兼宣子）
西大寺別当　東院兼円（広橋兼郷猶子）

東北院俊円らは、興福寺にいながら各寺の別当として、その地位に付随する得分や特権を享受した。各寺の別当は、職務というよりは荘園同様の一種の所領、権益と化していたといってもいい。

北戒壇院の生命線

七世紀末に創建された薬師寺の別当には藤原氏出身の僧も就いたが、早ければ十三世紀半ばから同寺は源氏の氏寺で、その別当は源氏出身僧でなければならないという言説がみられるようになる。そして十四世紀後半には、その主張は京都や奈良で広く受け入れられるものとなっており、薬師寺の別当は十四世紀半ば以降、村上源氏久我家の院家である北戒壇院の僧によってほぼ独占的に握られていた。北戒壇院は裕福な院家ではなく、薬師寺別当職はいわばその一所懸命の地だった。

誤解か故意か

尋尊は若いころから大乗院文庫に残された文献を詳しく調べていたが、その過程で鎌倉時代の門主の譲状や置文などから、大乗院が薬師寺別当職を握っていた時期があると考えるにいたったようである。確かにそのように解釈（誤解）されても仕方がない文言を含む文書が残されているが、宣旨などゆるぎない証拠については「定めて彼の家門（九条家）ご存知あるべし（きっと九条家にある）」（『大乗院寺社雑事記』文明十六年十一月十七日。十二巻一八六頁）と主張し、確認していたわけではない。

訃報は誤報

寛正三年二月七日、北戒壇院隆雅が京都で亡くなったという報せを得た尋尊は、薬師寺別当職を獲得するために、兼良に朝廷と幕府への工作を依頼した。尋尊が要求の根拠として挙げたことは二点ある。ひとつは、隆雅に後継者がいないこと、ふたつは大乗院がかつて薬師寺別当職を相伝したということである。しかし翌日、隆雅の訃報は誤報であることが判明し、このときは沙汰止みとなった。

北戒壇院に安堵

隆雅は五年後の文正二年（一四六七）二月一日に亡くなる。尋尊はふたたび薬師寺別当職への補任を申請するが、若干の経緯があったのち、隆雅が亡くなる直前に北戒壇院に弟子入りしていたと思われる久我通尚（隆雅の甥）の子（出家して貞雅、のちに元雅）に安堵された。これは南都伝奏の日野勝光の判断だったと思われる。ただし、通尚子は幼かったので正式な別当補任ではなかった。

持通の執奏

尋尊がようやく望みを達成するのが、文明十六年七月のことである。このとき何が申請のきっかけとなったのか不明であるが、二十一日、二条持通は後土御門天皇の側近でもある白川忠富を呼び出し、大乗院に薬師寺別当職が付与されるように天皇に奏聞せよと命じた。翌々日、奏聞を終えた忠富は二条邸に参上し、天皇は「南都伝奏が空席なので、このような人事を今は控えるべき」と逡巡しながらも、「持通のたっての申請なので勅許」(『政覚大僧正記』文明十六年七月二十三日条)されたと報告した。こうして政覚が薬師寺別当に任命され、尋尊の宿願がはたされた。

後土御門天皇、裁定を撤回

しかし、天皇の懸念は正しかった。この人事は適切ではなかった。そのことを知った天皇によって政覚は、八年後の明応(めいおう)二年(一四九三)閏四月に解任される。つぎのような内容の女房奉書(天皇の意向を伝える仮名書き文書)が残されている。宛名は「はくの二位とのへ(伯の二位殿へ)」で、忠富である。八年前とは逆の方向で通知された。

薬師寺の別当職が空席で大乗院が望んでいると故二条持通様が執奏されましたので、天皇は詳しいことをご存知なかったのですが、勅許されました。しかし、お聞きになったところでは、戒壇院が代々所持した地位のようです。それを失って困っているとたびたび訴えてきました。さらにお聞きになったところでは、このような末寺を大乗院などの門主は持つべきではないということです。したがって、持通様御存命中は放置されましたが、理運にしたがって戒壇院に仰せ付けられました。このように心得て大乗院にご伝達ください。何度も関係資料を今回はお調べになりました。軽率な沙汰ではないと申すようにとのことです。（『福智院家文書　第二』一六八号文書）

天皇の配慮と怒り

薬師寺別当職の大乗院への付与は誤りだったと天皇が反省したこと、しかし、持通存命中はその面目を考慮して取り消さなかったことが述べられている。持通はこの奉書発給の百日余り前に亡くなっている。天皇が十分な時間を置いてから慎重に動いていることがわかる。不当な要求をした尋尊や政覚に対する非難の言葉は見えないが、それだけに天皇の怒りが静かに伝わってくる。この女房奉書は大乗院文庫の奥深くに秘されたが、政覚の解任はおそらく寺内でひとしきり話題となったことだろう。

四　一揆と「下極上」

文明十五年（一四八三）十月、尋尊が「前代未聞の発向」と記録する、興福寺あげての討伐があった。対象となったのは山辺郡の布留郷（天理市）である。

布留川の流域

布留郷は、郡郷制の正式な行政区画としての郷ではなく、東山内の龍王山に源をもつ布留川の水を用水とし、布留社（石上神宮）を総鎮守と仰ぐ五十余箇村（荘）の広がりで、そこに形成された一揆結合のことである。その原型は平安時代にさかのぼると考えられているが、史料上に登場するのは十五世紀になってからである。五十余箇村から氏人、年預（年番の指導・世話役）、鎰取（蔵の鍵を預かる指導者）が選ばれ、宮本衆として社頭に集会し郷務を行なった。布留郷の範囲内には豊田をはじめとして衆徒・国民が数名存在したが、彼らの領主としての活動と布留郷の自治は激突することなく共存しえたようである。

乱の背後に

布留郷は大和永享の乱（一四二九〜四〇）にその顔を見せる。この乱は、その後大和の武士がふたてに分かれて長く争うことになる最初の事件で、そのきっかけは豊田と井戸という近隣同士のトラブルである。筒井が一族の井戸方についたので、筒井と対立していた布留郷は豊田を支援し、同氏が安易に矛を収めることを認めなかったという（『建内記』正長二年七月二十八日条）。

興福寺に敵対

この布留郷に対して、興福寺は長禄元年（一四五七）の冬から翌二年の閏正月にかけて攻撃を準備した。その理由は三つあった。ひとつは、この年に布留郷が郷内で徳政を実施したこと、ふたつは、何年も年貢の未進を続けていること、三つは、各荘の枡（年貢納入用の枡か）を小さくしたことだった。このときは豊田が間に入って興福寺に攻撃を思いとどまらせた。興福寺の条件は、罰金として布留郷が千貫文（約一億円）を出すことだった

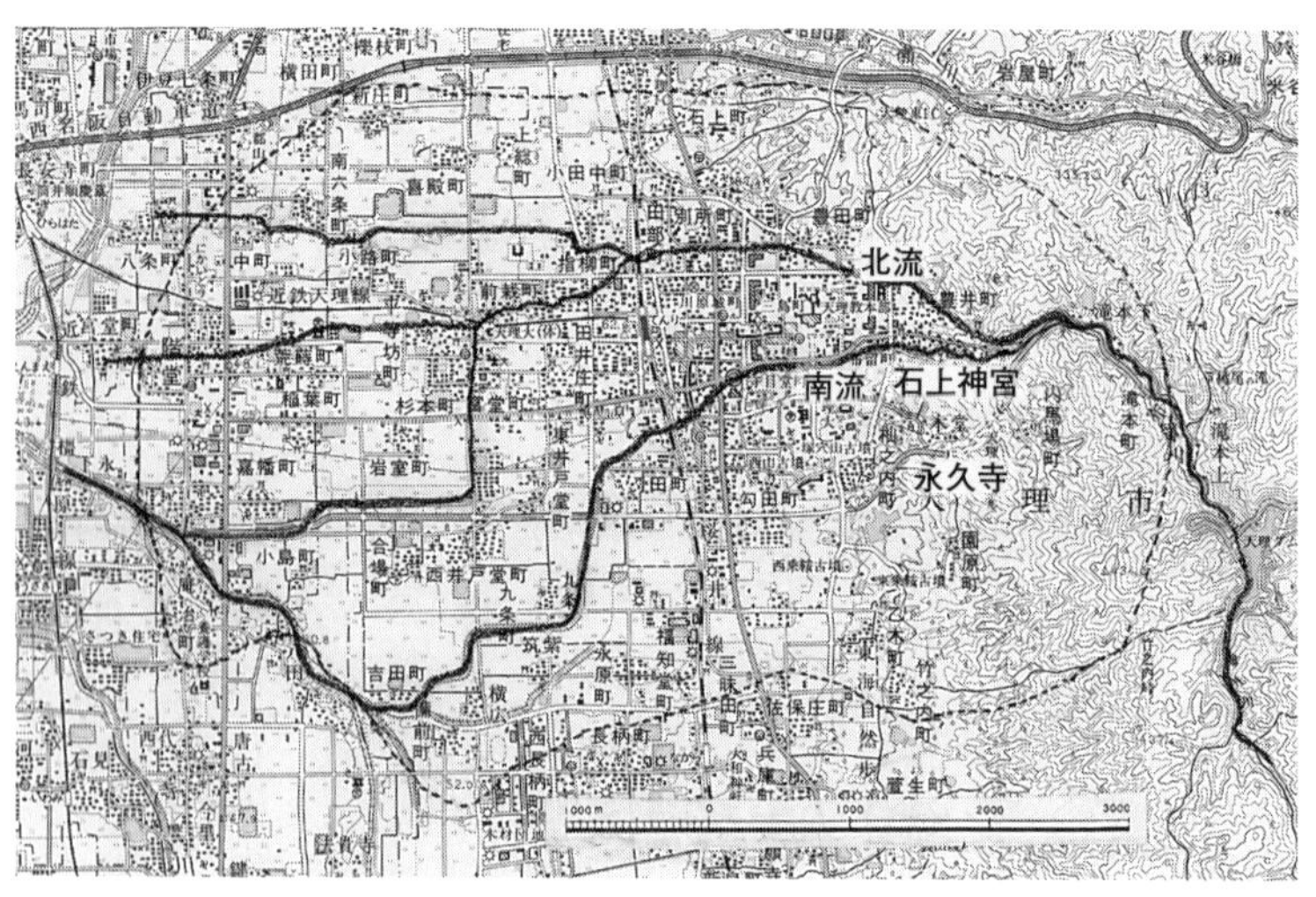

布留川と布留郷
（吉井敏幸「石上神宮と布留郷」〈天理大学文学部編『山辺の歴史と文化』奈良新聞社，2006年〉）

が、豊田はこれをまず五百貫文に、そして最終的には百貫文まで値切ることに成功している。

その後も二、三問題が生じたが、注目されるのは文明元年に起きた衆徒の番条と学侶の紛争において布留郷がはたした役割である。学侶は番条が質として取っていた松林院領荒蒔荘の請け出しを本銭返し（借用額の返済）によって要求した。これに番条が応じなかったので、学侶は番条を籠名に処した。籠名とは、対象者の名前を紙に記してそれを「五社七堂」（五社は春日大宮四所と若宮一所のこと）の宝前に籠めることで、呪詛、調伏の前段として行なわれる制裁である。要するに、抵抗・敵対をやめなければ次は神敵仏敵として呪いをかけるぞという脅しである。番条は怒り、一部の学侶と六方が番条方について、奈良は合戦寸前にまで緊張が高まった。その後、当時別当だった経覚とその代官である尋尊が間に入り、また仲人として筒井・古市・井戸・龍田の四氏が立てられていったん無事に解決したかにみえた。しかし、仲裁は不調に終わり、結局布留郷の力を借りることになった。尋尊はつぎのように記録している。

　荒蒔荘の年貢を番条が催促してきても承引してはならない、年貢は必ず学侶に沙汰するようにと荒蒔荘と布留郷に下知したところ、忠節を致します、もし番条が催促してきたら宮本の鐘をつき、五十余箇郷は荒蒔荘に駆けつけますと布留郷は一同して返答し、寺門は大いに喜んだということだ。ただし、これはむしろ寺門にとってよくないことである。下極上の基で神威が失われることになり、もっての外の次第だ。嘆かわしい。（『大乗院寺社雑事記』文明元年十月十九日条）

下剋上の基

学侶は荒蒔荘の年貢を確保できる見通しとなって「寺門大慶（たいけい）」と素直に喜んだが、尋尊は別当の経覚や代官としての自分、また有力衆徒である筒井以下四氏の調停が破れて、最後は布留郷の力に依拠することになったことを、「下極上の基」と恐れ歎いたのである。

そして文明十五年、何が原因だったのかは不明であるが、布留郷は前年から古市との「確執」を抱え、「路次停止」つまり道路封鎖、交通遮断という挙に出た。尋尊は、古市との紛争という「私事」で交通を遮断することは「緩怠の至り」と非難し、布留郷に繰り返して封鎖の解除を命じたが、返答はなかったという。六月になっても道路封鎖は続き、そのために季節の瓜が手に入らないと尋尊は歎いている。

瓜はまだしも、布留郷の行動が寺院にとっては生命線と言える法会の開催を阻害するようになって、興福寺は力をもって制圧することにし、おそくとも七月の半ばには攻撃が決定した。しかし、さまざまな理由によって決行が遅れ、尋尊は八月の半ばに「学侶の成敗大事なり、兼日よくよく覚悟あるべきの由、仰せ了んぬ」と、何をグズグズしている、さっさと討伐せよと言わんばかりに発破をかけている。

興福寺軍の進発

十月七日朝の十時頃に、西金堂の幡をおし立ててまず西金堂衆が興福寺を進発した。そのあとには春日社の黄衣神人五十人が榊を持って従い、さらに中綱・仕丁、修学者(学侶・六方)が続いた。つぎに東金堂の幡が同じように堂衆などを従えて上津道を下った。「一国の軍勢」が動員されただけでなく、古市は他国勢も呼び込んだという。両金堂衆らはこの日は「香台寺、蓮台寺、光明寺」に着いたとあり、古市は「倉庄、楢」に陣取ったとあるので、上津道沿いの、現奈良市と天理市の境辺りに討伐軍の陣営が構えられたことがわかる。この日は「物取・足軽」が前哨戦を戦い、苅田も行なわれたという。

一日で決す

翌八日、布留郷の郷民四千人が家を捨てて布留社に立てこもったので、興福寺軍は村々を放火した。四千人の郷民とは別に甲冑を着けた八百人の兵がいたが、この日勾田荘で戦ったのは彼らだろう。そのなかには豊田や井戸の被官も含まれ、豊田の若党の山口東が戦死した。戦いはこの日一日で決した。

懸賞金

九日の早朝、郷民は布留社を退散したので興福寺軍は布留社に侵攻し、集会所などを打ち壊したり放火したりした。物取りが雲霞のごとく乱入したという。十日にはさらに村々を放火して興福寺軍は夕刻に奈良に撤退した。その後、鎰取両人の首に各百貫文、年預に五十貫文、郷民に三貫文の懸賞金が懸けられた。

布留郷の復活

このとき、四千以上の首を狙って「物取・足軽」らが賞金稼ぎに転じていたら、恐るべき事態が生じただろう。しかし、どうやら血なまぐさいことにはならなかった。また興福寺も、その所領がいくつも存在する布留郷の住民を、どこまで本気で殲滅しようとしたのか怪しいといわねばならない。実際、二箇月後には丹波市（天理市丹波市町）と田村（同田町）の両村が古市を通して「侘事（謝罪、宥免）」を申し入れ、田部（同田部町）、小田中（同小田中町）、指柳（同指柳町）がその準備をしているという話を尋尊は記している。さらに長柄荘（同長柄町）が「詫び事申すべきの由支度」をしており、それに対して「惣郷としてこれを相い支（ささ）うるか（布留郷としてこれを阻止するか）」とも書いていて、「惣郷」が解体されたわけではないことが推察される（『大乗院寺社雑事記』文明十五年十二月二日条）。さらに十数年後には、氏人たちが検断権を侵犯したとして門跡の代官から告発される存在にまで布留郷は復活をとげている（同・明応八年十月二十二日条）。

山城国一揆

この時期に尋尊が見たもうひとつの「下極上」が有名な山城国一揆である。「はしがき」でも少し触れたが、つぎのふたつの日記記事は多くの高校教科書に載せられていて、尋尊が書き残したもののなかで、もっとも人目に触れてきたものかもしれない。

今日山城国人集会す（上は六十歳、下は十五六歳と云々）、同じく一国中の土民等群集す、今度両陣の時宜を申し定めんがための故と云々、しかるべきか、但し又下極上の至りなり、

（『大乗院寺社雑事記』文明十七年十二月十一日条）

今日山城の国人、平等院に会合す、国中の掟法、なお以てこれを定むべしと云々、およそ神妙、但し興成（こうじょう）せしめば、天下のため、しかるべからざる事か、

（同・文明十八年二月十三日条）

両軍の対峙

大和国に接続し木津川が流れる南山城は要衝の地で、興福寺や門跡の所領も多くあった。応仁・文明の乱が終わった後も、この地域では両畠山氏の軍勢が戦いを続けていた。衆徒・国民の多くも両畠山氏との関係で従軍しており、尋尊の関心も高かった。文明十

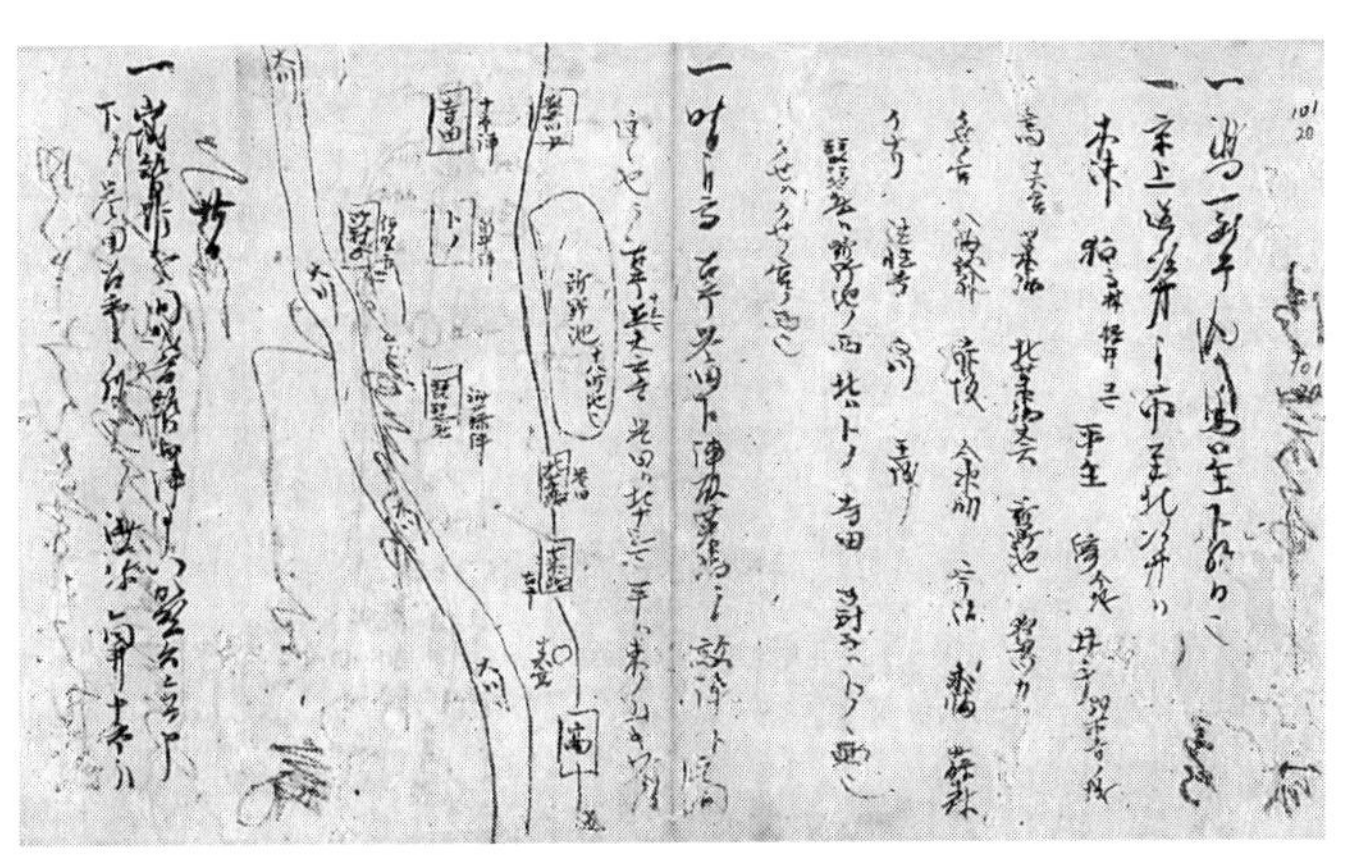

『大乗院寺社雑事記』
文明十七年十月十九日条
（国立公文書館蔵）

左の釈文および図は，刊本第8巻379，381頁より．

一、昨日自高古市・誉田以下陣取菜島云々、敵陣ト其間近々也云々、古市在丈六（ナシマ）堂、誉田は北ナシマ、平ハ東ノ山キワ云々、

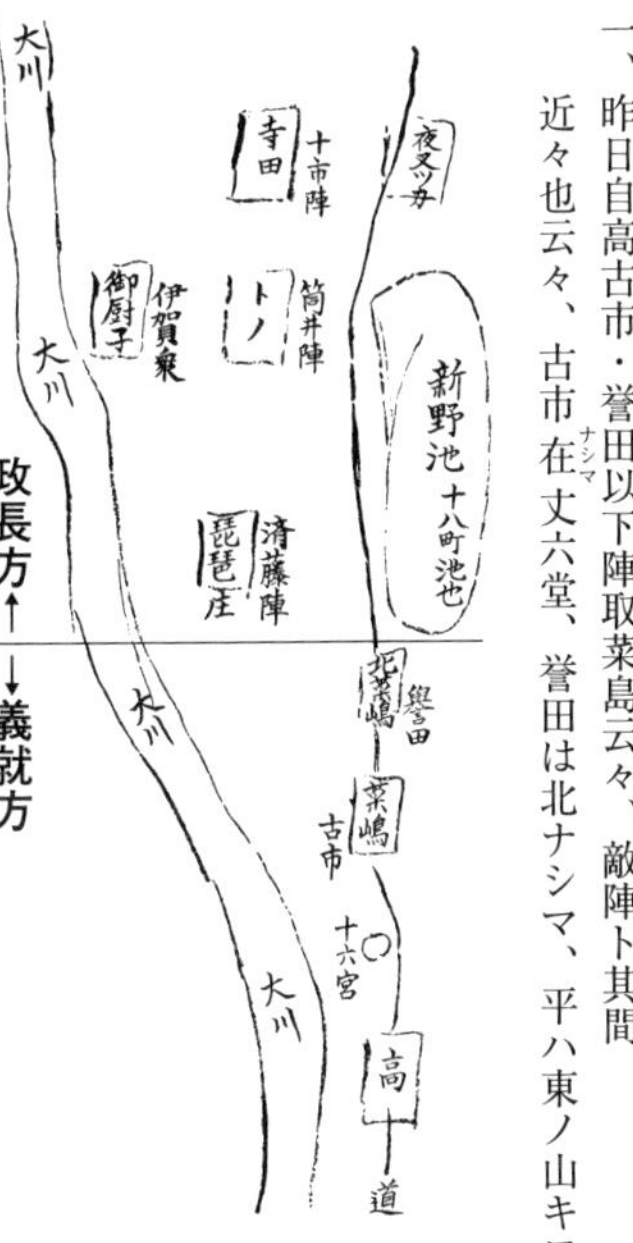

七年十月十九日条に尋尊は、この地域や両陣の様子を描いた図をふたつ残しているが、前頁にそのひとつを示した。図の上方が北で政長方、下方が南で義就方、その境は「済藤陣」と横に書かれた琵琶荘（城陽市）と「誉田」と記された北菜島（城陽市）の間で、山城国一揆が起きる直前の最前線である。西を流れる「大川」が木津川、東を通る「道」が京と奈良を結ぶ奈良街道である。平等院はこの図の範囲より北に位置する。

両軍の撤退

十二月八日、河内の上内城（不詳）で大合戦があり、山城の両畠山陣が動揺した。そしてこの機をとらえて南山城の国人や土民が両軍の撤退を求めて動き出し、成功したのである。二箇月後には国人らが宇治の平等院に集まって法律を制定した。

国人が主体

この事件は百年以上も前に、武力闘争も辞さない「わが国人民の自治的伝統」を示すものとして紹介され、第二次世界大戦後には民主政治や社会変革をもとめる革新勢力が人びとを啓発するために好んで取り上げた。このように注目され顕彰されたのは、尋尊がこの事件をとっさに「下極上」と捉えたことが大きいだろう。しかし、今日ではそれほどの「下極上」ではなかったと考えられている。土民の存在や役割はあまり大きなものではなく、山城国一揆は国人（武士）の一揆である、また既存の秩序や体制を大きく変えようとしたものでもないと。未進を続けた布留郷とは違い、山城国一揆は寺社や貴族の所領の回復を主張している。

礼銭を払う

一揆の実力についても問題がある。前関白近衛政家（まさいえ）の日記に「撤退しなければ攻撃する」と一揆が宣言したと記されている（『後法興院政家記』文明十七年十二月二十日条）ことなどから、一揆が両畠山軍を南山城から追い出したというイメージで語られることもあるが、そのような圧倒的な力を一揆が持っていたとは考えがたい。河内上内城の合戦をうけて、両畠山軍は南山城からの撤退をすでに決めていた可能性があるうえ、じつは両畠山軍は礼銭（れいせん）を受け取って、あるいは受け取るということで、撤退していたのである。礼銭を払って軍勢の侵攻や駐留から逃れることは珍しいことではない。

越智・岸田の仲介

延徳（えんとく）三年（一四九一）七月、越智方が「山城道」を止めるという事件があった。それは「先年山城国から両軍が引退したが、それは岸田の計略による。山城国人が払うべき礼物の内二百貫文が未払いなので、それを催促するため」（『大乗院寺社雑事記』延徳三年七月二十五日条）だという。岸田は越智の「若党」であるが、軽輩（けいはい）というわけではなく、重臣である。明応の政変後に越智家栄が伊賀守となったとき、岸田新左衛門尉数遠（しんさえもんのじょうかずとう）は山城守になっている（同・明応二年十二月末雑載）。両畠山軍撤退の計略は、越智と岸田が一体として行なったものだろう。仲人として彼らがとりあえず礼銭全額を立て替えて両畠山軍に支払った可能性も考えられる。

国郡の成敗は守護に限らず

さらに畠山政長・義就ともに「去状（さりじょう）」を一揆に交付していたことも注目される（同・

文明十八年十一月十五日条)。一般に去状とは、権利の放棄を述べた文書であるが、この場合、両畠山が礼物と引き替えに山城国から手を引くと約束し、一揆が継承することを認めたものだろう。そうであれば、両軍の撤退は一揆との取引で、双方が納得したものだったということになる。少なくとも、力ずくで追い出したという見方は適切ではない。国や郡の成敗は、大名が守護として行なわなければならないというわけではなく、幕府の了解は必要だったと思われるが、国人の一揆でもよかったのである。尋尊は、両畠山氏と一揆との交渉を踏まえて、山城国は「国人等悉皆成敗の事なり」と、明応二年(一四九三)に一揆が解体するまでその存在や権限を認めている。山城国一揆は、尋尊が当初恐れたほどの「下極上」ではなかった。

第六　内憂外患

一　「両所として」

尋尊の隠居

一条兼良（かねよし）は文明十三年（一四八一）四月に亡くなり、尋尊は大乗院を政覚に任せて隠居できることになったが、尋尊の隠居に関しては、おそくとも長享（ちょうきょう）三年（一四八九）四月には「尋尊は名目にしろ隠居し、政覚が門主だった」（鈴木良一氏）とする見解と、政覚在世中「門跡はいぜん尋尊大僧正が掌握していた」（永島福太郎氏）という見解とがある。どちらが正しいのだろうか。

少し検討が必要になるが、結論からいえば、政覚の在世中、尋尊は隠居していない。念のためにことわっておくと、尋尊が大御所、政覚が新御所とか新門主と呼ばれていることは隠居、院務と関係はない。

一般の隠居

一般に院主や坊主の隠居といえば、院務（坊務）権を後継者に移譲し、住み慣れた院坊を出て閑所に移ることである。ところが尋尊はずっと禅定院常御所に住んでおり、むしろ政覚のほうが出ている。

政覚の杉御所

尋尊と政覚が同居していたことはさきにみた。政覚は院家内に局あるいは部屋と呼ばれた居住空間を持っていたが、文明十九年（長享元年）六月十七日に、禅定院の北方に杉御所という別棟の新築を始めている。工事が完了したわけではないが、翌長享二年正月二日には尋尊を招き、尊誉や清賢らも加わった小宴を催しており、この後もときおり連歌会や酒宴を杉御所で開いている。そうしてこの年の暮れの十二月二十三日に引っ越した。「朝夕も新造にてこれを調う」と記しているので、朝夕の食事も新造御所で賄えるようになっていた。

禅定院の常御所

これ以降、もし政覚の新御所が大乗院の主たる建物となり、尋尊の居残った常御所が副次的な施設になったとすれば、一般の隠居とは出て行く者と残る者とが逆であるが、この時点で尋尊が隠居した可能性が考えられよう。しかし、杉御所が常御所にとって代わることはなかった。政覚の局がそのまま維持されていることも、常御所が大乗院の主たる空間であり続けたことを示していよう。居所からみると、尋尊は最晩年まで隠居していない。

それでは院務からみるとどうだろうか。大乗院の院務権の所在を直接的、簡潔明瞭に示してくれるような材料は見当たらないので、状況証拠になりそうな事象を探ってみよう。

新門徒は尋尊に参上

尋尊の日記には、最晩年に至るまで、ほぼ定型化されたつぎのような記事が現れる。

実守善性房、十六、門徒に参る、昨日出家と云々、実英得業の弟子、白土の子息と云々、

多くの場合、「昨日」「今日」あるいは「夜前」などに出家したばかりの十六歳前後の僧であるが、大乗院門徒となるために尋尊のもとに参上したことを記録したものである。その師や親、同道した者の名前が記録され、ときどき「祝着」「神妙」「珍重」など尋尊の満足を示す文言、まれに「扇」「杉原」「太刀」などの献上品が記される。

この参上によって門主と新発意とは主従関係を結ぶことになるので、これらは重要な記事である。ところが政覚は、このような新門徒の参上について記していないことのほうが多いのである。もし政覚のもとにも新門徒の参上が行なわれていれば、これは考えがたいことだろう。尋尊への参上をもって大乗院門徒となるための儀礼が完結するとすれば、尋尊の隠居という事態は考えがたい。

菩提山三箇院家留守職

大乗院所領や末寺などの諸職任命権や安堵権も、尋尊が握り続けたようだ。菩提山正暦寺は大乗院の重要な末寺のひとつであるが、報恩院、宝峰院、常光院の三箇院家の留守職に任命されていた有俊僧正が長享三年（延徳元年〈一四八九〉）五月に亡くなったとき、尋尊は文書の袖に花押を据えて、有俊弟子の俊清律師に継承を許可している（『大乗院寺社

雑事記』長享二年七月十二日条）。花押はもちろん任命権者を表している。

地蔵堂坊主

もう一例、政覚最晩年の例をみておこう。福智院の地蔵は、鎌倉時代の説話集である『沙石集』にも十輪院・知足院の地蔵とならんで登場し、室町時代にも広く信仰されていたが、尋尊の時代、地蔵堂の別当職は大乗院が持っていて、坊主（住持）を任命した。横坊善久房は文明十年以来、地蔵堂の坊主の地位にあったが、自分の没後は弟子の善春に住持させたいと考え、尋尊に承認を願い出ていた。尋尊は、「門跡の弁財天講料」の負担などを条件に、自分の花押を据えた明応二年（一四九三）四月十五日付きの文書を与えて安堵した（『大乗院寺社雑事記』明応二年六月末雑載）。

政覚は多くの院務を担当

以上、居所という点からも院務という点からも、尋尊が隠居したとは考えがたいことを述べたが、その一方で、政覚は院務を継承するに足る能力をすでに持ち、実際に多くの院務をこなしていたと思われる。例として尋尊と政覚二人の上洛の状況を探ってみよう。

尋尊・政覚の上洛

応仁・文明の乱後、尋尊がなかなか上洛しなかったことは先に触れた。まず上洛したのは政覚で、文明十五年七月十日、足利義政の東山山荘移徙（引っ越し）を祝うためである。これ以後、政覚が亡くなるまでの約十年間に尋尊・政覚はそれぞれ単独で、また同時に、しばしば上京する。そのうち鞍馬寺参籠のためなどの私的な上洛ではなく、幕府や将軍への出仕・参賀を目的とするような、いわば公用としての上洛はつぎに示したように十五件ほどある。このころ義尚の任官や昇進、六角征伐（後述）、将軍の交代などの行事や事件が相次いだので、上洛しなければならない機会は多かった。なお史料上の用語をそのまま使って「見物」のためと記した上洛がいくつかあるが、この場合の見物はもちろん娯楽としての見物ではなく、儀式・行事への参列、列席と言い換えることができる参勤、奉公の一形態である。なお、義尚のつぎに将軍となる足利義視の息は、名前が義材、義尹、義稙と変わるが、ここでは義稙に統一した。

年	月	日	上洛者	用務
文明十五年	七月	十日	政覚	義政の東山山荘移徙参賀
十六年	七月	十一日	政覚	仏地院、薬師寺別当職訴訟関係
十七年	閏三月	一日	尋尊、政覚	義尚壬生勧進猿楽御見物出御見物
十七年	六月	十日	政覚	義政出家参賀
十八年	七月	十二日	尋尊、政覚	義尚右大将拝賀行列見物（尋尊は二十日上洛）
十九年	正月	二十四日	尋尊、政覚	義尚直衣始参賀
長享　元年	九月	九日	尋尊、政覚	義尚出陣見物（尋尊は十一日上洛）

延徳　二年　正月　十五日　政覚　近江陣中に年賀
　　　三年　四月　十四日　政覚　義尚没、弔問　義視・義稙に挨拶
　　　二年　正月　十六日　尋尊、政覚　義稙の家督継承を参賀
　　　二年　七月　　二日　政覚　義稙将軍宣下参賀
　　　三年　二月　十三日　尋尊、政覚　義視没、弔問
　　　三年　八月二十一日　尋尊、政覚　義稙の出陣見物　政覚は近江陣中へも
（尋尊は二十二日上洛）
　　　三年　十月　十二日　政覚　豊浦荘安堵の礼
　　　四年　正月　十五日　政覚　近江陣中に年賀
明応　二年閏四月二十八日　政覚　義遐（のちの義澄）、細川政元、日野富子
に対面、参賀

政覚の自立度

右のように、幕府への出仕などのための上洛は、政覚単独が多い。尋尊と政覚ふたりが揃って出仕することもあるが、尋尊が単独ですることはない。このようにいえば、院務権がすでに政覚に大幅に移っていたかのようであるが、もちろんそう即断はできない。五十を越えて上京が体力的にきつくなってきた尋尊が、政覚を代理として派遣していたにすぎないかもしれないからである。政覚はどこまで自立していたのか、長享三年の上

洛を少し詳しくみてみよう。

政覚、義尚の死を弔う

将軍義尚は長享元年九月、寺社本所の荘園を押領している守護六角氏を征伐して天下に将軍の武威を示すために、自ら大軍を率いて近江に赴いた（六角征伐）。近江には犬上（いぬかみ）荘（滋賀県犬上郡、彦根市付近）など十余りの南都領があったので、尋尊はその成果に大いに期待したが、はかばかしい結果は得られなかった。在陣が長引くなか、義尚は三年三月に体調を崩し、二十六日早朝に亡くなった。遺体は京都の等持寺（とうじじ）に運ばれ、葬儀は四月九日に行なわれた。政覚は弔問のために、十四日早朝に奈良を発った。同日には一乗院の教玄も上洛している。

翌十五日、大雨のなかを政覚は父二条持通（もちみち）とともにまず義政を、ついで義尚の母である日野富子を弔問した。これで上洛の目的ははたされたわけで、翌十六日に政覚は奈良にもどる予定だった。ところが大雨のために道路が通行困難となっていて、政覚は在京を一日延ばした。そしてこの間に重要な情報を得て対応を検討した。

政覚の機転

二十五歳で亡くなった義尚には子がなく、兄弟もいなかったので、将軍家の家督を誰が継ぐか大きな問題だった。候補が三人いたが、そのうち美濃にいた義稙が、父の義視とともに「御焼香のため」と称し、大津を経て十四日に嵯峨の通玄寺（つうげんじ）に入った。その三日後の十七日に奈良に下向した政覚は、日記につぎのように記している。

早旦罷り下る、通源寺に今出川殿御座、少々御礼を申す躰ある間、金覆輪にて御礼を申す、両御所に丼舜法橋を進らす、俄の法会ありて罷り下る間、使者を進らする由、これを申す、

(早朝奈良に下った。通玄寺に義視が滞在されていて、ご挨拶をする人も少々いるというので、金覆輪の太刀を贈ってご挨拶した。義視と義稙のもとに丼舜を参上させた。奈良で急な法会があって下るので使者を派遣しましたと申し上げた)

尋尊の満足

政覚は、義稙がつぎの将軍となる可能性が高いと予想し、好を通じておくべきと判断したのだろう。しかし、自ら参上して挨拶した場合、予想が外れたときに問題となりかねない。それで、「俄の法会」を口実として、使者派遣という目立たない接触方法を採用したのだろう。奈良に戻った政覚から報告を受けた尋尊は、「今出川殿へ両御所へ御太刀、これを進らせらる、御悦喜の旨、仰せ出さると云々(政覚は義視と義稙のふたりに太刀を進上した。両御所がお喜びになったということだ)」と感想抜きで記しているが、満足しているように感じられる。政覚が自由に動くことができたように思える一件である。

仏事銭の要求をかわす

つぎのようなこともあった。大乗院は将軍義尚死去にともなって、幕府から仏事銭(香典)を要求されていた。大乗院側は先例がないことと経済的困窮を理由に拒否したが、上洛した政覚のもとに幕府奉行人奉書がもたらされた。永享十一年(一四三九)に四代将軍

義持の十三回忌仏事があったが、そのとき大乗院・仏地院などは各十貫文の仏事銭を幕府に納めており、その例にしたがって大乗院分と仏地院分としてあわせて二十貫文をあらためて要求されたのである。これに対して政覚は、

予罷り下り、大御所え申して返事すべき由、返答了んぬ、

と、奈良にもどり尋尊に報告してから返事すると回答したというのである。

「尋尊に報告してから」を文字通りに「独断で返事できません。少しお待ち下さい」という回答だったと解釈すると、政覚はまだ尋尊の代理にすぎなかったことになる。しかし、これは拒絶の婉曲表現で、政覚は実際は幕府の要求をその場でソフトに退けたのだとみることもできよう。さきに述べたように、尋尊は政覚が通玄寺に参じたことは記しているが、仏事銭については触れていない。政覚が報告しなかったか、あるいは報告された政覚の対応に、尋尊がなんら問題を感じなかったから何も書かなかった可能性が考えられる。そうであれば、ここにも政覚の自立が示唆されているように感じられる。

院務の移行

杉御所を建てて部屋住みを脱し、前関白である父持通の力、人脈、情報などが利用でき、厄介な武士たちに対しても臨機応変の対応ができて、興福寺別当としての職務も着実にこなす政覚に、大乗院の院務が移行していくのは自然なことだっただろう。

継承する態勢

長享三年、おん祭りの田楽頭役（二人）を勤仕する学侶や院家が見当たらず、衆徒の

古市澄胤（ふるいちちょういん）が両頭ともに勤仕することとなった。衆徒による頭役勤仕は文明元年の筒井順永の例があったが、このときはふたりの学侶が名代（みょうだい）として立てられて、順永は正式に頭人として表に出ること（「正勤」）が叶わなかった。しかし、澄胤は名代を一名立て、他方の頭は自分が正式に勤仕するという形に持ち込むことに成功した。学侶の没落と衆徒の力がいちだんと伸張したことを示す一件であるが、政覚によれば、このとき一方の田楽座の笛吹笠（ふえふきがさ）と平綾藺笠（ひらあやいがさ）に対する助成を、澄胤から「両所として御合力に預かるべき由（尋尊と政覚のお二人に援助していただきたい）」を依頼されたという（『政覚大僧正記』長享二年九月二十八日条）。そして祭礼前日には「笛吹笠二」と「平笠十二枚」を澄胤の発心院に届けたが、それを「両所の助成なり」と記している（同・延徳元年十一月二十五日条）。さらに祭礼後にお礼言上に参上した澄胤に「両所共一所（ふたり一緒）にて対面」したとくり返し「両所」を強調している（同・二十九日条）。いつまでも次席に甘んじているわけにはいかないという気持ちを政覚が持ちはじめていたと思われる。尋尊がその気になれば、政覚はいつでも大乗院を継承できる態勢にあった。

二　老少不定

尋尊が隠居のタイミングをいつと考えていたのか不明であるが、きっかけになりうるのは、政覚の後継にめどがついたときや政覚の別当退任時だろう。

政覚の後継には、文明十年（一四七八）十二月に土佐の教房（のりふさ）から、二歳の息子を政覚の後継者に定めるべしとの連絡があった。尋尊に不満のあろうはずがなく、「予の孫弟子分なり」と喜んだ。ところがその二年後に教房が土佐で亡くなり、奈良に来ることになっていた若君はついにやってこなかった。土佐に残った若君は、元服して藤原房家（ふさいえ）となる（『大乗院寺社雑事記』明応三年三月二十七日条）。戦国大名土佐一条氏の祖である。

九条政基の要求

明応元年（一四九二）十月九日、長谷寺に参詣する途中の唐橋在数（ありかず）が、前関白九条政基（まさもと）の書状を持参した。そこには十三歳になる息子を政覚の弟子として受け入れてほしいという要望が認（したた）められていた。もちろん将来の門主としてである。九条家は経覚に至るまで、代々大乗院を管領してきた実績のある家である。政基の要求は「尤もなり」と尋尊は認めたうえで、

孫弟子

仰せ下さるる題目、重ねて申し入るべきの旨、書状を以てこれを申し入る、

（仰せの件は、のちに返事申しますと書状で申し入れた）

と記している。持って回った言い方であるが、これは明確な拒否の返事だろう。尋尊は、一条冬良の男子を迎える準備を以前からしていたのである。

冬良息

冬良は二十二歳の文明十七年四月二十九日、二条家から十九歳の姫君を迎えた。前関白持通の孫、権中納言尚基（なおもと）の姉である。土佐の若君の入室がほぼ絶望的になっていた翌十八年、姫君が懐妊する。このころ冬良母（南御方）の夢に九条道家（みちいえ）が二度にわたって現れ、「家門御守りの躰」だったという。道家は、鎌倉前期に公武にわたって大きな力を持った一条家、二条家共通の祖である。道家が一条家を守護する様子をみせたのか、あるいはそのようなことを告げたのだろう。それで生まれてくる子は男に違いないと皆が言っていたところ、はたしてその通りだった。若君は「峯殿（みねどの）（道家）の再誕」として迎えられた（『大乗院寺社雑事記』文明十八年十月二十五日条）。

唯一の男子を要求

この若君は冬良のはじめての男子だったので、一条家の家督継承者としてその時点で唯一の候補である。しかし尋尊は、この子を大乗院に欲しいと要求したのである。若君誕生後まだ一年も経っていないときであるが、尋尊は日記に「家門若君の事、寺務にこれを相談す」（同・文明十九年七月十九日条）と記していて、政覚にこの若君を弟子とすることを持ちかけたようなのである。その後まもなく京都への便があったとき、尋尊は妹の直指院慈養に書状を送って「若君の事以下条々、これを申し上せ」ている（同・長享元年八月三日条）。慈養に冬良の説得を依頼したのではないかと思われる。冬良からは慈養経由でただちに「若君の事、これより御返事あるべきの由」、つまり冬良のほうから尋尊に返事するという回答があった（同・六日条）。

若君を見守る

その後、尋尊の日記に若君を追うと、若君成長の節目に尋尊はお祝いを贈っており、贈答の習慣があった八朔（八月一日）には、尋尊と若君方とのやりとりがみられる。延徳元年（一四八九）には「若君御方より憑み（八朔）に犬箱以下これを送り給う」とあって、「犬箱（犬張子）」が若君側から届けられた（同・延徳元年八月二日条）。犬箱は犬の形を模した置物で、寝所に置かれて邪気を祓った。健やかな成長を祈ってむしろ若君の方へ贈られるものだろう。日記に記事として残されたのは、尋尊が意外に思ったからかもしれない。

それはともかくとして、冬良は尋尊の要求を少なくとも明確には拒絶しなかったようで、したがって尋尊はずっと若君の成長を見守っていたのだろう。そして若君が七歳になった明応元年十月、さきに見たように九条政基から子息の入室を要求する書状が届いたのである。これを一応退けたものの、政基がつぎにどんな手を打ってくるかも知れず、ゆっくり若君の成長を待っているわけにはいかなくなってきた。

政覚の後継に決定

十数日後、もちろん冬良の同意をとりつけた上でのことと考えられるが、尋尊は将軍義稙の承認獲得に向けて動く。そして十一月上旬には権臣の権中納言葉室光忠から取り次ぎを承知した旨の連絡とともに、「代々門跡の系図」を提出するようにという指示を受けた。これで事実上、一条若君の入室は決まった。十四日には政覚とともに上洛し、まず二条家に赴いて「若君入室の事」を「申し定め」た。大乗院は政覚のあと一条家の管領となるので、持通らには釈明しておく必要があったのだろう。翌十五日には鞍馬寺と御霊社に参詣したのち一条家に参上し、冬良らとともに喜び合った。十六日には奈良に下向し、その十日後、「一条殿若公入室の事、上意（将軍の承認）を得」たと記している。ただ若君はまだ幼く、当分の間、奈良に下向することなく京都で過ごすことになる。

こうして政覚の後継は決定したが、尋尊の非常識とも思える要求に、結局は冬良が応じざるをえなかったことは、大乗院を握っておくことが一条家にとっても重要だったことを物語っているだろう。

隠居への環境

さて政覚は、明応二年十二月二十七日に別当を辞任する。二、三年で交代したこのころの別当としては異例の十一年間の在任だった。尋尊は、「文明十五年より今年に至るまで十一箇年当職なり。東林院（尊誉）の寺務は文明十二年なり。合わせて十四年、この方の職なり」と大乗院が十四年間にわたって興福寺の別当職を掌握したことを誇らしげに記している。

政覚の別当辞任は、政覚が大乗院の院務に専念することが可能になったということであり、尋尊が別当の後見としての立場から解放されることでもあった。尋尊が隠居する環境は整いつつあった。

吉野・天川参詣

明応三年三月五日の早朝、尋尊と政覚は板輿に乗り、吉野および天川の参詣に出発した。吉野の金峯山寺は一乗院の配下だったが、前々日に一乗院から金峯山寺が管轄する関所の過書（無料通行許可書）を五十人分もらったと記しているので、一行はその程度の人数だったのだろう。杉御所を精進屋として心身の穢れを避け、行水したうえで前夜には春日の大宮・若宮の両社に参じ、旅の安全と守護を祈願した。吉野に着いた初日は蔵王堂（金峯山寺本堂）、下御前（勝手社）、上御前（子守社）に参詣した。翌六日、天川に足を伸ばし、弁財天に神楽、比比丘女（子取り）を奉納し、湯立、開帳が行なわれた。七日には尋尊が弁財天法楽として講問を行なってから吉野に戻った。そして翌八日に一行は橘寺を経て奈良に戻った。

政覚の死

政覚は帰路についた八日から気分がすぐれず、禅定院に戻ってそのまま床についた。そして投薬や医師の治療のかいなく、十六日の早朝に息を引き取った。四十二歳だった。遺体は翌々日に己心寺に移され、二十二日に初七日仏事が行なわれ、葬儀は二十三日、拾骨は翌二十四日だった。尋尊は四月五日に元興寺極楽坊に行き、墓所を定めた。そし

政覚五輪塔（興福寺菩提院）

て政覚の墓の北隣に自分の墓を建てると記している。

この北に予の墓、立つべきの所存なり、……当年中に必ずこれを立つべし、尽未来際に及び師弟相い離るべからざる志なり、

（政覚の墓の北に自分の墓を建てるつもりである。……当年中に必ず建てる。未来永劫、師弟として離ればなれにならない）

春日明神を恨む

政覚を失った尋尊の悲しみが深かったことがわかるが、その三日後の八日には、つぎのようなことを記している。

去る月の今日、吉野、天川より御下向の日なり、路次より御違例なり、一切今度不成以下の事、内外に就きこれなし、両社の神慮、一向その意を得ず、歎くべし、歎くべし、

（先月の今日は、吉野、天川から下った日だ。帰路の途中から政覚は気分がすぐれなかった。今回「不成」のようなことは一切なかった。両社の神慮はまったく納得できない。悲しい、悲しい）

右の「不成」はフジョウで、「不浄」ではなかろうか。尋尊も政覚も参詣にたつ前に精進潔斎して春日の両社に参詣した。不浄のような過失は「内外に就き（すべてにわたって）」まったくなかった。それなのに政覚が亡くなるという結果になった。春日明神は藤原氏擁護の神であるはずなのに「両社の神慮」は納得できない、そう尋尊は言っているのだろう。尋尊が春日の神に対して、このような強い不満を表明するのは珍しい。

なお現在、政覚や尋尊らの五輪塔（二五〇、二八二頁）は、元興寺極楽坊から興福寺菩提院に移されている。

若君の下向

大乗院をすぐにでも譲れる後継者はいなくなったが、幸い一条家若君の入室は決定しており、いつまでも悲しんでばかりいるわけにはいかなかった。十月には若君下向のための準備が始められ、暮れには翌明応四年正月十八日と決まった。若君に必要な装束は、尋尊が費用を送って直指院の慈養と法花寺の恵林寺秀高が調えた。

年が明けて十八日に予定通り、若君は右中弁（うちゅうべん）の中御門宣秀（なかみかどのぶひで）などを供に、輿の前を国民の楊本、後ろを衆徒古市澄胤の代官長井に警護されて、京都から禅定院に到着した。

若君は聡明

二十三日は春日社への社参始め、二月六日には東院前大僧正兼円を師範に迎えて、学問始めの儀が行なわれた。若君は聡明だったようで、九月十六日に習い始めた唯識論（ゆいしきろん）十巻を十二月二十一日に終え、尋尊は「希有の事なり、喜ぶべし、喜ぶべし」と感激している。

慈尋となる

その後も若君は順調に成長したようで、明応七年二月、陰陽師の幸徳井友延に若君の得度（髪を剃り僧になること）にふさわしい日時を占わせた結果、「二十八日、亥の時（午後十時前後）」との報告を得た。当日、常御所の十二間を道場として得度の儀が行なわれ、若君は慈尋という法名になった。その後しばらくの間、尋尊は祝い客の対応に追われた。京都の冬良からは翌月の十四日に祝いの手紙が届き、翌々日に尋尊は「榼（酒樽）一荷、両種（食品二種）」を冬良に贈るとともに、「得度無為の子細、念比に注進（得度が無事に済んだことを詳しく報告）」した。

冬良の病、慈尋の死

お祝いが各方面から大乗院にまだ断続的に届けられていた四月九日、京都の冬良が重い病気であるという報せが到来し、尋尊を驚かせた。そしてその十数日後、奈良では慈尋があっけなく亡くなった。尋尊は「そもそも明応四年乙卯正月十八日より入室、今日に至るまで一千百九十日、予同宿申すものなり」と記している。呆然として一緒に過ごした日々に思いを馳せている姿が目に浮かぶ。病床の冬良に慈尋の死は伏せられ、病が長引いたので七月になってもまだ報されていない。

摂関家に若君なし

その冬良も九月にはなんとか回復した。尋尊はようやくつぎのことが考えられるようになったのだろう、奈良に下向できる摂関家の若君を調べてみた。そして大きな衝撃を受けた。「当時（現在のこと）摂家の御息若君、これなし」、京都の五摂家に加えて土佐の一条家についてみても、ひとりもいなかったのである。こればかりは尋尊にどうすることもできない。「末代の至りなり」と歎くしかなかった（『大乗院寺社雑事記』明応七年九月二十二日条）。

しかし幸い、五摂家にはまだ男子の誕生が期待できる関白経験者が複数いた。現関白の一条冬良は三十五歳、前関白の近衛尚通は二十七歳だった。三十一歳の九条尚経は大納言で、関白の地位にもう少しで手が届くところにいた。尋尊は古希が目前に迫っていたが、朗報を待つしかなかった。

三　明応の激動

明応には、政覚と慈尋の逝去以外にも、大きな出来事がいくつかあった。まず二年にいわゆる明応の政変、三年に大地震、六年には筒井復活などの大和一国動乱、八年には細川氏部将沢蔵軒宗益（赤沢朝経）の侵入である。それぞれ簡単にみておこう。

明応の政変

明応の政変とは、二年四月、畠山基家討伐のために畠山政長とともに河内に遠征していた将軍義稙を管領細川政元が廃し、義稙の従兄弟である香厳院清晃（還俗して足利義遐、のち義高（よしたか）、義澄（よしずみ）。以後、義澄に統一）を新将軍に立てた事件である。政元は日野富子の支持を得ていたので、先々代将軍の御台所による家督変更という側面を持つ。義稙は細川方の軍勢に捕えられ、政長は自害した。尋尊がなにかと頼りにした義稙側近の葉室光忠も殺された。

澄胤に教示

この政変により、それまで畠山義就・基家方に属して政長方と戦ってきた古市澄胤と越智家栄はわが世の春を迎えることになる。ふたりは新将軍に謁することになり、基家にしたがって上洛することになった。澄胤は拝謁にあたって何を着ればいいのかを尋尊に伺い、尋尊は筒井順永の先例を参考にして「この度は小衣（しょうえ）に布の袴、刀を面に指すべきなり、衣は布、生絹（すずし）、随意なり、同じくは上下（かみしも）然るべし」と回答した。そしてさらに「就中（なかんずく）、御太刀以下進上のよう、京都に於いて才学（さいがく）に付くべきなり、申次（もうしつぎ）を以て進上か、直（じき）に進上か否かの事、よくよく才学に付くべし（とくに太刀などをどのように進上するのか、京都で調べよ。申次を通して進上するのか、それとも直接進上するのかどうか、しっかりと情報を収集せよ）」（『大乗院寺社雑事記』明応二年五月八日条）と、かつて悪態の限りを尽くした（一八六頁）相手とは思えないほど懇切に教えてやっている。おそらく河内正覚寺（しょうかくじ）合戦における澄胤の尽力（後述）に対する返報だろう。

家栄の上洛

越智家栄は五月十九日に、澄胤は翌日に上洛したが、家栄には多くの衆徒・国民がまるで従者であるかのように供奉した。尋尊は「越智一族ならともかく、まったくいうべきこともない。奇怪、不思議な作法だ」とあきれている。この上洛のために数千貫文の費用がかかるとして家栄は一国に反別三百文の反銭をかけ、さらに秋にも賦課するらしいといううわさで「一国仰天」したという。

澄胤と家栄不仲に

新将軍への拝謁は家栄が二十三日、澄胤が翌二十四日だったが、澄胤は尋尊が「小衣」を勧めたにもかかわらず、それより上位の服飾である「絹の付衣（ふえ）」を着し、自分は律師の衆徒なので国民の家栄より上だとして振る舞い、家栄は面目を失った。これでふたりの仲が悪くなった。

澄胤、守護代に

九月、澄胤は山城国の守護に任命された伊勢貞陸（さだみち）から相楽（そうらく）・綴喜（つづき）両郡の守護代に登用され、現地に入った。これによって八年近く存続した山城国一揆は解体し、南山城は通常の守護—守護代による支配に戻った。澄胤は、明応の政変後に近江守に任じられた腹心の井上九郎を、郡代（ぐんだい）として配した。

古市一族をもてなす

十月十四日、尋尊は澄胤・胤栄兄弟を禅定院に招請した。澄胤息の藤千代丸が同道してはじめて参上したが、これが春日若宮神が澄胤に卵を授けた夢の子だろう。十歳になっていた。尋尊御前での「供御（くご）（食事）」のあと、藤千代丸は蹴鞠（けまり）に参加している。彼以外の鞠足（まりあし）（プレーヤー）はすべて成人と思われ、この蹴鞠は尋尊が藤千代丸をもてなすために準備した、この日の中心行事だったのではなかろうか。この日、藤千代丸は尋尊に「盆一枚、香合一、榼三荷、折、白壁（豆腐）二合」を進上し、三日後に尋尊は「絹二疋、引合（檀紙の一種）十帖」、政覚が「盆、香合、引合」を藤千代方に贈った。さらに政覚は、澄胤・胤栄と七郎（一族の鹿野園か）方にも贈り物をし、澄胤は大いに面目を施した。

春日七箇夜神楽

家栄も澄胤に劣らず春を謳歌した。戦国時代の大和では、一国を制した内外の者が費用を負担し、願主に立てた摂関家当主と公家衆を奈良に招き、春日社で七箇夜の神楽を開催することがみられるようになる。七箇夜神楽は、春日山の木が枯れるという凶兆があったときに神を慰撫するため、鎌倉時代には藤原氏の氏長者が、室町時代には将軍が行なった行事である。文明十一年（一四七九）にも家栄は神楽を沙汰したが、明応二年十二月に二条尚基を願主としてふたたび催したのは、家栄の一国支配のしるし、宣言と考えられる。

衆徒・国民、家栄に従う

三年四月二十六日、家栄は石清水八幡宮参詣を行なった。尋尊は家栄出立の様子が「天下の見物」と聞いたが、雨がしきりに降ったので、必ずしも神慮に叶ってはいないと思っていたが、家栄の神拝の時、「満山振動」したという。この現象を「御受納の躰」、つまり神が家栄の祈りや願いを受け入れた証しと尋尊は解釈し、「凡そ希有の理生（利生）、先代未聞の不思議、厳重無双」と驚き、一族若党らが感激してつぎつぎに「太刀、刀を神前に備進」したことを伝聞として記している。ただし、このときも尋尊の関心はむしろほとんどの衆徒・国民が家栄に供奉したこと、「立輿（りつよ）の時、各下馬（げば）の礼儀（家栄の乗る輿が止まると衆徒・国民が下馬の礼をとったこと）」のほうにあったようで、「主従勿論なり（完全に主人と従者だ）」と記事を結んでいる。

松殿忠顕

明応の政変では、尋尊がその安否を心配した者もいた。一条家家司（けいし）の松殿忠顕（まつどのただあき）である。松殿は一条教房が文正（ぶんしょう）元年（一四六六）八月に奈良に下向したときに供をしてきた。これが尋尊の日記に登場する最初である。応仁・文明の乱が始まると、教房あるいは兼良に従ってふたたび下向し、乱後、兼良に従って上洛した。その間、兼良をはじめ一条家の人びとにさまざまな場面で仕えている。とくに注目されるのが使者としての活動で、美濃には何度か下っている。松殿と持是院妙純（みょうじゅん）（妙椿の猶子）の関係はこうしてできたのだろう。帰洛後も尋尊の日記にたびたび登場し、一条家や京都と尋尊を結ぶ役割をはたしている。和歌や連歌などの文芸、また蹴鞠に堪能で、活動範囲は広かったようだ。奈良下向の際に、あるいは書状で、松殿がもたらす情報は豊富で貴重だった。

将軍に近侍

将軍義尚が寺社領回復を旗じるしに近江に出兵すると、尋尊は長享二年（一四八八）七月ころから薬師寺領豊浦荘（とようら）（近江八幡市安土町付近）の安堵獲得を松殿に託すようになる。義尚没後の延徳二年（一四九〇）十一月、松殿は葉室光忠を通して、新将軍義稙から安堵を得ることに成功する。そして、このころから光忠のもとで、義稙にも仕えるようになったと思われる。翌三年八月二十七日の義稙出陣に際しては、光忠の「後騎（こうき）」として供奉している。尋尊は上洛して出陣の行列を見物したので、松殿の行軍をその目でみただろう。

松殿の家族を保護

明応二年二月十五日、義稙は今度は河内の畠山基家（もといえ）討伐のために、大名たちを率いて出陣し、八幡をへて二十四日には正覚寺（大阪市平野区加美正覚寺）に陣をしいた。光忠と松殿は今回も義稙の供をした。そして義稙留守中の四月に、京都で細川政元が将軍の廃立を決行したのである。義稙派とみられた貴族・武士・門主らは弾圧され、屋敷や寺院が焼かれたり破壊されたりした。松殿の屋敷は「家門としてこれを破り取る」（『大乗院寺社雑事記』明応二年閏四月五日条）と尋尊は記している。主家の一条家が破壊したのである。新将軍の義澄に対して異心がないことを、そのような行為で示す必要があったのだろう。奈良に逃れた松殿夫人と女子三人は尋尊が匿ったが、まもなく夫人は市内の小家で亡くなった。三十五歳だったという（同・十五日条）。

正覚寺合戦

義澄の擁立によって正覚寺陣は離脱する大名が続出し、圧倒的な劣勢に陥って「兵粮一向これなし、近日自害すべし」（同・二十三日条）と見られるところまで追い込まれた。澄胤は畠山基家と細川政元に命じられて奈良から攻撃軍に加わったが、その澄胤に尋尊は、松殿を説得して陣中を脱出させるようにと命じたらしい。しかし、細川方の総攻撃を前にして松殿は陣中にとどまると返事してきた。澄胤は尋尊に「尚々教訓すべし（説得を続けます）」と報告したが、「大責（おおぜめ）」が行なわれて閏四月二十五日の朝、正覚寺陣は破れた。そして先述したように、義稙や葉室光忠（二十九日に殺害）らは捕らえられ、畠山政長は自害したが、松殿は澄胤が身柄の保護に成功し、翌日には奈良に送り届けた。

正覚寺城跡（旭神社・大阪市平野区加美正覚寺）
（『寝屋川市史　第10巻』2008年より）

松殿、美濃へ

京都で細川方に監禁された義稙は、六月に脱出して美濃を経て越中に逃れる。松殿は尋尊の保護下で過ごしていたが、まもなく奈良から美濃に移った。美濃は奈良よりも越中と連絡がとりやすく、京都の情報も入ってくる。義稙方が信頼できる人間を要所に配したということだろう。松殿の来住を持是院妙純は「喜悦」したという（同・十二月八日条）。

義稙方の要人

美濃には応仁・文明の乱後、尋尊妹の是心院了高がいた。そのもとに松殿は出入りしたようで、了高は松殿が「北国御所、無用の人ども馳せ参ずるばかりなり（越中の義稙のもとには必要のない人ばかりがいる)」(同・明応二年三月二十六日条)などと語ったと、尋尊に伝えている。また松殿自身からも、妙純のお陰で「心安く在国」できていること、了高のもとに参じていること、そして義稙からはなんども御内書を受け取っていることなどが、尋尊に報されている(同・二十八日条)。松殿が義稙方の重要人物となっていたことが確認できよう。

その後、松殿はほぼ美濃にいたようであるが、義稙に呼応して明応八年から九年にかけて一時河内・紀伊・和泉などで活動した。河内に向かう途中、奈良で尋尊に謁している(同・明応八年九月六日条)。

永正五年(一五〇八)五月、義稙は大内義興に擁されて周防国(山口県)から堺に上る。松殿は十数年ぶりに上洛し、京から堺に向かった。六月に義稙は上洛し、松殿は従三位(非参議)に叙されて公卿の仲間入りをはたす。そして翌七月、義稙は将軍位に復する。ただし尋尊は五月に亡くなるので、松殿の昇任や義稙の復位を知ることはなかった。

松殿忠顕を追って永正まで降ってしまったが、時間を明応に戻して地震についてみておこう。

明応七年の地震

一般に明応の地震といえば、七年八月二十五日の大地震のことである。遠州灘沖を震源とし、マグニチュード八・二～八・四と推定され、今切ができて浜名湖は海とつながり、津波がおきて東は房総(千葉県)から西は紀伊(和歌山県)にいたる海岸地域が壊滅的な打撃を受けた。二〇一一年三月十一日の東北地方太平洋沖地震のあとに、津波が甚大な被害をもたらした同様の地震として、ひろく知られるようになった。

この地震は京都や奈良も揺らした。尋尊は当日の日記に「大地振」「地蔵堂の南庇、崩れ了んぬ、地振の故なり」と記している。尋尊がただ地蔵堂といえば、それは福智院の地蔵堂である。近所なのですぐに耳に入ったのだろう。二十八日まで「連日地振」があり、九月二日と四日には「夜地振」と記録されている。余震は翌年になっても続いていて、八年正月五日には「地振毎日のようなり、去年より連続了んぬ」とある。二月二十八日にも「朝、大地振」とあるが、最初の地蔵堂以外の被害を尋尊は記していない。特筆するほどの損壊などはなかったのかもしれない。

明応三年の地震

大和国で明応の地震といえば、むしろ四年前の明応三年五月七日の地震だろう。七年地震の前兆地震とも考えられている。正午ころに「大地振」が起き、東大寺・興福寺・薬師寺・法花寺・西大寺・矢田荘（大和郡山市矢田町）などが「破損損亡」し、「大略顛倒に及ぶ（ほとんど倒れた）」と記しているので、諸寺の堂舎の多くが損壊し、荘園にも被害が出たと考えられる。翌日も揺れて「所々崩れ」、「所々の石塔ども悉く以て破損了んぬ」と記している。あちこちの築地が崩れ、多くの墓石が倒れて損壊したのだろう。

大仏などの被害

尋尊が記録した被害はそのほかに三件ある。ひとつは東大寺の大仏である。「御頭辺」

（『大乗院寺社雑事記』明応三年五月十三日条）と「御胸」（同・六月五日条）が破損した。ふたつめは、新木荘の「本ノ大池」である。堤が切れて修復にのべ千四百人の人夫が必要になり、領主の大乗院が七百人分を負担することになったようである（同・十九日条）。こういった自然災害による損害の回復のための費用は、朝廷や幕府などから賦課される反銭などと同じように、「領主半分、百姓半分」で負担する慣行があったのだろう。三つめは禅定院の東方の築地で、その一部が崩れて二丈五尺（約七メートル半）の修理が必要になった。五月二十四日に修理が終わり、その費用は一貫百四十文だったという。

「地振」「大地振」「夜地振」「地振一日連々」などと記された余震は六月の末までほぼ毎日記録されており、尋尊の日記が七・八・九月分が残っていないのでその間は確かではないが、翌年の二・三月ころまで起きている。十箇月ほどは落ちつかない日々だっただろう。

義稙・畠山尚順の反攻

さて、先述した明応の政変によって越智家栄と澄胤は絶頂期にあったが、ふたりが安眠できる期間は長くはなかった。明応五年には正覚寺で亡くなったはずの畠山政長が、じつは生きているという噂が世間に広がった。翌六年になると、越中から義稙が上洛するという話や、越前では朝倉貞景が上洛の供をすると噂されていることなどが、しきりに聞こえてきた。

さらに河内国の畠山基家の有力家臣である遊佐と誉田の間に争いが生じ、澄胤が遊佐方に、家栄が誉田方につき、大和や山城の国人も巻き込まれた。六月二十三日、石川左岸の円明（大阪府柏原市）、駒谷（大阪府羽曳野市）辺の合戦で遊佐方が勝利を収め、澄胤は名をあげて家栄との亀裂は深まった。

古市の没落

義稙上洛の動き、基家の重臣同士の争い、家栄と澄胤の対立は、畠山尚順（政長子）方の復活の好機となった。紀伊から尚順が正覚寺に入るとのうわさに河内国は騒然となり、奈良では筒井や十市らの帰国に際しての混乱に備えて「東西南北に雑物等持ち運ぶ（財産などを避難させる）」騒ぎとなり、禅定院にも己心寺から本尊が避難してきた（『大乗院寺社雑事記』明応六年九月二十八日条）。各所で始まった戦いに筒井・十市方が勝利し、澄胤は「自焼」して古市から没落した。城破りが行なわれ、古市城は繁栄を象徴した竹木が数日かけて切り払われて「広野（荒野）」になったという。勝者による退治、処罰を示す作法であるが、これに「奈良中の者」が動員されたと尋尊は記し（同・十月七日条）、春日社の神官も「奈良・国中の衆」（『明応六年記』）が集められたと書いている。

越智の後退

家栄は七日に越智郷を焼かれて壺坂寺（高取町壺坂）に逃れ、しばらくそこに釘付けにされた。寺内は「男女大勢」にもかかわらず「粮米等一切これなし」という状態で、「正覚寺御陣の如くになるべし」といわれたという（『大乗院寺社雑事記』明応六年十月十六日条）。

ただし、尋尊が越智方のことを気にかけていたというわけではなく、その十日ばかり後には、

壺坂、この五、六日以前は七百人ばかりこれあり、その後、越智父子、一族以下男数三百人ばかり、女房、童部（わらわべ）等二百人これあり、

と、当初の七百人のうち二百人ほどが脱出して女性や子供が多く取り残された、「食物」が乏しくて「久しくあるべからず」とのうわさを記したあとで、「天罰、天罰」と結んでいる（同・二十七日条）。さらにその後、尚順が万歳まで入国し、壺坂寺よりさらに奥の吉野への退却を余儀なくされたときにも「かたがた以て神慮珍重の事なり」と喜んでいる（同・十一月二十三日条）。これまで越智に対して抱いていた感情を抑えることができなくなったのだろう。

大和国で勢力の入れ替えが起きてから約二年後の明応八年十一月、義稙は越前を発って近江に進出した。二十二日に義稙は坂本で幕府軍と戦い、敗れて丹波・河内に逃れ、ついで大内氏を頼って周防に落ちる。河内にいたとき、筒井順盛に迎えを命じて義稙が奈良に入るという噂を尋尊は聞き、「事実か否か、以ての外の大変事出来、当所のため凡そ迷惑の事なり（本当かどうかわからないが、大変なことだ。奈良としては困惑するばかりだ）」と記している。

宗益の侵攻

義稙の奈良入りは実現しないが、このような動きを予想してか、沢蔵軒宗益が月末に南山城の狛まで南下して陣をしいた。奈良に進入する気配をみせた宗益に対して、興福寺の六方は宗益の首に懸賞金をかけたか、あるいは籠名を行なうかしたらしい。尋尊は「物忩然るべからざる沙汰なり（危険でよくないことだ）」と心配し、六方が奈良の郷民に宗益軍迎撃の態勢を命じたことも「比興、比興（よくない）」と非難した。その後、宗益は撤退したという報に尋尊は喜んだが、十二月十八日、宗益軍は秋篠に押し寄せてきた。

大和勢敗走

侵入した敵を迎え撃ったのは付近の国人である超昇寺・秋篠・宝来などだったが、蹴散らされた。法花寺や西大寺には物取りが乱入し、堂塔・房舎を破壊した。菅原寺（喜光寺）は焼かれ、隅寺（海龍王寺）は打ち破られた。没落していた古市澄胤が現れ、宗益の兵を数千人率いて奈良に入り、「院家・僧坊、寺中・寺外、残る所なく乱入」したという。それに「物取りども数万人、その数を知らず」という略奪が加わり、「社頭五箇屋、拝殿以下に乱入」した。筒井・成身院・豊田・番条・十市・楢原らは逃走し、国中所々が焼かれた。

古市・越智の復活

澄胤は悪役を務めることになったが、事前に法花寺などが襲われないように工作していたらしい。しかし不首尾に終わり、尋尊の妹である法花寺長老尊秀は馬で禅定院に逃げてきた。いつもは輿で移動したと思われるので、緊急だったことが実感できよう。お供の僧や尼は数十人で、成就院に収容された。これまで南山城の笠置や瓶原(みかのはら)などに潜んでいた澄胤は、奈良の雑務職に戻った。一時は吉野まで落ちた越智も復活するが、明応九年二月二十七日に家栄が没し、越智は家令が率いることになる。

国中が武家領

宗益入国の影響は大きかった。宗益軍の一部は撤退せずに国内に止まり、国外武士の知行を許してこなかった「神国大和」の各所を占領し続けた。尋尊は「国中武家領となる、この条、尤も一味同心し計略あるべき事なり」と、寺内が一致団結してあたる必要がある、「大事の前の小事」で争っている場合ではないと記している(『大乗院寺社雑事記』明応九年六月十八日条)。しかし、混乱は収まらず、三世紀半以上にわたってほぼ毎年行なわれてきたおん祭りは、明応九年から三年続けて執行できなかった。維摩会にいたっては同年から永正八年まで十二年間開催できず、応仁・文明の乱のときの連続八年不開催を上回った。

四 文亀・永正

尋尊の祈り

尋尊は応仁・文明の乱以前に、永享以来争いを続ける国人たちが和睦すると期待したことがあった。

筒井と小泉、昨日仲直りその沙汰を致す、十市の計略なりと云々、越智と筒井、和与すべきよう、かくの如く計略に及ぶと云々、寺社のため国中のため、珍重、珍重、多年予祈念せしむるはこの条なり、自他無為無事の儀、神事・法会違乱に及ぶべからざる基なり、悦ぶべし、悦ぶべし、永享以来の乱、この時に至り落居、

（筒井順永と越智方の小泉重祐（ちょうゆう）が仲直りした。十市遠清（とおきよ）の斡旋ということだ。これは越智と筒井の和与に向けて行なわれたものだという。寺社のために、国中のために、結構なことである。何年も私が祈ってきたのはこのことである。何事も平和であることが神事・法会が間違いなく執行されるための基礎である。喜ばしい。永享以来の乱はいまようやく解決した）（『大乗院寺社雑事記』文正元年十一月二十八日条）

以上のように記したことがある。尋尊三十七歳のときである。しかし、これはもちろん見当外れだった。このあと国人たちは二派に分かれたまま大乱に巻き込まれていく。

その三十年余り後、尋尊はふたたび一国の国人の和睦を期待するようになる。明応七年（一四九八）の十二月、大地震の余震がまだ時折あったころである。

国人和睦の気配

昨日春行房（しゅんぎょうぼう）僧都、礼のため参じ申す、見参（げざん）、頭役無為珍重の由、仰せ了んぬ、就中、当国の面々和与の事、然るべきよう取り合わば、興隆珍重の由、仰せ了んぬ、誠に無為目出べき旨、相い語るものなり、（同・明応七年十二月三日条）

春行房僧都がこの年のおん祭りの田楽頭役を無事に勤め、その挨拶のために尋尊のも

とを訪れた。このとき、尋尊は「国人たちの講和を調整してくれるならば、仏法興隆につながり結構なことだ」と春行房に要請し、平和がいいと語り合ったという。

春行房定寛

ここに登場した蓮花院の春行房僧都定寛は、尋尊より四歳年上の学侶で、かつての成身院光宣を彷彿とさせる人物である。応仁・文明の乱が始まると、将軍領である河内国玉串（櫛）荘（大阪府八尾市付近）の代官となり、三百貫文を上納すればあとは代官の得分となるこの「千石千貫領」を知行した（同・文明七年十月二十四日条）。明応七年ころには武将のように動き、「用心のため若党卅人ばかり召し具した」（同・明応七年六月五日条）という。筒井などとともに南山城の稲屋妻城を攻めたときには、「玉串衆」百余人を率いて蓮花院や奥発志院に滞在している（同・十八日条）。おん祭りの頭役を勤めた前後には、義稙や畠山尚順の周辺でも活動している。このような人物の「取り合」い（取り継ぎ、斡旋、調整）に言及しており、このときの尋尊の期待にはそれなりの根拠と展望があった。

和睦は短命

明応八年十月、河内から興福寺にもどった筒井方の僧から「当国越智、十市、筒井、成身院、楢原以下三十余人、和撲（和睦）を申し合わせ、自他河州の事、合力すべからず、当国分にて元の如くこれあるべし（互いに河内の畠山家に加担せず、大和は大和として昔のようにあるべき）」と決したとの報せがもたらされ、尋尊は「珍重の事なり」と喜んだ（同・明応八年十月二十六日条）。ただこのときの和睦はきわめて短命で、多武峯の反対によってすぐに瓦解したようである（同・三十日条）。

この国人和睦の際、古市澄胤は除外されたという。直後の宗益の奈良侵入に澄胤が手を貸したのは、国人たちから孤立していたからかもしれない。

宗益の侵入と国内各地の占領は、興福寺・春日社だけでなく、国人たちにも大きな衝撃を与えた。和睦の必要がより切実に感じられるようになっただろう。

文亀の飢饉

さらに文亀三年（一五〇三）には飢饉があった。尋尊の日記はこの年を欠くが、近年紹介された史料からいくつか具体的なことがわかる。それによると、この年は干魃で五月二十日から八月一日まで雨が降らなかった。八月から一揆が連日奈良を襲い、福寺（奈良市南京終町、廃寺）・眉間寺（奈良市法蓮町、廃寺）・天神宮（不詳）などが焼かれた。冬は久しくなかったほどの厳寒になった。翌四年（永正元年）春三月になっても寒く、前年の炎旱で物価が高騰したので土民は食料を買うことができず、餓死する者が多かった。般若寺・眉間寺・白毫寺などの周辺は死人で足の踏み場がなかった。うわさによると、井戸堂（天理市井戸堂町）に五十六人、長原（同永原町）に九十四人、丹波（同丹波市町か）に六十二人の餓死者があり、その他の村の分は数え切れないほどだった。多くの暮露衆（乞食）が行き来した。四月中旬から六月にかけては病気が流行り、死者がふたり、三人、四人、五人と出ない家はなかった。つねに葬送の鐘の音がして、念仏の声が聞こえたという。

永正の大和国人一揆

細川勢の進入と駐留に加えて飢饉という危機に見舞われ、国人たちは和睦の実現をめざして模索を続けた。そして何度かつまずくものの永正元年（一五〇四）の年末に和与にいたる。これが永正の大和国人一揆と称されるものである。河内では両畠山氏が講和に至っていたが、大和の和与はこれに連動したものだろう。

五氏の和睦

翌二年二月四日、興福寺中院（勧学院）で国人による咾文（起請文、誓約）が行なわれた。尋尊は、

中院に於いて当国衆咾文これあり、毎事寺命に応ずべき由か、珍重、珍重、

と記している。咾文の草案も学侶によって作成されており（『多聞院日記』永正二年正月二十二日条）、このときの和睦が興福寺の関与のもとに成立したことは間違いないが、「毎事寺命に応じるのではないか」と観測し、「珍重、珍重」と喜ぶ尋尊は、少し楽観的すぎるだろう。

一両一疋衆まで参加

大乗院門徒である延堯房賢清によると、このとき拝殿に集まり咾文を行なったのは布施・箸尾・越智・十市・筒井の有力五氏だけである。残りの国人たちは八月二十八日に加わった。賢清のこの日の日記には、

国衆悉く以て上洛す、中院の拝殿に於いて咾文これを沙汰す、学侶・六方、検知の使節これを出さる、越智、筒井、箸尾、十市以下上洛の面々は、先日咾文沙汰のあ

いだ、只今これを無沙汰、一両一疋衆まで悉く以て罷り上り、已前の哠文一紙に連判沙汰し了んぬ、　（『多聞院日記』永正二年八月二十八日条）

とあって、このとき一国の国人がすべて奈良に上り（「上洛」）、中院の拝殿で哠文を沙汰したという。学侶・六方が検知のために使者を送り込んだのは、哠文に記されたことに国人たちが違反していないか（「起請の失」がないか）を判定させ、今後の遵守を監視するためだろう。越智以下の五氏はすでに哠文は終わっていたので、この日は沙汰しなかった。鎧を一両、馬を一疋しか持たないような弱小の衆もすべて奈良に上り、越智以下の五氏の署判がある哠文に連判したという。この文書が残されていれば、貴重な史料になったことだろう。

尋尊、老いる

尋尊が三十年以上も前に実現すると思った国人一揆が、ここにようやく本格的に成立したわけであるが、この間の尋尊の日記の記事は、賢清のそれにくらべて簡潔である。あれほど筆まめで、ものごとを詳細に記録し続けた尋尊も、世間に対する関心が薄れてきたようである。この頃の尋尊は湯山、すなわち有馬温泉に気を取られていたのかもしれない。

有馬温泉

尋尊は永正元年と二年の二年続きで湯山を訪れているが、二十年近く前の文明十九年（一四八七）にも政覚をともなって行ったことがある。永正の記事はいずれも簡単なので、文明度の旅をまずみてみよう。

文明度

出立は二月十八日だった。同行者は政覚のほかは、兵庫の一条家領福原荘の代官だった松殿忠顕、建仁寺の僧と思われる詔蔵主、一条家家司で松殿とならんで福原荘の代官をつとめた町殿（勧修寺）顕基、坊官の清賢と侍の弉舜、中童子の宮寿、その他八名の合計十五名だった。松殿と詔蔵主のふたりは福原荘に止まった。そこから一行の湯山滞在を支援するための同行だろう。

八幡経由

尋尊は奈良から板輿で木津へ、木津からは船で下津屋（京都府久御山町）へ、下津屋から陸路を石清水八幡宮へ登り、八幡で「日中（昼食）」をとった。尋尊姉尊秀が住持した菩提院の接待だろう。八幡から橋本（同八幡市）に下って山崎（大阪府島本町）へ。山崎で夕食をとり、広瀬（同島本町）で「夜船」に乗り、翌朝杭瀬（尼崎市）に到着、この日は大物浦（尼崎市）に泊まった。

福原荘

翌二十日、早朝に「海上舟」に乗り、昼頃に兵庫に着き、松殿の「政所」（代官所）に入った。その後、「島以下所々これを見る」（尋尊）、「築島以下少々これを見物」（政覚）とあり築島周辺を見物したが、この築島に福原荘の政所があったのだろう。興福寺兵庫関の役所も近辺にあったのではなかろうか。

名所見物

二十一日は和田岬（神戸市兵庫区）から一ノ谷（同須磨区）、須磨寺方面まで足を伸ばし、平家伝承の名所旧跡を堪能した。須磨寺では「若木桜、青葉の笛、弾正入道の影」などを拝見したと政覚は記している。若木桜は「枝を折るな」との制札を弁慶が立てたという桜、青葉の笛は平敦盛（たいらのあつもり）が熊谷直実（くまがいなおざね）に討たれたときに所持した笛で、『平家物語』では「小枝（こえだ）」である。弾正入道は太政大臣入道つまり平清盛のことで、影は肖像画である。尋尊や政覚らは日ごろから平曲や能などに親しんでいたので、心躍る一日だっただろう。敦盛の「小枝」を「青葉の笛」と呼ぶ例としては右の記事は早いものである。

湯治

翌日湯山に登ると、宿泊を予定していた御所坊（ごしょぼう）には伊勢国司の北畠政郷（きたばたけまささと）が滞在していたので、温泉寺に入った。そしてこの日の夕方から三七日（二十一日間）の湯治が始まった。湯山には一の湯と二の湯があり、通常は宿泊先に近いほうに入ったようである。毎日「朝、日中、夕方、初夜」の四回、定められた方式で二七日（十四日）あるいは三七日（二十一日）間、入浴したようである。連日四回となると、かなりの温泉好きであっても、場合によっては苦行に近いだろう。

北畠政郷

今日の気軽な温泉旅行とは異なるようだが、湯治の合間に連歌や酒宴など楽しみもいくつかあった。文明度に尋尊は、政郷と二度、酒食をともにしている。一回目は、政郷が酒と料理を贈ってきたことがきっかけである。尋尊は兵庫の松殿から酒・雁・モズク（水雲）を取り寄せ、それらをお返しとして御所坊に送ったところ、政郷が喜んですぐに

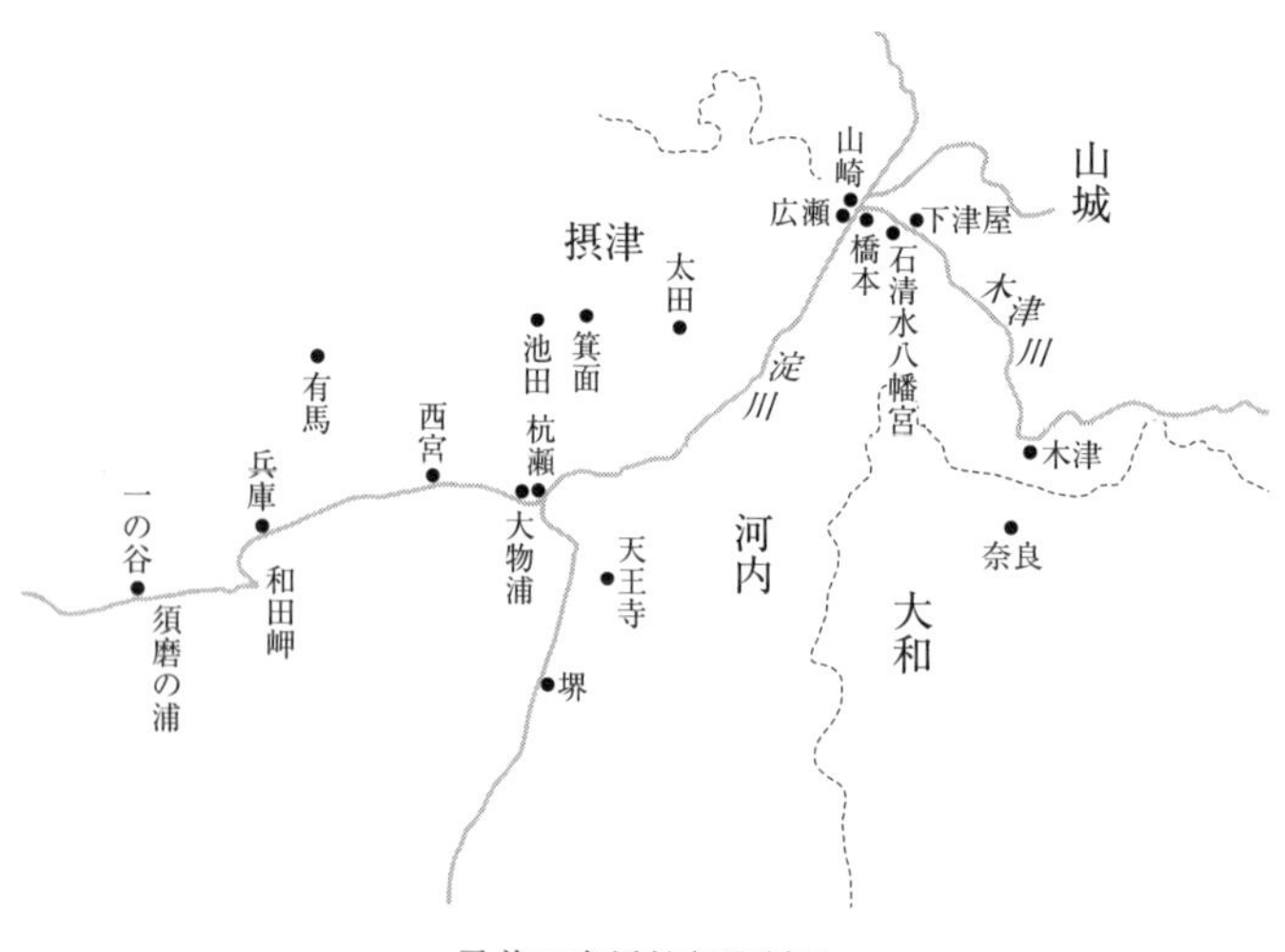

尋尊の有馬旅行関係地

温泉寺にやってきたのである。尋尊は「酒これあり」としか記していないが、政覚は「大御所御対面、予同じく罷り出て大酒これあり」と、尋尊と政郷の歓談の場に呼ばれて楽しい会になったと感じられるような記事を残している。二度目は政郷が湯山を去る前日のことである。尋尊のもとに政郷が「食籠等」を持って挨拶に参上し、「又大酒これあり」ということになった。この酒宴がお開きとなった後、尋尊は湯に入るついでに御所坊に立ち寄り、そこでまた酒宴となっている。

政郷は子息を興福寺東門院に入れていた。東門院は一乗院方の院家であるが、尋尊時代の院主である孝祐は、大乗院にも門家のごとくに仕えていた。このとき政郷息（孝縁（きょうえん））はまだ七歳にすぎないが、子の将来のために政郷が、尋尊と良好な関係を築いておきたかったことは想像できよう。尋尊にとっても、伊勢国司の力は大和国の宇陀郡に及んでいたので、同郡の大乗院領荘園を再興、維持するために、伊勢国司は重要な存在だった。しかし、そのような事情とは関係なく、尋尊と政郷は馬が合ったようにも感じられる。

奈良に帰る

湯治終了の四日前に、松殿が酒樽とともに兵庫から登ってきた。詔蔵主が同道し、湯山をあとにした政郷が建仁寺などを巡礼したことを、尋尊に報じている。帰途は池田、箕面、太田（茨木市）というルートで太田で一泊し、翌日は八幡で尊秀に会って日中をとり、夕刻に奈良に帰着した。以上が文明の湯山行のあらましである。

永正度

永正の二度の湯山行も三七日の湯治に変わりなかったが、永正元年は御所坊に泊まり、帰途は湯山—西宮（泊）—広瀬（泊）—奈良というルートをとった。二年度は二の湯に近い「谷の兵衛」なる宿に滞在した。往路は奈良から西へ和泉堺に向かい、堺（泊）—天王寺（泊）—兵庫—湯山、復路は湯山—箕面—太田（泊）—八幡—奈良というルートだった。

永正二年度の「湯山入り料足（費用）」を、尋尊は長谷寺などから借用し、「合二十貫文」と記録している。このときの供は十一人で、尋尊を入れると十二人となり、この人数での二十四泊二十五日の旅費が総計で二十貫文（約二百万円）とすれば、それほど贅沢な旅ではないように思われる。

五　九条若君と「隠居」

九条若君

文亀元年（一五〇一）六月、九条尚経が関白に就任した。これによって尚経息に大乗院への入室資格ができ、十一月に四歳の男子の大乗院入室が決まった。九条家にとって、たったひとりの男子を南都に下向させるのは一種の賭けで、不安は大きかったと思われるが、大乗院を掌握する必要がそれ以上にあったのだろう。

若君の下向と隠居

幼い若君は、入室決定後も四年ほどの間京都に止まったが、永正三年（一五〇六）正月十五日から三月末までの間に奈良に下向した。五月二十二日には大乗院御房中が若君を歓迎して金春座による猿楽会を開催した。そして尋尊は、六月一日に「隠居出門の日時の事、これを仰す」、つまり禅定院を出て隠居する予定を定め、これを告知した。八月十一日には「九条殿の御教書ならびに勅書」が尋尊のもとに届いた。後柏原（ごかしわばら）天皇によって尋尊の隠居と若君の大乗院継承が承認され、関白の尚経によって伝達されたのだろう。

院務は継続

このようにみてくると、若君の下向、入室とともに尋尊は禅定院を退去して隠居したということになるが、実態はかなり違った。六月以降も尋尊は禅定院にいて院務を執っているのである。若君が幼いことを考えると、尋尊がひき続き院務をみたのは自然だろう。

隠居は実態あり

では、「隠居」「出門」は実態を欠いたのかといえば、そうでもない。尋尊は永正四年七月三日に「予隠居方朝夕下行」と題する記事を書いている。この記事から隠居付きの職員が坊官・侍各一人を含む十四人で、「仏供（ぶつく）」を含めて朝夕の食事に一斗一升三合の米が毎日必要だったことがわかる。さらに九月九日には「隠居道具年中例の如し」と題して「絹衣一、帯一」などと十点あまりの衣服を書き出している。これらの記事は、「隠居」がそれなりの実態をともなっていたことを示しているだろう。

後龍花樹院

では「出門」はどうだろうか。出門が事実であれば、形ばかりの隠居所が設けられて尋尊はいったん禅定院を出てそこに移り、その後戻ったという可能性が考えられよう。あるいは出門の事実はなく、禅定院がそのまま隠居所になったのかもしれない。その点はわからないが、いずれにしろ尋尊は隠居であるということを示す手続き、形が取られたと思われる。そして尋尊は後龍花樹院殿（ごりゅうげじゅいんどの）を称することになった。

成就院の大乗院化

京都から下向してきたとき、いったん禅定院に入った九条若君は、まもなく成就院に移る。それにともなって同院の性格が少し変化する。永正三年六月晦日、これまでずっと禅定院で行なってきた茅輪くぐり（祓えの神事）を尋尊は成就院で行なった。さらに翌永正四年五月五日条には、つぎのように記している。

神輿、成就院に於いて拝見、

この神輿は、禅定院の東方三百メートルほどの丘の上に鎮座する天満社の神輿である。奈良の東南部には小五月郷とよばれる地域があり、天満社の祭礼である小五月会を五月五日から八日までの四日間執行した。室町期には大乗院が小五月郷から小五月銭を集めて、祭礼執行の主体となった。五日には神主や巫女らを従えた神輿が、禅定院や成就院などに入御した。禅定院では庭を三周したという。門主以下は身分に応じて所定の場所で神輿を「拝見」した。禅定院を出た神輿はその後、小五月郷内を巡行する。尋尊はずっと禅定院で神輿を拝見してきたが、永正四年は成就院でということになったのである。

文亀四年以後、尋尊の日記の記述量が少なくなり、以上の二例しか徴証がないが、永正三年六月中に尋尊は隠居となり、若君のいる成就院が儀礼の場として大乗院の機能の一部を担うようになったのだろう。かつて宝徳三年（一四五一）に禅定院が焼けたとき、成就院が大乗院として機能したことを想起すれば不思議なことではない。

院務を執るため禅定院を去ることは叶わなかったが、最晩年の尋尊は成就院か「延専の坊（所）」のいずれかで過ごすことも多い。成就院訪問は、若君の居所だったことに加えて、禅定院の風呂が永正元年三月ころから同四年八月まで使えなかったことによる。禅定院は執務の場、成就院は若君の居所あるいは風呂を借りる所とすれば、「延専の坊」こそ尋尊の実質的な隠居所だったのではなかろうか。

かつて寵童

延専とは延専房良成（りょうじょう）のことで、童名を宮寿という。上北面（うえのほくめん）良鎮の子で、文明四年（一四七二）四月、九歳のときに大乗院に初参したので、永正四年には四十四歳になっていた。かつて尋尊の寵童だったと思われる。

愛千代丸

尋尊の寵童といえば愛満丸が想起されるが、文明七年九月三十日、愛満丸が亡くなって一年余り経ったころ、尋尊は愛千代丸（あいちよまる）という十四歳の中童子を召し抱えた。愛千代に対する尋尊の厚遇、「毎事予扶持を加う」「凡そ神妙極（きわ）まりなき者なり」（『大乗院寺社雑事記』文明十二年九月十日、十二日条）などと尋尊が記していることなどからみて、愛千代は二人目の寵童だったと考えられる。文明十三年に元服して指田泰九郎信次（さしだたいくろうのぶつぐ）と称するようになってからは、出身地の堺にも拠点を構え、堺、奈良、京都を行き来して仕えた。明応七年（一四九八）に亡くなった。

春菊丸

三番目の寵童と考えられるのが宮寿であるが、さきに四番目と思われる春菊丸（はるぎくまる）についてみておこう。尋尊記に初めて登場するのは文明十九年（長享元年）、元旦に祗候した門徒のひとりとしてである。このとき十一歳だった。延徳四年（一四九二）三月末から病床に伏し、明応元年（延徳四年）七月二十五日に十六歳で亡くなった。この間、春菊丸に関する記事はほとんどないが、亡くなる直前の七月五日の記事がまず注目される。曼殊院門主の良鎮が「春菊丸違例の事、念比に仰せ下さる（春菊丸の病気を心から心配して下さった）」とある。ついで葬儀から七七日（四十九日）に至る七日ごとの仏事、百箇日や一周忌の随求陀羅尼頓写など手厚い弔いをみれば、春菊丸が尋尊にとって一介の小者以上の存在だったことが推測される。

三人めの寵童

さて、宮寿が文明四年の初参のつぎに尋尊の日記に出てくるのは文明十二年六月、十七歳のときからである。愛千代の元服が近づいてきたころで、尋尊と特別な関係になるのはこのころからかもしれない。延徳元年十二月、二十六歳のときに出家して延専房良成となる。良成が尋尊の寵童だったと推測できるのは、良成が病を得たときの尋尊の気遣い（『大乗院寺社雑事記』文明十六年十月二日条、延徳元年十一月十七日条など）が尋常でないと思われるからである。とくに明応元年の八、九月ころから翌二年正月まで半年近く伏せったときには尋尊は「竹内殿（良鎮）」に「良成の祈禱の事」を依頼している（同・明応元年九月二十日条）。気の置けない実弟とはいえ、曼殊院門主に側近のための祈禱を依頼するのは、かなり特別なことだろう。

納所として仕える

出家後の良成で注目されるのは、納所（なっしょ）（出納係）として尋尊に仕えていることである。

尋尊は何事も自分でやらねば気が済まず、人に任せるのが苦手だったのではないかと思われるところがある。金銭の出納もそのひとつで、金銭出納帳ともいえそうな「到来引付」（『広島大学所蔵　猪熊文書　二』）を残している。宝徳三年から始まるこの記録は、記述量が延徳年間（一四八九〜九二）に入ると少なくなり、明応四年をもって終わる。これは尋尊が米銭などの出納を、良成らに大幅に任せるようになったからではないかと考えられよう。

良成は富裕

良成が納所に起用されたのは尋尊の信頼があったからだろうが、それだけではなさそうである。良成は富裕だった。明応八年には三百二十貫文を大乗院に貸していて、尋尊は返済方法を良成に提示している（『大乗院寺社雑事記』明応八年五月十八日条）。また同年十一月には大乗院と妙徳院との紛争を仲介し、大乗院の借金四十貫文の返済保証人に立ち、「借書以下色々書状等十八通」を妙徳院から取り返している（同・十一月十四日条）。永正元年には八百貫文を大乗院に貸していたようで、尋尊は小五月銭などをもって返済すると記している（同・永正元年二月三十日条）。このようにみてくると、良成の納所は尋尊の登用というより、債権者による債務者の財務管理、経営介入というべき側面があったかもしれない。

それはともかく、尋尊は延専坊訪問の理由を連歌、湯治あるいは地蔵講のためなどと記していることもあるが、目的を書いていないことも多い。なにか用務があるわけでは

尋尊五輪塔（興福寺菩提院）

なくても訪れ滞在したのだろう。もちろん良成があれこれ世話をしたと考えられる。

満寺の一臈

永正元年六月十五日、二年前に一乗院を出て転軽院に隠居していた教玄が七十六歳で、ついで二十四日には東院の兼円が七十八歳で亡くなった。ふたりの前大僧正がいなくなって尋尊は「満寺の一臈（興福寺の首席僧）」となっていた。翌二年十二月には宗芸法印が七十九歳で亡くなった。もうあまり時間が残されていないことを尋尊は自覚せざるをえなかっただろう。三年六月に隠居となることができて、尋尊はそれなりに安堵したことと思われる。

後大慈三昧院

一年半後の永正五年正月十七日条、「延専坊に行き向かう」が尋尊記最後の記事である。この約百日後の五月二日、尋尊は亡くなった。葬儀は快晴に恵まれた十日、己心寺で行なわれた。諡号（おくり名）を後大慈三昧院という（実暁「雑々私記」）。大乗院の院務は尊誉や坊官の清円・宣舜・興舜らが評定衆・奉行として引き継いだと思われる。

経尋

翌六年十二月、九条若君は得度して経尋と名乗ることになった。「経」は経覚から、

「尋」は尋尊から引き継いだのではなかろうか。四、五年後には院務を自ら執るようになっただろう。大永二年（一五二二）、二十五歳で法印大僧都のときに興福寺別当になる。

「はしがき」で「尋尊に課せられた役割は、大乗院をできるだけ本来の姿で次の世代に引き渡すこと」と述べた。十六世紀の初め、大和は国外勢力の侵入を許すようになっていたので「本来の姿」は望むべくもないが、経尋がひき継いだ大乗院は、尋尊のときとくらべてどの程度まで「門跡繁昌」が維持されていたのだろうか。最後にそのことに触れなければならないだろう。しかし、この問題についてきちんと議論する準備も紙幅もないので、大乗院領荘園に尋尊が文明十五年（一四八三）にかけた門跡修理反銭の収納状況と、経尋が永正十五年（一五一八）に同反銭をかけたときの状況をひとつの参考資料として提出しておきたい。

尋尊は反別百文を六十四箇荘にかけた。半年の間に少しでも反銭が納入されたのは四十一箇荘で、約六十四％の荘園が徴収に応じたことになる。収納できた反銭は約百十貫文だった（『大乗院寺社雑事記』文明十五年十二月～同十六年五月条）。

経尋のときは、「文明十五年の例に任せて」とあるが、六十四箇荘に加えて喜多院二階堂領の「山内七箇所」など十の荘園が「再興」されて七十四箇荘園に同じく反別百文が賦課された。下知から約三箇月の間に応じた荘園は五十三箇所で、割合にすると七十二％になる。徴収された反銭は約八十七貫文だった（「経尋記」永正十五年八月〜十一月条）。

対象となった荘園の数や徴収の期間が異なるので、かんたんに比べることができないが、右の数字をみる限り、尋尊はその役割をある程度はたしたと評価してもいいように思うが、いかがだろうか。ただし、世の中はむき出しの力がますますものをいう時代になっており、尋尊が書き残した記録類が「門跡繁昌」のために力を発揮する機会は少なくなっていただろう。

一条家系図

名前は女性

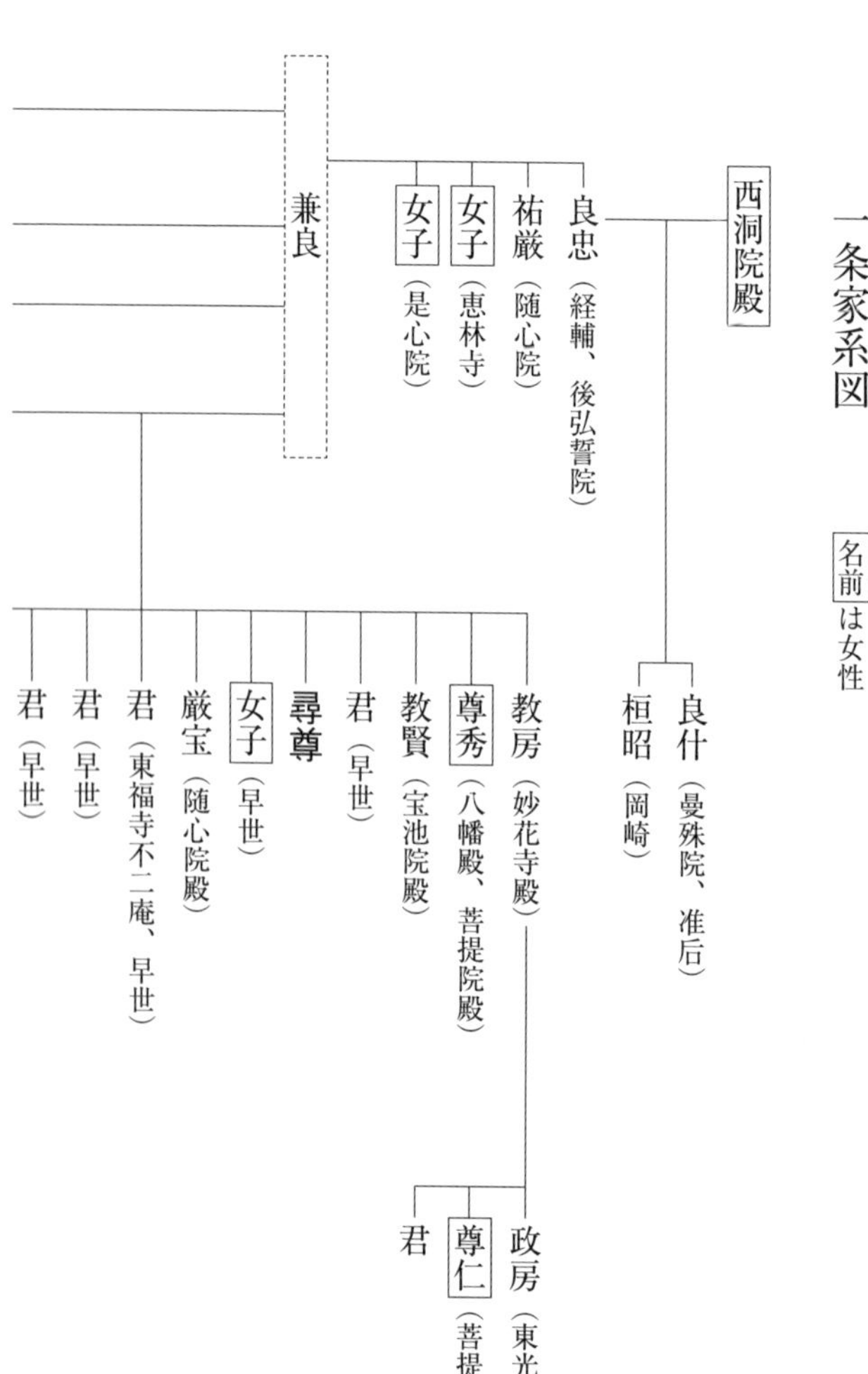

西洞院殿
良什（曼殊院、准后）
桓昭（岡崎）
兼良
良忠（経輔、後弘誓院）
祐厳（随心院）
女子（恵林寺）
女子（是心院）
教房（妙花寺殿）
尊秀（八幡殿、菩提院殿）
教賢（宝池院殿）
君（早世）
尋尊
女子（早世）
厳宝（随心院殿）
君（東福寺不二庵、早世）
君（早世）
君（早世）
政房（東光寺殿）
尊仁（菩提院殿）
君

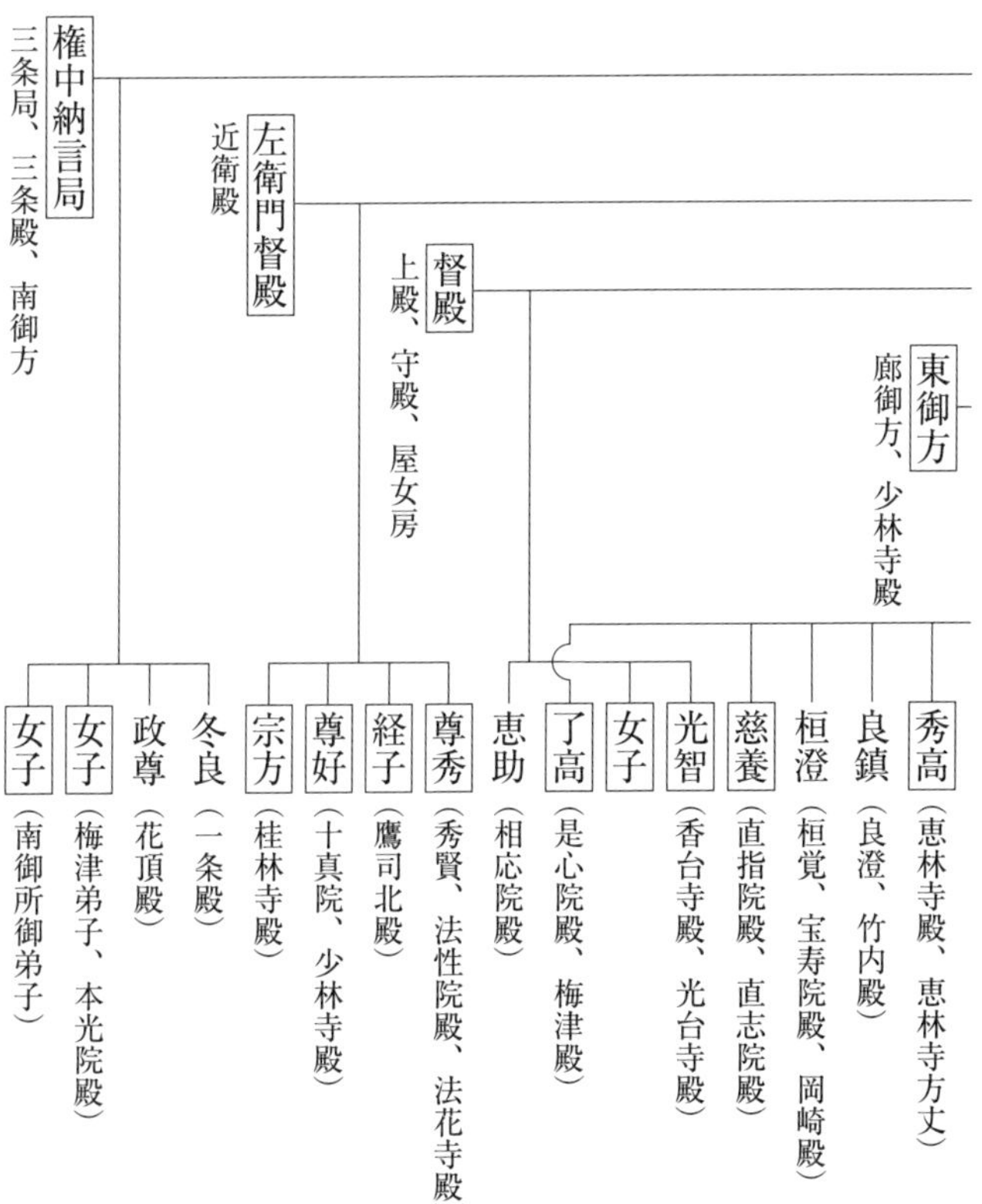
東御方
廓御方、少林寺殿
督殿
上殿、守殿、屋女房
左衛門督殿
近衛殿
権中納言局
三条局、三条殿、南御方
秀高
（恵林寺殿、恵林寺方丈）
良鎮
（良澄、竹内殿）
桓澄
（桓覚、宝寿院殿、岡崎殿）
慈養
（直指院殿、直志院殿）
光智
（香台寺殿、光台寺殿）
女子
了高
（是心院殿、梅津殿）
恵助
（相応院殿）
尊秀
（秀賢、法性院殿、法花寺殿）
経子
（鷹司北殿）
尊好
（十真院、少林寺殿）
宗方
（桂林寺殿）
冬良
（一条殿）
政尊
（花頂殿）
女子
（梅津弟子、本光院殿）
女子
（南御所御弟子）

略年譜

年次	西暦	年齢	事項	関連事項
永享二	一四三〇	一	八月七日、生まれる	前年より大和永享の乱
四	一四三二	三	八月一三日、父兼良、摂政就任○一〇月二七日、兼良、摂政を辞す	
一〇	一四三八	九	八月七日、経覚、大乗院を追放される○一二月八日、大乗院に入室	永享の乱
一一	一四三九	一〇	八月一八日、一乗院若君出家、法名教玄	二月一〇日、足利持氏、自害
一二	一四四〇	一一	一一月三〇日、出家○一二月二五日、受戒	
嘉吉元	一四四一	一二	二月一〇日、院務始め○一〇月八日、経覚、立野を出て己心寺（大安寺内）に入る、龍花樹院殿と号す○一一月一五日、経覚、禅定院に入る、経覚と尋尊、師弟となる	六月二四日、義教、暗殺される（嘉吉の乱）
二	一四四二	一三		一一月七日、義勝、将軍となる
三	一四四三	一四	六月一二日、経覚、幕府から大乗院門主復帰を認められる○一二月一三日、方広会竪義	七月二一日、将軍義勝没
文安元	一四四四	一五	六月、経覚ら反筒井方、鬼薗山に城を築く	
二	一四四五	一六	九月一三日、経覚、鬼薗山城を逃れて安位寺に入	

				る、尋尊、門主となる	
	三	一四四六	一七	一〇月一三日、法華会竪義	
	四	一四四七	一八	四月一三日、経覚、安位寺から古市迎福寺に入る○六月一五日、父兼良、関白就任	一一月、畠山持国、実子義就に家督を変更する
	五	一四四八	一九		
宝徳	元	一四四九	二〇	一二月二三日、慈恩会竪義	四月二九日、義政、将軍となる
	二	一四五〇	二一	七月二六日、経覚に前大僧正一座宣	四月二〇日、関東公方足利成氏、鎌倉から江ノ島に移る
	三	一四五一	二二	一〇月一四日、禅定院焼け、成就院に移る	
享徳	元	一四五二	二三	一一月一二日、維摩会竪義	
	二	一四五三	二四	六月二四日、古市胤仙没○一二月二三日、任少僧都	
	三	一四五四	二五	三月二二日、一乗院教玄、別当になる○六月一四日、成就院から禅定院に移る○一二月二〇日、維摩会講師○二三日、任大僧都○二六日、経覚、成身院光宣と対面し、折紙を受け取る	一二月、享徳の乱、始まる
康正	元	一四五五	二六	三月一六日、栂尾開帳に出仕○四月二三日、叙法印○七月二二日、任僧正○一〇月一七日、藤千代(尊誉)、古市に下向	三月二六日、畠山持国没○七月一日、畠山義就と畠山弥三郎合戦
	二	一四五六	二七	二月一〇日、別当になる○四月二五日、長谷寺舞	八月二九日、伏見宮貞成親王没

長禄 元	一四五七	二八	台供養の導師を勤める 二月一九日、上総荘をめぐる両門の争い、始まる○四月二八日、門跡別に衆徒・国民を記録する○六月二日、転任大僧正○一〇月二〇日、一乗院教玄らとともに筒井・箸尾らの跡地返還を訴えて将軍御所に参上する	
二	一四五八	二九	一〇月、失脚を狙う動きに対処する	
三	一四五九	三〇	三月四～八日、春日八講に出仕○二二日、別当を辞任する	六月ころ、畠山弥三郎没
寛正 元	一四六〇	三一	六月一四日、河口・坪江荘に田楽頭反銭をかける○一一月二一日、十市に長岳寺を攻撃させる○一一月二七日、若宮祭（おん祭り）田楽頭役を勤仕	寛正の飢饉○九月、畠山義就は河内に、畠山政長は京都に○一〇月一〇日、両畠山軍、龍田で合戦、光宣・筒井高名
二	一四六一	三二	二月二二日、経覚、別当になる（三度目）、尋尊、その代官となる○七月二〇日、河口荘百姓二名、奈良に来て窮状を訴える○一〇月一三日、光宣の仲立ちで一乗院教玄と和解する○一一月二八日、愛満丸、初参	
三	一四六二	三三	三月一八～二一日、延暦寺三塔巡礼、遊覧○一二月八日、二条若君、大乗院に入室する	
四	一四六三	三四	二月二三日、二条若君得度、法名政覚	四月、畠山政長、河内嶽山城を攻略、

五	一四六四	三五	四月、糺河原勧進猿楽に桟敷を用意するも寺門の反対により上洛せず	義就は高野山に逃れる 一二月二日、浄土寺義尋還俗（足利義視）
六	一四六五	三六	九月二一日、義政、南都下向	一一月二三日、足利義尚、誕生
文正元	一四六六	三七		九月、文正の政変
応仁元	一四六七	三八	八月二三日、東御方（尋尊母）、乱を避けて奈良に下向○二五日、兄教房、奈良に下向○一二月二七日、任法務	正月一八日、御霊合戦○五月、応仁・文明の乱、始まる
二	一四六八	三九	八月一九日、兼良、奈良に避難○二七日、妹の尊秀（もと秀賢）、法花寺に入室○九月三日、弟随心院厳宝、下向○六日、教房、奈良を出て土佐に向かう○一一月一三日、政覚、受戒○一九日、甥政房、兵庫福原荘に移る○一二月一三日、政覚、方広会竪義を遂げる	一一月、足利義視、西軍に走る
文明元	一四六九	四〇	三月三〇日、経覚、別当に（四度目）○一〇月一七日、政房、兵庫で横死○二三日、京衆のため大乗院領六十四箇荘に用米を賦課する○一一月二〇日、成身院光宣没○一二月二七日、筒井順永、おん祭りの田楽頭役を両頭とも沙汰する	
二	一四七〇	四一	四月二六日、妹（経子）、鷹司政平に輿入れする○六月二〇日、夢を見、経覚より先に死ぬことを	

			懸念し次期門主は政覚たるべき由の遺言を書く	
文明三	一四七一	四二	八月三〇日、弟宝寿院桓澄没	五月、朝倉孝景、西軍から東軍に転じる
四	一四七二	四三	三月一日、西洞院尼没○四月二二日、宮寿、初参○一〇月二五日、東御方、美濃へ向かうために奈良を発つ	
五	一四七三	四四	二月二日、東御方、美濃に着く○五月二日、兼良と厳宝、美濃に下向、二八日戻る○六月二五日、兼良、出家○八月二七日、経覚没○一一月一八日、東御方没	三月一八日、山名持豊没○五月一一日、細川勝元没○一二月一九日、義尚、将軍に
六	一四七四	四五	四月五日、丞阿弥没	
七	一四七五	四六	五月一四日、春日大鳥居で合戦○六月八日、万歳城で合戦○七月七日、禅定院で七夕会○一九日、倫観房澄胤、古市の家督を継ぐために退学する○九月三〇日、愛千代丸、初参○一二月一五日、政覚、維摩会講師を遂げる	
八	一四七六	四七	四月五日、筒井順永没	六月一五日、日野勝光没
九	一四七七	四八	一〇月一三日、筒井・成身院ら没落、二十年間の牢人始まる○一二月一七日、兼良、帰京する	九月二一日、畠山義就、河内に入る○一一月、応仁・文明の乱、終わる
一〇	一四七八	四九	正月、古市澄胤、奈良中雑務職となる○八月七日、誕生日にあたり譲状など七通の文書を書き、封を	

			して保管する○一一月二七日、政覚と尊誉、おん祭りの田楽頭役を勤仕する○一二月三日、禅定院で二条持通翫猿楽	
一一	一四七九	五〇	八月二二日、兼良、越前に下向○一一月二七日、妹尊秀、法花寺長老になる	
一二	一四八〇	五一	四月二一日、尊誉、別当になる○一〇月四日、土佐で教房没	二月二一日、斎藤妙椿没
一三	一四八一	五二	四月二日、兼良没○六月一三日、弟花頂院政尊没○一一月八日、越智家栄夫人、観禅院から出立して社参○一二月二日、弟随心院厳宝没	
一四	一四八二	五三	八月三〇日、尋尊妹（七歳）、日野富子猶子として南御所に入室○一二月三日、尋尊妹（一一歳）、日野富子猶子として本光院に入室	七月一三日、義政、義尚に政務を移譲
一五	一四八三	五四	二月七日、政覚、別当になる○一〇月七日、興福寺、布留郷を攻撃し、郷民に懸賞金をかける○一一月二一日、門跡修理反銭を六十四箇荘園に賦課する	六月二七日、義政、東山山荘に移る
一六	一四八四	五五	三月一六日、大乱後、初めて上洛○七月二二日、仏地院を安堵される○二三日、政覚、薬師寺別当職を獲得	
一七	一四八五	五六	三月、禅定院東大池の浚渫を普請として行う○四	六月一五日、義政、出家する

			月一一日、越智家栄、大名の如くに伊勢に参宮する○一二月一七日、山城国一揆、両畠山軍の退去を実現	
文明一八	一四八六	五七	二月一三日、山城国一揆、掟法を定める○七月二〇日、義尚任右大将の参賀のため上洛する	
長享　元	一四八七	五八	二月一八日、湯山（有馬温泉）に行く（山崎経由）○九月一二日、六角征伐に向かう義尚の出陣を見物	
二	一四八八	五九	八月二八日、弟冬良、関白となる○一二月二三日、政覚、杉御所に移る	六月、加賀一向一揆、国中を支配する
延徳　元	一四八九	六〇	一一月二七日、古市澄胤、おん祭りの田楽頭役を正勤仕する	三月二六日、義尚、近江鈎の陣で没
二	一四九〇	六一	八月二七日、一条家記録の京上を完了○一〇月二〇日、古市澄胤、徳政令を出す	正月七日、義政没○七月五日、義稙、将軍となる○一二月一二日、畠山義就没
三	一四九一	六二		正月七日、義視没
明応　元	一四九二	六三	六月一二日、門跡御後見の清賢没○七月二五日、春菊丸没○一〇月九日、九条政基、子息の大乗院入室を要求○一一月、一条冬良息の入室が決まる	
二	一四九三	六四	閏四月二〇日、薬師寺別当職、北戒壇院に安堵される○二五日、松殿忠顕、正覚寺陣より奈良に脱	四月、義澄、足利家家督になる（明応の政変）○閏四月二五日、畠山政

年号	西暦	年齢	事項	一般事項
			出する○五月、越智、大和一国平均に三百文の私反銭を賦課する○一九日、越智、上洛○二二日、古市、上洛○八月、山城国一揆、解体する○一二月九日、越智沙汰の春日七箇夜神楽、始まる○二七日、政覚、別当を辞す	長、自害○二九日、葉室光忠、殺される
三	一四九四	六五	三月一六日、政覚没○四月二六日、越智、石清水八幡宮参詣	五月七日、畿内に大地震○一二月二七日、義澄、将軍となる
四	一四九五	六六	正月一八日、冬良息、入室○二月二四日、極楽坊に自分の墓石を建てて爪・髪を納める	
五	一四九六	六七		五月二〇日、日野富子没
六	一四九七	六八	九月二八日、筒井・成身院ら復活○一〇月六日、古市、自焼没落○一〇月、越智、壺坂寺に籠もる○一一月二三日、越智、壺坂寺を出て吉野に没落	
七	一四九八	六九	二月二八日、一条冬良息、得度、法名慈尋○四月二六日、慈尋没	八月二五日、明応の大地震
八	一四九九	七〇	一二月一八日、沢蔵軒宗益（赤沢朝経）、奈良に入る	正月三〇日、畠山基家、自害
九	一五〇〇	七一	二月二七日、越智家栄没	
文亀元	一五〇一	七二	二月二八日、宗益の寺領押領を訴えて神木を動座○一一月二八日、九条若君の入室が決まる	
二	一五〇二	七三	七月一八日、宗益の違乱を訴えて社頭・七堂・七	

			大寺閉門○八月二七日、一乗院教玄、隠居○九月一日、大和国人、和与	
文亀三	一五〇三	七四	五月、中風を患うか	旱魃により飢饉
永正元	一五〇四	七五	三月二九日、湯山に行く（山崎経由）○六月一五日、一乗院教玄没○二四日、東院兼円没、尋尊、満寺一臈となる○一一月二四日、一国の国人、和与（永正の大和国人一揆）	
二	一五〇五	七六	二月四日、国人ら、興福寺中院（勧学院）に会合する○三月二日、湯山に行く（堺経由）○一二月二〇日、宗芸没	
三	一五〇六	七七	正月一五日〜三月末、九条若君（のちの経尋）下向、入室○六月、隠居し後龍花樹院殿と号す○八月四日、宗益、入国し一国を制圧	
四	一五〇七	七八	六月二六日、宗益、自害	六月二三日、細川政元、殺される
五	一五〇八	七九	五月二日、没する○一〇日、己心寺で葬儀	七月一日、義稙、ふたたび将軍となる

参考文献

一　史　料

『大乗院寺社雑事記　第一～第十二』　三教書院　一九三一～一九三七年（再刊　臨川書店〈続史料大成〉一九七八年）

「大乗院日記目録」（『大乗院寺社雑事記』第十二）

「『寺務方諸廻請』紙背文書抄　上・下」（『北の丸―国立公文書館報―』三二・三三）　一九九九・二〇〇〇年

「「大乗院寺社雑事記」紙背文書抄一～五」（『北の丸―国立公文書館報―』二五～二九）　一九九三～一九九七年

『大乗院寺社雑事記紙背文書　第一巻・第二巻』　勉誠出版　二〇〇二・二〇〇六年

『史料纂集　三箇院家抄　第一・第二』　続群書類従完成会　一九八一・一九八四年

『史料纂集　経覚私要鈔　第一～第十一』　続群書類従完成会・八木書店　一九七一～二〇一九年

『史料纂集　政覚大僧正記　第一・第二』　続群書類従完成会　一九八九・一九九五年

『史料纂集　福智院家文書　第一～第三』　続群書類従完成会・八木書店　二〇〇五～二〇一三年

『多聞院日記　一』　三教書院　一九三五年（再刊　臨川書店〈続史料大成〉一九七八年）
『満済准后日記　上・下』（訂正三版第四刷）　続群書類従完成会　一九七五年
『看聞御記　上・下』（訂正三版第五刷）　続群書類従完成会　一九八〇年
『広島大学所蔵　猪熊文書一・二』　福武書店　一九八二・一九八三年
『大日本古記録　建内記　一〜十』　岩波書店　一九六三〜一九八六年

二　著書・論文

朝倉　弘　『奈良県史　11　大和武士』　名著出版　一九九三年
熱田　公　『中世寺領荘園と動乱期の社会』　思文閣出版　二〇〇四年
池田美千子　「大乗院における猿楽の空間」（『能と狂言』一八）　二〇二一年
池和田有紀　「戦国期の南都神楽—その費用と運営—」（『書陵部紀要』五四）　二〇〇三年
稲葉伸道　『中世寺院の権力構造』　岩波書店　一九九七年
榎原雅治　『シリーズ日本中世史③　室町幕府と地方の社会』（岩波新書）　岩波書店　二〇一六年
海老澤美基　「中世後期の一条家の妻たち—「家」の妻、その存立基盤と継承—」（前近代女性史研究会編『家・社会・女性　古代から中世へ』）　吉川弘文館　一九九七年
大石雅章　『日本中世社会と寺院』　清文堂　二〇〇四年
大塚紀弘　「中世の曼殊院門跡」（永村眞編『中世の門跡と公武権力』）　戎光祥出版　二〇一七年

大利直美・鶴崎裕雄「大乗院尋尊と中世都市堺」(大乗院寺社雑事記研究会編『大乗院寺社雑事記研究論集　第二巻』)　和泉書院　二〇〇三年
大薮　海『室町幕府と地域権力』　吉川弘文館　二〇一三年
大薮　海「大乗院尋尊と東林院尊誉―興福寺東林院主職の相承と尋尊・尊誉による再興―」(『年報　三田中世史研究』二〇号)　二〇一三年
大薮　海『応仁・文明の乱と明応の政変』　吉川弘文館　二〇二一年
小川剛生「室町後期一条家の蔵書について―兼良・冬良・兼冬による保管と活用―」(『室町時代研究』二号)　二〇〇八年
荻野三七彦編著『お茶の水図書館蔵成簣堂文庫『大乗院文書』の解題的研究と目録　上・下』石川文化事業財団・お茶の水図書館　一九八五・一九八七年
景山春樹「高山寺の鎮守社とその遺宝」(明恵上人と高山寺編集委員会編『明恵上人と高山寺』)　同朋舎出版　一九八一年
勝保鎮夫「戦国時代の美濃」(同著『戦国時代論』)　岩波書店　一九九六年
金子　拓「室町殿南都下向をめぐる負担―贈与の構造と「御礼」(『中世武家政権と政治秩序』)　吉川弘文館　一九九八年
神谷文子「十五世紀後半の興福寺堂衆について」(『史論』三九)　一九八六年
川岡　勉『山城国一揆と戦国社会』　吉川弘文館　二〇一二年

川上　貢『日本中世住宅の研究』　墨水書房　一九六七年

川嶋将生「戦国期の公家と将軍―松殿忠顕を事例として―」（笠谷和比古編『公家と武家Ⅱ　「家」の比較文明史的考察』）　思文閣出版　一九九九年

木藤才蔵「二条良基と一条兼良」（『中世文学』三二）　一九八七年

小泉宜右「加州禅師尋実」（加能史料編纂委員会編『加賀・能登　歴史の扉』）　石川史書刊行会　二〇〇七年

呉座勇一『応仁の乱』（中公新書）　中央公論社　二〇一六年

酒井紀美『経覚』（人物叢書）　吉川弘文館　二〇二〇年

桜井英治『日本の歴史12　室町人の精神』　講談社　二〇〇一年

柴田真一「大乗院尋尊と伝奏広橋兼顕の確執―興福寺仏地院の帰属を巡る相論を中心として―」（大乗院寺社雑事記研究会編『大乗院寺社雑事記研究論集　第五巻』）　和泉書院　二〇一六年

末柄　豊「東京大学史料編纂所所蔵『興福寺年中行事』について―『尋尊大僧正記康正三年暦記』の紹介―」（『東京大学史料編纂所研究紀要』一一）　二〇〇一年

末柄　豊「中世における薬師寺別当職の相承について」（勝俣鎮夫編『寺院・検断・徳政―戦国時代の寺院史料を読む―』）　山川出版社　二〇〇四年

末柄　豊「応仁・文明の乱」（『岩波講座　日本歴史　第8巻　中世3』）

鈴木良一『大乗院寺社雑事記―ある門閥僧侶の没落の記録―』岩波書店　二〇一四年
高山京子『中世興福寺の門跡』そしえて　一九八三年
高山京子「室町時代の興福寺の門跡支配―幕府の介入とその後の変容を通して」勉誠出版　二〇一〇年
（永村眞編『中世の門跡と公武権力』）戎光祥出版　二〇一七年
田中慶治『中世後期畿内近国の権力構造』清文堂出版　二〇一三年
谷本啓「大乗院の歴史」（奈良文化財研究所編『名勝　旧大乗院庭園　本文篇』）吉川弘文館　二〇二〇年
玉島實雅『随心院史略：弘法大師御遠諱記念』随心院　一九三八年
鶴﨑裕雄「『大乗院寺社雑事記』に見る連歌興行（三）―応仁元年（一四六七）～文明九年（一四七七）―」（大乗院寺社雑事記研究会編『大乗院寺社雑事記研究論集　第三巻』）和泉書院　二〇〇六年
中澤克昭「城を焼く―自焼没落とその後―」（藤木久志・伊藤正義編『城破りの考古学』）吉川弘文館　二〇〇一年
永島福太郎『奈良文化の傳流』（畝傍史学叢書）中央公論社　一九四四年
永島福太郎『春日社家日記―鎌倉期社会の一断面―』高桐書院　一九四七年
永島福太郎「大乗院寺社雑事記について」（日本史研究会史料研究部会編『中世社会の基

本構造』）　御茶の水書房　一九五八年
永島福太郎『一条兼良』（人物叢書）　吉川弘文館　一九五九年
永村眞「「大乗院寺社雑事記紙背文書」が語る世界」（『能と狂言』一三）　二〇一五年
永村眞「総論　中世寺院と「門跡」」（永村眞編『中世の門跡と公武権力』）　戎光祥出版　二〇一七年
萩原大輔「中世「名を籠める」文書論」（『史林』九三巻六号）　二〇一〇年
幡鎌一弘『寺社史料と近世社会』　法藏館　二〇一四年
幡鎌一弘・安田次郎『祭礼で読み解く歴史と社会』　山川出版社　二〇一六年
平澤悟「室町期の興福寺大乗院門徒」（『歴史研究』三六）　一九九九年
細川涼一『平家物語の女たち―大力・尼・白拍子―』（講談社現代新書）　講談社　一九九八年
松薗斉「『大乗院寺社雑事記』に見える記録の構造」（中尾堯編『鎌倉仏教の思想と文化』）　吉川弘文館　二〇〇二年
松村和歌子「春日社興福寺の中世的確立―毎日一切経転読の開始と東西御廊の成立を中心に―」（『立命館文学』六二四号）　二〇一二年
三浦圭一「中世後期の散所について」（同著『日本中世賤民史の研究』）　部落問題研究所出版部　一九九〇年

三鬼清一郎「普請と作事—大地と人間—」(『日本の社会史　第8巻　生活感覚と社会』)　岩波書店　一九八七年
森川英純「室町期興福寺住侶を巡る諸階層と法会」(大乗院寺社雑事記研究会編『大乗院寺社雑事記研究論集　第五巻』)　和泉書院　二〇一六年
森田恭二「細川政元政権と内衆赤沢朝経」(『ヒストリア』八四)　一九七九年
森田恭二「興福寺の河川交通支配—河上五ヶ関を中心として—」(大乗院寺社雑事記研究会編『大乗院寺社雑事記研究論集　第三巻』)　和泉書院　二〇〇六年
森田竜雄「「関屋町」と中世の港湾管理」(歴史資料ネットワーク編『歴史のなかの神戸と平家』)　神戸新聞総合出版センター　一九九九年
安田次郎『中世の奈良』　吉川弘文館　一九九八年
安田次郎「尋尊と『大乗院寺社雑事記』」(五味文彦編『日記に中世を読む』)　吉川弘文館　一九九八年
安田次郎『中世の興福寺と大和』　山川出版社　二〇〇一年
安田次郎「中世の開帳」(大隅和雄編『仏法の文化史』)　吉川弘文館　二〇〇三年
安田次郎「『大乗院寺社雑事記』(尋尊)」(元木泰雄・松薗斉編『日記で読む日本中世史』)　ミネルヴァ書房　二〇一一年
山田康弘「明応の政変」(高橋典幸編『中世史講義　戦乱篇』ちくま新書)

湯川敏治「足利義材側近の公家、葉室光忠とその時代」（大乗院寺社雑事記研究会編『大乗院寺社雑事記研究論集　第四巻』）　和泉書院　二〇一一年

横山住雄『美濃の土岐・斎藤氏（改訂版）』　濃尾歴史研究所　一九九七年

吉井敏幸「石上神宮と布留郷」（天理大学文学部編『山辺（やまのべ）の歴史と文化』）　奈良新聞社　二〇〇六年

吉川聡「興福寺の論義草奥書にみえる歴史―戦国時代南都の飢饉・一揆・武将―」（『奈良文化財研究所紀要』二〇〇九）　二〇〇九年

芳澤勝弘「仙翁花―室町文化の余光―」（『季刊　禅文化』一八五～一八七）　二〇〇二～二〇〇三年

渡邊大門「一条家領摂津国福原荘に関する一考察」（大乗院寺社雑事記研究会編『大乗院寺社雑事記研究論集　第二巻』）　和泉書院　二〇〇三年

著者略歴

一九五〇年　奈良県生まれ
一九七九年　東京大学大学院人文科学研究科博士課程中退
お茶の水女子大学教授を経て
現在　お茶の水女子大学名誉教授

主要著書
『中世の奈良』（吉川弘文館、一九九八年）
『中世の興福寺と大和』（山川出版社、二〇〇一年）
『走る悪党、蜂起する土民（日本の歴史七　南北朝・室町時代）』（小学館、二〇〇八年）

人物叢書　新装版

尋尊

二〇二一年（令和三）十月一日　第一版第一刷発行

著者　安田次郎（やすだつぐお）
編集者　日本歴史学会　代表者　藤田覚
発行者　吉川道郎
発行所　株式会社 吉川弘文館
東京都文京区本郷七丁目二番八号
郵便番号一一三—〇〇三三
電話〇三—三八一三—九一五一〈代表〉
振替口座〇〇一〇〇—五—二四四
http://www.yoshikawa-k.co.jp/
印刷＝株式会社 平文社
製本＝ナショナル製本協同組合

ISBN978-4-642-05304-4

『人物叢書』(新装版)刊行のことば

人物叢書は、個人が埋没された歴史書が盛行した時代に、「歴史を動かすものは人間である。個人の伝記が明らかにされないで、歴史の叙述は完全であり得ない」という信念のもとに、専門学者に執筆を依頼し、日本歴史学会が編集し、吉川弘文館が刊行した一大伝記集である。

幸いに読書界の支持を得て、百冊刊行の折には菊池寛賞を授けられる栄誉に浴した。

しかし発行以来すでに四半世紀を経過し、長期品切れ本が増加し、読書界の要望にそい得ない状態にもなったので、この際既刊本の体裁を一新して再編成し、定期的に配本できるような方策をとることにした。既刊本は一八四冊であるが、まだ未刊である重要人物の伝記についても鋭意刊行を進める方針であり、その体裁も新形式をとることとした。

こうして刊行当初の精神に思いを致し、人物叢書を蘇らせようとするのが、今回の企図である。大方のご支援を得ることができれば幸せである。

昭和六十年五月

日本歴史学会

代表者 坂本太郎

藤原頼長　橋本義彦著
藤原忠実　元木泰雄著
源頼政　多賀宗隼著
平清盛　五味文彦著
源義経　渡辺保著
西行　目崎徳衛著
後白河上皇　安田元久著
千葉常胤　福田豊彦著
源通親　橋本義彦著
文覚　山田昭全著
畠山重忠　貫達人著
法然　田村圓澄著
栄西　多賀宗隼著
北条義時　安田元久著
大江広元　上杉和彦著
北条政子　渡辺保著
慈円　多賀宗隼著
明恵　田中久夫著
藤原定家　村山修一著
北条泰時　上横手雅敬著
道元　竹内道雄著
北条重時　森幸夫著
親鸞　赤松俊秀著
北条時頼　高橋慎一朗著
日蓮　大野達之助著
阿仏尼　田渕句美子著
北条時宗　川添昭二著
一遍　大橋俊雄著
叡尊・忍性　和島芳男著
京極為兼　井上宗雄著
金沢貞顕　永井晋著
菊池氏三代　杉本尚雄著
新田義貞　峰岸純夫著
花園天皇　岩橋小弥太著
赤松円心・満祐　高坂好著
卜部兼好　冨倉徳次郎著
覚如　重松明久著
足利直冬　瀬野精一郎著
佐々木導誉　森茂暁著
二条良基　小川剛生著
細川頼之　小川信著
足利義満　臼井信義著
今川了俊　川添昭二著
足利義持　伊藤喜良著
世阿弥　今泉淑夫著
上杉憲実　田辺久子著
山名宗全　川岡勉著
経覚　酒井紀美著
一条兼良　永島福太郎著
亀泉集証　今泉淑夫著
蓮如　笠原一男著
宗祇　奥田勲著
尋尊　安田次郎著
万里集九　中川徳之助著
三条西実隆　芳賀幸四郎著
大内義隆　福尾猛市郎著
ザヴィエル　吉田小五郎著
三好長慶　長江正一著
今川義元　有光友學著
武田信玄　奥野高広著
朝倉義景　水藤真著
浅井氏三代　宮島敬一著
上杉謙信　山田邦明著

織田信長　池上裕子著
明智光秀　高柳光寿著
大友宗麟　外山幹夫著
千利休　芳賀幸四郎著
松井友閑　竹本千鶴著
豊臣秀次　藤田恒春著
ルイス・フロイス　五野井隆史著
足利義昭　奥野高広著
前田利家　岩沢愿彦著
長宗我部元親　山本大著
安国寺恵瓊　河合正治著
石田三成　今井林太郎著
真田昌幸　柴辻俊六著
最上義光　伊藤清郎著
前田利長　見瀬和雄著
高山右近　海老沢有道著
島井宗室　田中健夫著
淀君　桑田忠親著
片桐且元　曽根勇二著
徳川家康　藤井讓治著
藤原惺窩　太田青丘著

支倉常長　五野井隆史著
徳川秀忠　山本博文著
伊達政宗　小林清治著
天草時貞　岡田章雄著
立花宗茂　中野等著
宮本武蔵　大倉隆二著
小堀遠州　森蘊著
徳川家光　藤井讓治著
由比正雪　進士慶幹著
佐倉惣五郎　児玉幸多著
林羅山　堀勇雄著
松平信綱　大野瑞男著
国姓爺　石原道博著
野中兼山　横川末吉著
保科正之　小池進著
隠元　平久保章著
徳川和子　久保貴子著
酒井忠清　福田千鶴著
朱舜水　石原道博著
池田光政　谷口澄夫著
山鹿素行　堀勇雄著

井原西鶴　森銑三著
松尾芭蕉　阿部喜三男著
三井高利　中田易直著
河村瑞賢　古田良一著
徳川光圀　鈴木暎一著
契沖　久松潜一著
市川団十郎　西山松之助著
伊藤仁斎　石田一良著
徳川綱吉　塚本学著
貝原益軒　井上忠著
前田綱紀　若林喜三郎著
近松門左衛門　河竹繁俊著
新井白石　宮崎道生著
鴻池善右衛門　宮本又次著
石田梅岩　柴田実著
太宰春台　武部善人著
徳川吉宗　辻達也著
大岡忠相　大石学著
賀茂真淵　三枝康高著
平賀源内　城福勇著
与謝蕪村　田中善信著

三浦梅園　田口正治著
毛利重就　小川國治著
本居宣長　城福勇著
山村才助　鮎沢信太郎著
木内石亭　斎藤忠著
小石元俊　山本四郎著
山東京伝　小池藤五郎著
杉田玄白　片桐一男著
塙保己一　太田善麿著
上杉鷹山　横山昭男著
大田南畝　浜田義一郎著
只野真葛　関民子著
小林一茶　小林計一郎著
大黒屋光太夫　亀井高孝著
松平定信　高澤憲治著
菅江真澄　菊池勇夫著
鶴屋南北　古井戸秀夫著
島津重豪　芳即正著
狩谷棭斎　梅谷文夫著
最上徳内　島谷良吉著
渡辺崋山　佐藤昌介著

柳亭種彦　伊狩章著
香川景樹　兼清正徳著
平田篤胤　田原嗣郎著
間宮林蔵　洞富雄著
滝沢馬琴　麻生磯次著
調所広郷　芳即正著
橘守部　鈴木暎一著
黒住宗忠　原敬吾著
水野忠邦　北島正元著
帆足万里　帆足図南次著
江川坦庵　仲田正之著
藤田東湖　鈴木暎一著
二宮尊徳　大藤修著
広瀬淡窓　井上義巳著
大原幽学　中井信彦著
島津斉彬　芳即正著
月照　友松圓諦著
橋本左内　山口宗之著
井伊直弼　吉田常吉著
吉田東洋　平尾道雄著
緒方洪庵　梅溪昇著

佐久間象山　大平喜間多著
真木和泉　山口宗之著
高島秋帆　有馬成甫著
シーボルト　板沢武雄著
高杉晋作　梅溪昇著
川路聖謨　川田貞夫著
横井小楠　圭室諦成著
小松帯刀　高村直助著
山内容堂　平尾道雄著
江藤新平　杉谷昭著
和宮　武部敏夫著
西郷隆盛　田中惣五郎著
ハリス　坂田精一著
森有礼　犬塚孝明著
松平春嶽　川端太平著
中村敬宇　高橋昌郎著
河竹黙阿弥　河竹繁俊著
寺島宗則　犬塚孝明著
樋口一葉　塩田良平著
ジョセフ＝ヒコ　近盛晴嘉著
勝海舟　石井孝著

臥雲辰致　村瀬正章著
黒田清隆　井黒弥太郎著
伊藤圭介　杉本勲著
福沢諭吉　会田倉吉著
星亨　中村菊男著
中江兆民　飛鳥井雅道著
西村茂樹　高橋昌郎著
正岡子規　久保田正文著
清沢満之　吉田久一著
滝廉太郎　小長久子著
副島種臣　安岡昭男著
田口卯吉　田口親著
福地桜痴　柳田泉著
陸羯南　有山輝雄著
児島惟謙　田畑忍著
荒井郁之助　原田朗著
幸徳秋水　西尾陽太郎著
ヘボン　高谷道男著
石川啄木　岩城之徳著
乃木希典　松下芳男著
岡倉天心　斎藤隆三著
桂太郎　宇野俊一著
徳川慶喜　家近良樹著
加藤弘之　田畑忍著
山路愛山　坂本多加雄著
伊沢修二　上沼八郎著
秋山真之　田中宏巳著
前島密　山口修著
成瀬仁蔵　中嶌邦著
前田正名　祖田修著
大隈重信　中村尚美著
山県有朋　藤村道生著
大井憲太郎　平野義太郎著
河野広中　長井純市著
富岡鉄斎　小高根太郎著
大正天皇　古川隆久著
津田梅子　山崎孝子著
豊田佐吉　楫西光速著
渋沢栄一　土屋喬雄著
有馬四郎助　三吉明著
武藤山治　入交好脩著
坪内逍遙　大村弘毅著
山室軍平　三吉明著
阪谷芳郎　西尾林太郎著
南方熊楠　笠井清著
山本五十六　田中宏巳著
中野正剛　猪俣敬太郎著
三宅雪嶺　中野目徹著
近衛文麿　古川隆久著
河上肇　住谷悦治著
牧野伸顕　茶谷誠一著
幣原喜重郎　種稲秀司著
御木本幸吉　大林日出雄著
尾崎行雄　伊佐秀雄著
緒方竹虎　栗田直樹著
石橋湛山　姜克實著
八木秀次　沢井実著
森戸辰男　小池聖一著

▽以下続刊